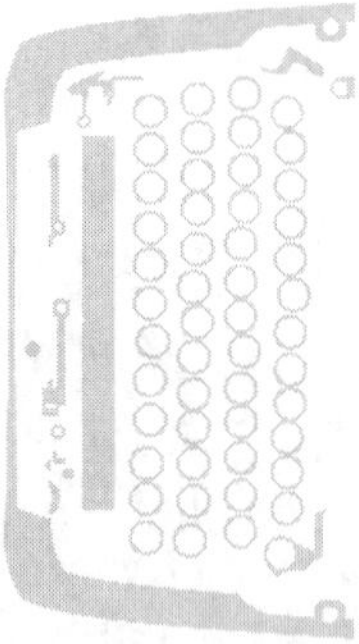

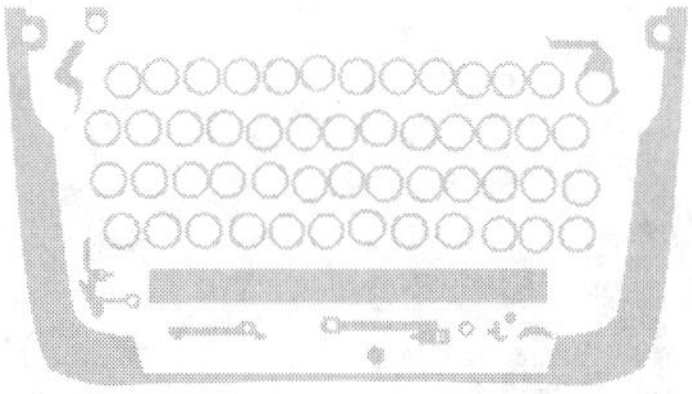

广播电视新闻专业“十二五”规划教材

新闻特稿写作

曹晚红　杨凤娇　著

中国传媒大学出版社
·北京·

目　录

第一章　新闻特稿的写作要求

本章内容

- 什么是新闻特稿？
- 新闻特稿的特征
- 新闻特稿的写作要求

新闻特稿，作为中国新闻界新兴的新闻文体，兴起和发展于20世纪90年代。1992年，党的“十四大”召开后，我国市场经济进一步深化发展，改革开放进入了新的阶段。新闻界的改革首先从确立新闻事业的双重属性——事业属性和产业属性开始，部分新闻媒体逐渐走上了市场化的道路，媒体竞争日益激烈。同时，新闻界的新闻理念不断更新，受众的概念越来越受到重视。在经济和社会转型的背景下，受众的信息需求也随之深化和细化，传统的新闻文体已经不能完全满足受众的需求。

1995年1月《中国青年报》推出《冰点》专版，开始了新闻特稿写作的尝试；1996年四川《华西都市报》成立特稿部，专版刊登新闻特稿。新闻特稿具有消息所不具备的深度和广度，适于展现和剖析转型期中国的复杂现实；同时又具有生动的故事情节、细腻的描写、灵活的结构方式、多样的叙述手法等特点，因此迅速受到受众青睐，并形成一股新闻特稿写作的潮流。进入21世纪，《南方周末》《三联新闻周刊》《中国新闻周刊》等媒体开始有意识地进行中国式新闻特稿的探索与写作。这些媒体的努力推动了中国式新闻特稿的发展与成熟，目前新闻特稿已成为一种常见的、非常重要的新闻文体。

那么，究竟什么是新闻特稿？新闻特稿有哪些特征？在新闻特稿写作中有什么基本要求？本章将分析和回答这些问题。

第一节　什么是新闻特稿？

新闻特稿并不是我国新闻写作中固有的、传统的新闻文体，它是20世纪90年代后随着媒体竞争的加剧和深度报道的繁荣而出现的。作为新兴的新闻文体，新闻特稿在新闻实践和理念的讨论中均呈现出多样性，关于特稿的概念，目前并没有一个统一的、权威的定义。本节梳理了国内外研究者对新闻特稿概念的认识后，对新闻特稿的概念进行了界定：新闻特稿，即通过使用文学手法，融新闻性、故事性、文学性于一体，更加生动、详细、深入地对新闻人物、事件进行报道或对社会问题进行调查分析的新闻报道体裁。

一、新闻特稿的渊源与发展

我国传统的新闻文体，一般可分为消息、通讯、评论、特写、专访以及调查报告等，其中消息和通讯是最重要的两种新闻文体。消息的使用最为广泛，简明扼要、迅速、及时地报道新闻事实是消息的本质特征；通讯则是一种详细、生动地进行新闻报道的新闻文体。长期以来，我国新闻理论界对这几种新闻文体的认识比较明确且相对稳定。

新闻文体的分类和新闻理念的发展有着密切关系。20世纪90年代，社会主义市场经济进一步深化发展，改革开放进入了新的阶段。随着部分媒体走上市场化的道路，新闻媒体进入了繁荣发展、竞争激烈的时期。同时，社会、经济、文化开始全面转型，面对复杂多变的社会现实，受众对“解惑”的需求日趋强烈。一些深度报道、调查性报道、解释性报道越来越多地出现在新闻媒体中，这些报道和通讯有相同的地方，如新闻性、真实性等；也有不同之处，比如通讯强调教育功能和思想启迪作用，这类新闻稿件重视人情味和可读性等，因此，很难完全将其概括到通讯这个新闻文体中。因此，西方新闻界的新闻特稿概念被引进，随着中国式新闻特稿的写作探索，新闻特稿的写作理念逐渐形成，即优秀的新闻作品可以具有较强的故事性、文学性和人情味，在这样的理念指引下，新闻特稿越来越多地出现在各类媒体中。

接下来，我们具体地谈谈新闻特稿的渊源与发展。首先我们要了解的是，新闻特稿在西方国家的源起和发展是怎样的？新闻特稿的写作理念又是如何形成的呢？

（一）特稿在美国的源起和发展

与我国相比，西方新闻写作的文体分类比较宽泛，大体上只分为消息和特稿两大类。消息的概念与我们大致相同，“凡是以简要的文字迅速报道新闻事实的体裁统称消息”①。特稿则是“区别于消息的一种时效性很强的、翔实性的深度报道，包括解释性报道、调查性报道、预测性报道”②。

特稿在西方新闻媒体中是非常重要的一种新闻文体。美国的特稿写作发端较早，但是，特稿作为一种文体，其内涵一直在发展变化，经过曲折漫长的发展历程后，才逐渐形成今天特稿的概念。

美国报业发展初期至19世纪末期，重视娱乐性、人情味的特稿一直不被严肃的报刊看重，“《纽约论坛报》的创始人霍勒斯·格里利在1841年创办该报时曾明确宣布，他将极力避免让那些不道德的、堕落的、令读者喜泣交加的特稿来玷污他的报纸”③。

19世纪80年代至20世纪初期，特稿形式在报纸上出现了短暂的繁荣，在美国的报业大战中，特稿作为一种具有人情味的故事形式的报道，受到了读者的欢迎。但在激烈的竞争中，特稿的写作逐渐发展出煽情和低级趣味的内容，“这些脱离新闻本真内涵的特稿随即变成了‘黄色新闻’的代名词而为人们所厌弃”④。

此外，随着电子媒介的发展，报刊与广播、电视的新闻竞争日趋激烈，报刊开始更深入地提供有关新闻事件的信息，提高新闻的可读性，并强调其文学性和创造性。特稿的发展成为报纸扬长避短，与广播、电视进行竞争的一个重要而有效的工具，因此，特稿这种文体越来越受到重视。

1979年，《巴尔的摩太阳报》记者乔恩·富兰克林（Jon FranKlin）发表了一篇关于一个患脑部疾病的女士凯利太太的报道——《凯利太太的妖怪》，这篇读起来像短篇小说的

---

① 姚里军：《中西新闻写作比较》，中国广播电视出版社，2002年版，第196页。
② 同上书。
③ 白贵、彭焕萍：《当代新闻写作》，中国人民大学出版社，2013年版，第88页。
④ 同上书。

医学报道，意外地得到普利策新闻奖评委会委员的赏识，获得了首届特稿奖。[①]美国新闻界的最高荣誉——普利策新闻奖从此开始增设特稿写作奖，特稿写作逐渐被严肃的报刊接受。

特稿的概念也逐渐明晰，美国普利策特稿写作奖的评奖条件明确了特稿的内涵，即除了具有独家新闻、调查性报道和现场报道共有的获奖特质外，特稿主要是考虑高度的文学品质和原创性。这既是对当时的特稿潮流的一种认可，也是对这一文体未来 30 年的发展起到了推动作用。

从近几十年来获得美国普利策特稿写作奖的新闻作品来看，选题“对美国的弱势群体的权益保障问题高度重视”[②]，新闻人物大多选取美国社会结构中的下层阶级，如一起爆炸事故中毁容的爸爸和其两个孩子如何重新融入社会；一个洪都拉斯男孩如何偷渡到美国寻找自己已经移民的母亲；一位移居美国的穆斯林如何协调穆斯林传统生活与美国当地生活的矛盾等。大部分特稿把注意力投向了社会生活的焦点，通过小人物的故事和命运，探讨敏感的社会话题和人类的终极话题，如死亡、爱、平等。这些都是拥有“强烈的情感和内容——富有力度，让人感动，让人恐惧，让人痛苦的新闻”。[③]

（二）特稿在中国的发展

国内的特稿写作，最早开始于 1995 年 1 月 6 日《中国青年报》创办的专题特写版《冰点》。

20 世纪 90 年代，部分媒体走上了市场化的道路，新闻竞争加剧，包括中央电视台在内的中央级媒体纷纷开始了新闻改革。中央电视台成立了新闻评论部，创办了《东方时空》《焦点访谈》等栏目，获得了巨大的社会反响。之后，国内其他卫视以及一些纸媒纷纷效仿，争相创办“焦点”“热点”类栏目。而《中国青年报》的《冰点》专版则背道而驰，以反映北京城最后几个背粪桶的清洁工人的工作与生活的特稿——《北京最后的粪桶》开篇，独辟蹊径，抛开传统新闻的重负，开始讲述普通老百姓的故事。这些背粪工人都是知青，他们的个人命运和时代变迁紧密相连。这篇特稿首次将普通人的生活作为中央媒体着力表现的对象，关注普通人不普通的命运，在对普通人生活与生存状态近乎细枝末节的刻画中，深刻地反映出社会和时代的现实与变迁，引起了读者热烈的反响。

当时的《冰点》主编李大同认为，真正普通人的生活不在中国新闻的视野当中，而《冰点》第一篇报道《北京最后的粪桶》的意义就在于，让中国普通人的喜怒哀乐真正作为新闻主体出现。他们没有什么英雄业绩，甚至谈不上崇高情操，但正是这些关于普通人的报道，深深地感动了众多读者。主流新闻媒体由关注名人轶事、伟人壮举到关注普通人

① 毛家武：《多维视野下的普利策特稿写作奖作品研究》，西南交通大学出版社，2012 年版，第 30 页。
② 同上书。
③〔美〕戴维・加洛克：《普利策新闻奖（特稿卷）》，新华出版社，1999 年版。

的生存状态的这种转变，与传统新闻理念格格不入，可以说是20世纪90年代新闻媒体的一次革命，因此这篇报道被认为开创了中国式新闻特稿写作的先河。

这个阶段，《冰点》关注的都是普通人在时代变迁中的曲折命运，比如湖南大山里含辛茹苦供养孩子上学的五叔、五婶，生活在中国社会底层的美军飞虎队烈士遗孤，SARS期间那些与生命相关的故事主人公等。题材的变化必然带来新闻文体的变化，无论是消息还是通讯，这些传统的新闻文体无法承载这些催人泪下的故事、引人注目的细节及跌宕起伏的命运。由于这些题材的内涵和特稿的特征吻合，因此特稿得以发端和发展。这些特稿的发表为《冰点》凝聚了来自社会各阶层的“人气”。

1998年后，《冰点》特稿的选材经历了从“软”到“硬”的变化。所谓“软”性题材即大多以非事件性新闻为主，而“硬”则是指直接干预社会现实的报道，从反思转型期社会存在的问题过渡到直接揭露新闻事实，这正反映出特稿文体对于当下中国的复杂现实和各种利益群体之间错综复杂的矛盾有极强的表现力，并逐渐形成了《冰点》特稿的新闻写作理念——“用新闻影响今天”。

2000年之后，随着新媒体的发展、信息传播方式的变化以及媒体竞争的白热化，传统媒体的变革进一步得到深化。其中一个重要的变化就是对深度报道的重视，如《南方都市报》创办深度版、《新京报》的《核心报道》等，同时各类新闻周刊包括《三联生活周刊》《中国新闻周刊》《财经》等，都在发展着自己的深度报道。其中，《南方周末》对新闻特稿所做的有意识的尝试，使得特稿在我国进一步得到发展。

《南方周末》作为广东省委机关报《南方日报》的周末版，于1984年创刊，最开始以文化娱乐内容为主。1995年左右，《南方周末》开始逐步转型，关注社会进步、关注重大新闻事件。到2000年左右，它已经是一份成熟的时政新闻类的报纸，“面对中国高速城市化进程，《南方周末》意识到其间将出现的众多新闻，决定以大篇幅体裁（每期用四个版做一个题材）对其进行专题式报道，2002年开始做都市特稿，操作出《办公室政治》《湿地保卫战》《民工第二代》等专题”[①]。

2003年初夏，《南方周末》专题部原《城市版》准备改版，意在增加新闻性和人物报道，并做一些“中国式新闻特稿”的尝试。此版记者偶然得知前亚洲举重冠军才力的死亡事件：前亚洲举重冠军才力生前的最后四年，是做辽宁省体育学院的门卫。在他死亡的当天，家里只有300元。个人的不幸故事成为《南方周末》特稿首次尝试的素材。特稿《举重冠军之死》顺利完成，报道从才力之死切入，深入到对中国体育体制的讨论。这篇特稿叙事的技巧、文字的感染力和深厚的人文情怀打动了许多人，并对《南方周末》的特稿创作具有一定的示范意义。

2004年，《南方周末》特稿版正式命名为《特别报道》版，推出了若干篇在读者中引起很大反响的新闻特稿。如《悲情航班MU5210》《你不会懂得我伤悲——杨丽娟事件观

① 向熹：《〈南方周末〉：新闻专业主义的坚守与创新》，《传媒》，2010年第7期。

察》《两个男人的20年“婚姻”》《系统》《灾后北川残酷一面》等，这些新闻特稿有意识地在承载其他新闻文体作品不能承载的意义上下功夫，同时因其报道体裁与题材选择皆有别于西方特稿，故被称作中国式新闻特稿。《南方周末》的这种探索，深刻地影响了业界。

这一阶段，面对中国转型时期的复杂现实，特稿应运而生，具有强大的表现力。同时一些纸质媒体主动进行了特稿的探索，因此特稿作为一种新兴文体得到了较快的发展。时政新闻类报刊纷纷开设特稿专版，一些新锐的经济类报纸也强调以“讲故事”的特稿形式报道财经新闻。另外，在广播和电视媒体上，一些新闻栏目也开始强调新闻的故事性、人情味。如中央电视台《新闻调查》《焦点访谈》《今日说法》《道德观察》等，都或多或少地采用了特稿的故事化形式，受到了特稿理念的指导或影响。

进入新媒体时代，传统的传播方式被改变。在“人人都是自媒体”的时代，大量重复、琐碎甚至真假难辨的信息发布在新媒体上，如洪流般汹涌起来。但是，在碎片化的网络阅读之外，读者还希望看到有深度、有内容、有价值的新闻报道，这些要求契合了特稿的内涵，这也正是当前特稿生存的空间所在。

二、新闻特稿的概念

新闻特稿作为新兴的新闻文体，在新闻实践中呈现出多样性，研究者对其内涵的认识不尽相同。因此，对于新闻特稿，目前并没有一个统一的、权威的界定。对于国内外学者和新闻从业者从不同的角度对新闻特稿所做的界定，我们将尽量呈现出其内涵的异同，并在此基础上做出自己的解读。

从国外新闻界对新闻特稿概念的认识来看，大多强调以下几点：

（一）故事性

获得首届普利策特稿写作奖的记者乔恩·富兰克林在论文《为故事而写作》中提出了特稿是一种非虚构的、短故事形式的观点。这里提供了特稿的两个基本要素：非虚构和故事性。但是这个定义过于简单，不是一个完整的概念。

美国新闻学教授梅尔文·门彻（Melvin Mencher）在《新闻报道与写作》中也强调了特稿的故事性：特稿旨在以娱乐或以侧重讲故事的方式来提供信息。但这个概念显然非常宽泛，包括了各种类型的特稿，甚至连有些具有故事性的消息也涵盖其中。

（二）文学性

戴维·加洛克（David Garlock）在其编撰的《普利策新闻奖：特稿卷》前言中强调了特稿的另一个特征：一篇杰出的特稿首先要关注的应该是高度的文学性和创造性。这句话强调了特稿的基本特征：文学性和创造性。但它仅仅强调了特稿的某一些特征，作为概念显然是不够完整的。

美国普利策特稿写作奖评奖的条件也强调了文学性：除了具有独家新闻、调查性报道和现场报道的共有的获奖特质外，特稿主要是考虑高度的文学品质和原创性。这个标准指出了特稿与一般深度报道的共同点：都强调新闻价值，强调报道的深度；同时也指出特稿之“特”，主要在于其文学性。相比较而言，在甄别一篇报道是否为优秀特稿的时候，这个标准具有一定的可操作性。

（三）深度

美国新闻学教授詹姆斯·阿伦森（James Aronson）在《特稿写作与报刊》中指出：特稿，通常指报刊上篇幅较长的某类稿件，这类稿件没有正规的新闻导语，写的是有关某人、某个机构的一桩新闻事件，某一政治事件或社会事件。这个概念指出特稿一般篇幅较长，但这个概念对特稿的题材限制过多，使得特稿题材范围过窄，只限定于事件类，不够准确和严谨。

英国《北方回声报》[①]特稿主编尼克·莫里森指出，特稿经常被用来为一个现有的新闻报道提供背景，而且挖掘得比较深入。“正如新闻报道告诉你有关事件或情境的‘内容’一样，特稿能够解释原因。”他说，“特稿除了涉及更多细节，给报纸增添了更多的实质内容和分量外，还注重富有人情味的故事。”这个从新闻业界实践层面对特稿概念的描述，强调了特稿的深度、广度以及故事性、人情味等特征，比较接近特稿的内涵。[②]

从国内学术界对特稿的认识来看，较多提到中国人民大学甘惜分教授主编的《新闻学大辞典》中对特稿的解释：特稿就是运用解释、分析、预测等方法，从历史渊源、因果关系、矛盾演变、影响作用、发展趋势等方面报道新闻的形式。这个定义对特稿的内容及写作方法都有一定的要求：就是一种深入揭示事物本质、把问题说透彻的报道，是一种有深度的新闻报道。但是由于这个辞典的编撰和出版时间（1993年）较早，并不是针对1995年后新闻界的特稿潮流所下的定义，没有反映出新闻特稿的基本要素和基本特征，如文学性、故事性、人情味等。

对特稿的理论探讨首先发端于新闻业界。《南方周末》的特稿记者们在对新闻特稿进行实践探索的同时，也从理论上进行了探讨。李海鹏认为：“特稿很难定义，不过可以描述为一种文学性的新闻，题材不强调硬度，截稿时限更宽松，通常不超过一万字。”同为原《南方周末》记者的关军认为：“故事和人的细腻呈现，应该是特稿的基本要义。它强调情节、细节，注重人物的内心挖掘。”《南方周末》特稿记者南香红认为：“特稿是新闻

---

① 《北方回声报》是英格兰东北部的一份地区报纸，总部设于达灵顿。1870年1月1日首次出版。

② 〔英〕苏珊·佩普、〔英〕休·费瑟斯通：《特稿写作：从入门到精通》，周黎明译，中国人民大学出版社，2011年版，第2页。

的展开，是对新闻关节点的深入，特稿还是一个好故事。”

此外，《华西都市报》的特稿部主任张建新认为：“新闻特稿‘特’在哪里？我认为‘特’在它的文学包装上。新闻特稿具有可读性和故事性，就需要作者按照读者的审美情趣和阅读心理，运用文学手段来包装新闻特稿。”

中国人民大学教授高岗认为：“特稿是一种借用文学描写的技法更加生动、详细、深入地报道新闻事件的新闻报道体裁。”

这些说法是特稿记者们结合自己的写作实践对特稿概念的探索和思考。其共同之处在于都强调特稿的文学性、故事性以及对人物、事件或社会问题、社会现象的深入挖掘。

以上列出了国内外研究者们对新闻特稿概念的各种分析和认识。结合这些观点，本书在对新闻特稿做出界定之前，有这样几点认识需要明确：

1. 新闻特稿是新闻事业发展到一定阶段的产物

新闻文体的界定和新闻的写作方法不是一成不变的，而是处于动态发展中，和时代的变迁、新闻媒介的发展、新闻专业化程度、受众市场的变化等密切相关。

从美国新闻特稿的发展历程来看，虽然特稿写作发端较早，但是，在美国新闻事业不同的历史发展阶段，特稿的概念是有所区别的。作为一种新闻文体的特稿，经历了曲折漫长的发展过程，在普利策新闻奖增设特稿写作奖后，才逐渐形成今天特稿的理念。其形成原因主要有两个方面：一方面，随着20世纪电子媒介的出现和发展，报刊与广播、电视的新闻竞争日趋激烈，为了发挥报刊的深度优势，提高新闻的可读性，严肃报刊开始强调新闻作品的文学性和创造性。特稿的发展成为报纸扬长避短，与广播、电视进行竞争的一个重要而有效的工具。另一方面，受众一直对带有人情味、故事化的新闻具有强烈的需求。

在我国，新闻特稿的出现也与20世纪90年代整个新闻业新闻改革的深入发展、新闻竞争的加剧分不开。新闻理念的变化使得媒体越来越重视受众对信息深度的需求，为读者提供好看的、具有人情味和故事性的新闻成为媒体必然的选择。

2. 新闻特稿的价值在于可以对抗时间、对抗新闻的易碎性

在一个信息爆炸的时代里，受众更需要有价值的新闻。新闻需要超越“新闻是易碎品，只有一天的生命力”的理念，而这点正是新闻特稿的价值所在。特稿不可能成为新闻市场上的主流产品，因为它篇幅长、节奏慢。但对于喜欢它的读者来说，它的价值是不可取代的。特稿不仅是一种更好看的新闻，还是一种更深入人心的新闻。《南方周末》记者南香红在谈到自己的特稿写作时说：“我想写一些放一段时间还能看得下去的东西，我想在速死的新闻中发现点永恒的东西，以新闻的短暂挑战恒久。”

如何对抗时间、对抗新闻的易碎性呢？“一般来说，适宜采写特稿的新闻题材应该具有足够的内在张力——新鲜、重大、有针对性、有深度”①。新闻特稿的题材大多是一个个充满戏剧张力的故事，而故事背后却直指这个国家的重大问题。无论它是体育体制、艾滋

① 唐弦、刘珺：《特稿，以什么打动人心》，《新闻采编》，2006年第2期。

病危机、通货膨胀等对乡村生活的影响，还是都市中的文化嬗变，特稿都在中国的现实中扎根甚深，具备深刻的社会意义和探讨价值。正因如此，很多新闻报道经过时间的冲刷依然具有文本价值，依然可以给人提供阅读的快感。

这也就是为什么若干年前的许多新闻特稿，至今仍为人们津津乐道。而且，一些特稿专版，如《中国青年报》的《冰点》将优秀的特稿集结成册出版，以《冰点故事》的形式进行二次传播。这不是《冰点》的一厢情愿，而是读者的需求使然。

3. 新闻特稿是好看的新闻

当然，无论是《冰点故事》还是《南方周末特稿手册》或是《普利策特稿写作奖卷》，它们能够在报纸传播之后，继续以书的形式进行二次传播，并在读者中获得广泛好评，其原因除了题材的张力外，还在于新闻特稿作为一种新闻文体，其写作方式灵活、创新，具有很强的可读性。虽然报道的人物或者故事已经时过境迁，但读起来依然引人入胜，这也是特稿特有的魅力。

徐国源教授指出，“特稿在写作上凸显了传播信息的艺术独创性，它所青睐的文学性的叙事手法，如精巧的构思、辗转的悬念、饱和的情理冲突、出神入化的细节等，都在一定程度上丰富了新闻报道的技巧，开创了多元的新闻写作模式”。

普利策新闻奖也强调新闻特稿要有高度的文学性和原创性。所以，特稿是新闻，但它也是一种有别于消息的特殊的新闻。特殊在哪里？在于它特别好看，特别具有可读性。它具有生动的描写、优美的语言、令人印象深刻的细节以及强烈的表现力和感染力。

通过以上分析，本书这样定义新闻特稿：新闻特稿，通过使用文学手法，融新闻性、故事性、文学性于一体，是一种更加生动、详细、深入地报道新闻人物、事件或对社会问题进行调查分析的新闻报道体裁。

第二节　新闻特稿的特征

如前文所述，新闻特稿融新闻性、故事性、文学性于一体，更加生动、详细、深入地报道新闻人物、事件或对社会问题进行调查分析。本节首先对比分析新闻特稿与消息和通讯的区别，并和特写的概念进行比较，并在此基础上得出新闻特稿的四个特征：新闻性、故事性、文学性和人情味。

一、新闻特稿与其他新闻文体的区别

新闻特稿作为一种新兴的新闻文体，与消息、通讯等传统新闻体裁一样，首先必须坚持真实性原则，即真实、准确、全面、客观，以提供具体的新闻事实为主，坚持用事实说话。其次必须具有新闻性，也就是说新闻特稿的内容需具有新闻价值，也必须是新事实、

新现象或者新信息。那么，特稿和消息、通讯的区别在哪里呢？

（一）与消息的区别

我们可以从新闻的篇幅、新闻的主题、消息源、结构和表现手法等方面对新闻特稿和消息进行比较。

1. 篇幅和功能不同

消息是对新闻事实的简要报道，篇幅短小，报道及时，动态消息千字内居多。而特稿从《冰点》发端时就占据了对开大报整版的位置，大多在5 000字以上，甚至过万。特稿篇幅较长，对时效性要求不强，讲究“深入”“好看”，在报道事实时内容更为丰富和深入。包括对新闻事件过程的详细描述，展现新闻的现场情景和生动细节；对新闻事件进行多角度的观察；对新闻的原因、意义进行深入的解释；对新闻事件内部与外部的相互作用、相互影响进行剖析等。

不同的字数反映了两种文体内容上的不同容量，并使得它们具有了功能上的不同。消息主要是告知功能，快速及时地告诉我们何时、何地发生了何事。特稿当然也有告知的功能，但它的主要传播目标却不单是告知，还包括消息不具备的表现功能和解读功能。通过对当下中国社会变迁发展过程中出现的各种复杂现实、社会矛盾进行深度报道，满足受众深层次的信息需求。

2. 消息源不同

英国学者苏珊·佩普（Susan Pape）在谈到消息和特稿的区别时说：“我们可以根据篇幅来识别特稿，它们要比新闻报道的篇幅长……更重要的是，特稿利用了比新闻报道更为广泛的信息来源。”消息要求迅速简洁地告知受众何时、何地发生了何事，因此可以只有一个消息源。但是特稿由于对时效性的要求并不严格，其内容具备消息没有的深度和广度，因此不可能只有一个消息源，一般都需要经过广泛、深入地采访和收集信息。如果选题是有争议的事件、话题时，更需要采访持不同意见的人。

如特稿《福利院切智障少女子宫之人道伦理争议》[①]，江苏省南通市儿童福利院因弱智少女经期“麻烦”，将两名年约14岁的弱智少女送到市内城东医院切除子宫。此事被曝光后，引发了社会争议。那么，饱受舆论谴责的福利院的领导和医院的主刀大夫，是否需要追究刑事责任？是否犯了故意伤害罪？记者为此而采访的信息源有：主刀大夫、参与手术的医生、福利院院长及副院长、残联、医学专家、伦理学家、检察院、刑法学专家（正方/反方），同时记者还参考了美国、澳大利亚、欧洲、南非等的相关案例及法律。记者并没有在特稿中给出结论，而是从不同角度为读者提供了多种思路，让读者自己去思考。

3. 特稿具有明确的主题

消息是对事实简要快速的报道。事实叙述完毕，消息就完成了，不一定有明确的主

① 鞠靖：《福利院切智障少女子宫之人道伦理争议》，《南方周末》，2005年6月9日。

题。特稿内容丰富，可以是一人一事，也可以是人物群体；可以调查事实真相，也可以剖析社会问题。记者通过对事物的深层认识，对素材强有力的把握，提炼出符合事物发展规律、反映时代内涵的主题，统领全文。

4. 结构安排不同

消息以报道事实、传递信息为主，结构方式有几种固定的模式，相对而言，变化不大。有人认为我国的新闻写作手法太死，形成了一套“新闻八股”。

特稿比较注重结构，注重布局谋篇，精心安排情节发展，更讲求结构的完整性和艺术性。特稿较少运用单线条顺叙的手法，其结构方式比较灵活，比如借鉴影视艺术的结构方法，使用蒙太奇式平行结构，将两个故事线索平行展开，摆脱了传统的平铺直叙，使得情节发展颇具张力，增加了叙事的冲突性和戏剧效果。

5. 表现手法不同

消息主要运用叙述的手法写新闻，特稿则大量使用描写。叙述主要用于反映客观内容的概貌及其发展变化的进程，能给人一个概括性的总体印象，符合新闻“用事实说话”的特征。但是叙述的内容是缺乏形象性的，“特稿的表现手法灵活多样，区别于消息的重要一点在于它的形象性。如何把握好特稿写作的形象性，描写当之无愧”[①]。描写重在描摹形象，给人具体可视的画面，通过细致入微的细节描摹，生动传神地传递事实的真相，产生打动人心的力量。

（二）与通讯的区别

通讯是一种详细生动的新闻报道体裁。早期的短新闻用电报传递，叫电讯。外勤记者发回的详细报道新闻事件来龙去脉，发生、发展全过程的稿件篇幅较长，故通过邮政，以书信的方式传递，被称为通信，后改称为通讯。辛亥革命前后，通讯已发展成为运用文学笔法，融记者主体意识与客观报道为一体的新闻体裁。

20 世纪 40 年代延安整风时期的新闻改革，加强了党对新闻工作的领导。以“新闻故事”形式出现的新闻通讯，以典型的事例、典型的先进人物为依托，将通讯逐步定位为宣传价值与新闻价值并重的典型报道体裁。

20 世纪 80 年代后，“信息”观念传入中国，打破了长期以来只把新闻媒介当作宣传工具的局面，作为典型报道范式的通讯在选题、采写模式、报道理念和表述方式上也在发生变化。

与新闻特稿相比，二者都是属于深入、详细报道新闻的新闻体裁，不同点在于以下几个方面：

1. 通讯强调教育功能和思想启迪作用，特稿重视可读性

人物通讯往往报道先进模范人物，事件通讯、工作通讯、风貌通讯也大多从重要性、

---

① 艾达：《中国的通讯与美国的特稿》，《新闻爱好者》，2004 年第 2 期。.

思想性和政策性为标准选择题材。其长处是思想性、指导性强；弊端是选材过于严肃，报道面窄小。而特稿之“特”就在于用文学手法达到“以情动人”的目的。特稿之“特”不仅仅在于其深入详细地新闻报道，更在于能够让人产生情感上的共鸣和阅读上的快感，能够具备打动人心的力量，能够对抗时间的流逝，对抗新闻的易碎性。

2. 描绘与议论——表现手法的差异

无论文学作品还是新闻作品，表达方式无外乎四种：叙述、描写、议论和抒情。

西方新闻界强调新闻写作必须遵循“客观法则”，严格执行事实与意见分离的原则。特稿主张用事实说话，主要通过叙述与描绘的手法来展现事物的特征。叙述重在概括事实，描写则通过补充细节增加新闻的表现力和感染力。① 有学者在分析特稿的描写手法时说：“采用白描手法，产生小说般的效果，像电影镜头一样将一个个场景呈现出来。既具有文学性，又不违背新闻真实性。”

普利策奖和中国新闻奖的获奖新闻作品常用的表达方式都是叙述。但“普利策奖特稿除了运用叙述的写作手法外，还大量运用描写；中国新闻奖通讯则相当一部分运用了议论和抒情，描写的比例仅占8%。中国的通讯作品中叙述、描写、议论、抒情并重。”② 叙述和描写都是用事实说话的主要写作手法，议论和抒情则包括了意见的表达，主观意识的介入较多。

以《人民日报》发表的长篇通讯《百姓心中的丰碑——追记任长霞》③ 为例，文中多处出现了抒情和直接议论的段落。

案例精选

《百姓心中的丰碑——追记任长霞》节选

嵩岳无言，颍水低徊。雨像泪一样飘洒，泪如雨一般倾诉。面对每一位受访者的泪眼，记者视线模糊，无法拍照，无法笔记。

这一抒情段落在文中出现了4次，成了符号性的内容，引出了不同方面的问题。文中也多次出现了议论段落：

从那悲痛凝重的氛围里，我们真切地感悟到，一个人们心目中的“好官”“好公安局长”与百姓的血肉联系，感悟到“天地之间有杆秤，秤砣就是老百姓”的朴素哲理。

---

① 方毅华、贾新：《普利策特稿写作奖叙事策略研究》，《现代传播》，2012年第10期。

② 艾达：《中国的通讯与美国的特稿》，《新闻爱好者》，2004年第2期。

③ 戴鹏、徐运平：《百姓心中的丰碑——追记任长霞》，《人民日报》，2004年6月3日。

作为一个普通的人，一个普通的女人，如果说任长霞也有她的不足和缺陷，那无疑是一种英雄的残缺，残缺的美丽，美丽的崇高！

以上为比较典型的通讯写法。《中国青年报》特稿记者包丽敏谈到特稿和通讯的区别时说："从美国新闻界引入特稿（feature）这个概念，与通讯和报告文学区分，也在语态上刻意告别'宣传腔'。"写新闻强调用事实说话，即"在忠实地报道事实的基础上，通过对事实的适当选择与表述，巧妙地表达传播者的立场与观点的一种报道原则与报道手法"，直接的抒情和议论有时反而影响传播效果。

3. 灵活与严谨——两种不同的结构意识

如前所述，特稿类似讲故事，但更讲求结构的完整性和艺术性。同时文无定法，特稿结构灵活，不同作者对其结构安排可能大相径庭。相对而言，通讯的结构比特稿严谨、工整，在某种程度上也显得缺少变化。

（三）与新闻特写的区别

什么是新闻特写？新闻特写是我国传统新闻体裁中的一种，指用描写手法对新闻事实中的精彩片段进行集中突出的描绘，以再现新闻事件中某一情景的新闻报道体裁。特写一般被认为是消息的一种，即特写性消息。新闻特写抓取现实生活中的一两个场面、一两个镜头，通过描写手法充分地展示事实的横剖面，因此更有画面感和镜头感。

特稿同样使用描写等文学创作手法，同样注重新闻的生动形象性，但特稿更注重对事物的整体和全貌，对事件的来龙去脉、前因后果做深度报道。特稿可以在文中部分使用特写手法，但特写的容量和篇幅无法和特稿相比。

二、新闻特稿的特征

（一）新闻性

西方新闻界把新闻文体分为消息和特稿两大类，特稿涵盖了消息以外的其他所有新闻报道体裁。如果进一步细分的话，一些美国新闻学教授将新闻特稿（news feature）从特稿这个大类中分了出来，特指那些新闻性强的特稿。"判断某一特稿能否被称为新闻特稿，可根据新闻价值的一个重要构成因素——时间性来判断。"[①]也就是说，新闻特稿的新闻性首先表现在它也具备基本的新闻价值要素，如时效性、重要性、接近性、显要性、趣味性等。

① 毛家武：《多维视野下的普利策特稿写作奖作品研究》，西南交通大学出版社，2012 年版，第 32—33 页。

其次，新闻特稿首先是新闻，是对新近发生的事件的报道。这就要求新闻特稿具备新闻的基本属性：真实、准确、客观。特稿的文学性、故事性都是以新闻性为前提的。“任何脱离了新闻真实内核的特稿作品无论怎样精彩动人，也注定是畸形和失败的。”[①]

（二）故事性

特稿是新闻，但又是一种有别于通常的消息、报道的特殊的新闻。特殊在哪里？一般的新闻写作讲究用事实说话，只要将新闻事件叙述出来，告知给受众即可。而特稿，在尊重事实的前提下，需要作者写出新闻事件发生过程中的故事，更强调角度新颖，能够逼真地描写细节，生动地传达事实真相。面对一个新闻人物、一个新闻事件或者某个社会现象，其他新闻记者可能重在分析、解读、调查，而特稿记者首先要找到一个好的故事，“故事是特稿的核心，特稿就是故事本身，让故事自己讲述自己，呈现意义”[②]。

作为较早引入特稿概念的学者，余旭在《美国报纸的特稿写作》一文中谈到：

一位美国学者把特稿写作的故事手法归纳为以下四大方面：

（1）立意新，角度巧。

（2）形象生动的描写。描写可以使事实形象化，让人物呼之欲出，增加艺术感染力。

（3）运用具体、生动的轶事、细节。

（4）让角色开口。运用直接引语是“讲好故事”的又一技巧。

（三）文学性

根据美国普利策奖评委会的条件，特稿与独家新闻、调查性报道和现场报道不同的条件：一篇杰出的特稿要关注的是高度的文学性和创造性。文学性是新闻特稿区别于其他新闻体裁的主要特征。受众阅读新闻特稿的目的，不仅仅是深入了解新闻事实，还希望从新闻特稿中获得阅读的快感，得到情感的共鸣。

所谓文学性，是“以文字的美来探索复杂的真。文字一定要能够打动人，要有细节，有血有肉”[③]。特稿可以综合运用多种文学叙述手法，也可以借鉴散文、小说等文学作品的创作手法，让故事中的人物和事情的发展更引人入胜。同时，特稿比较注重结构，注重布局谋篇，精心安排情节发展。特稿篇幅较长，一般在 5 000 字以上，“这为作者详尽地叙述和描绘事实的发生、发展，从容地塑造人物形象和抒发自己的情感提供了充分的余地”[④]。

当然，特稿的文学性与文学作品的文学性并不相同，特稿的文学性必须建立在真实性的基础上。美国普利策特稿写作奖 1981 年的获奖作品《玩伴之死》，其作者为《华盛顿邮

① 白贵、彭焕萍：《当代新闻写作》，中国人民大学出版社，2013 年版，第 88 页。

② 包丽敏：《特稿的魅力》，《南方传媒研究（第 42 辑）》，南方日报出版社，2013 年版，第 35 页。

③ 杨瑞春：《做差异化的深度报道》，http：//book.cyol.com/content/2009-04/20/content_2630163.htm，2009-04-20。

④ 张功臣：《新闻写作艺术的一座里程碑》，《国际新闻界》，1999 年第 6 期，第 44 页。

报》的记者珍妮特·库克（Janet Cook）。但两天后，因《华盛顿邮报》发现该特稿存在伪造行为，奖项被收回。因此，特稿内容必须以客观事实作为依据，不能有任何的想象及虚构，包括被描写者的心理活动。所以，也有人把特稿称为“非虚构写作”或者“非虚构新闻报道”①。

（四）人情味

好的特稿其魅力还在于以浓郁的情感来感染读者。2003年，美国《克利夫兰实话报》女记者康妮·舒尔茨（Connie Schultz），用系列文章描写了一位被冤枉并无端获刑13年的强奸犯。这组文章打动了真正的强奸犯，使其投案自首。康尼获得了当年普利策特稿写作奖的提名。

一篇新闻特稿可以让真正的罪犯认罪服法，还无辜者清白，这充分证明了新闻特稿的魅力和感染力。正如戴维·加洛克（David Garlock）所说，新闻特稿是拥有强烈的情感和内容——富有力度，让人感动，让人恐惧，让人痛苦的新闻，具有打动人心的力量，正因为有这样的精神内核，特稿才会闪现出文本美。缺少情感力量的特稿，对受众而言，可谓枯燥无味。

新闻特稿的人情味首先体现为人文关怀。所谓人文关怀，是指新闻特稿的报道主题、思想内容都具有人性化的鲜明特点，关注新闻事件中的人及人的命运。例如《冰点》的报道对象：无论是湖南大山中含辛茹苦抚养孩子读书的五叔五婶，还是汶川地震后背着儿子尸体回家的四川农民程林祥，新闻中出现的大量的故事细节打动了受众，体现出了特稿记者浓浓的人文关怀。

同时，特稿的人情味还体现在特稿记者情感的自然流露。特稿记者是“真正会讲故事的人，他们让戏剧效果和情节自然展开，懂得冲突和解决叙事中的角色，需要的话，他们会毫不犹豫地在叙事中注入强烈情感”②。特稿记者写作时主体意识较强，将自我感受注入到作品中，通过与读者分享自己的感受和体验，使新闻特稿具有了人情味的特点。以《冰点》为例，在《冰点》的众多报道中，还有一个突出的特点，“就是记者主体意识的介入，他（她）在文中时而不动声色地观察、忠实地记录，又时而和要表现的主体一起流泪、叹息，偶而还会站出来发几句议论”③。或许有人要怀疑这种报道的真实性和客观性，但毋庸置疑的是，《冰点》中记者主体意识的介入非但没有损伤报道真实性的筋骨，反而增强了其可信度和感染力。

---

① 许芳:《特稿写作对零度写作的遵循与超越》,《新闻爱好者》，2011年第16期。
②〔美〕戴维·加洛克:《普利策新闻奖（特稿卷）》，新华出版社，1999年版。
③ 樊水科:《中青报“冰点”研究述评》,《传媒观察》，2009年第8期，第42页。

第三节　新闻特稿的写作要求

前两节对新闻特稿的概念和特征进行了比较分析，特稿是篇幅长、有深度、好看的新闻稿件，写作难度比较大。那么，新闻特稿有哪些类型？刚刚开始尝试写作新闻特稿的记者，怎样才能写好特稿呢？

一、新闻特稿的类型

目前国内媒体中特稿栏目众多，但是其形式、内容和特征不尽相同。比如，有些媒体推出“本期特稿”作为封面文章、本期专题等，其实主要是从选题的重要性出发，指出本期主打的重头文章；还有些媒体推出的特稿，长度大约在1 000到2 000字，主要是对消息的延伸，通常表现为长消息或者短的通讯，只不过使用了特稿这个比较时髦的名称，其功能和写法与新闻特稿并不相同；再如《知音》等家庭生活类杂志推出的“知音特稿”，篇幅也比较长，也在讲述颇具人情味和趣味性的故事，但缺乏新闻性，并不属于新闻特稿。

正如《特稿写作》一书中所说：“特稿的分类多种多样，不仅包括涉及政治分析的严肃作品与有关当地流行艺术团体的文章，也包括有关初学走路的孩童战胜灾难的报道，当地企业家在商业方面获得成功的人物专访。主题既有严肃性的又有欠严肃性的，既有全国性的重要话题又有寻常百姓的家庭琐事。”[①]

确实，从题材来看，特稿包罗万象，涉及社会生活的各个方面。本书所谈的特稿主要指生动、详细、深入地报道新闻人物、事件或对具有新闻性的社会问题进行调查分析的稿件。《特稿写作》这本书对新闻特稿的类型进行进一步的梳理，也可以帮助我们更好地理解特稿的概念。

《南方周末》特稿版编辑张捷根据《南方周末》的特稿写作编辑实践，将新闻特稿大致分为这样四种类型：人物类、群体类、话题类、事件类。

张捷认为在人物类选题中，人物性格是重要的叙事推动力。例如《你不会懂得我伤悲——杨丽娟事件观察》[②]一文中，刘德华的粉丝杨丽娟的父亲因女儿没能单独见上刘德华，而跳海自尽。这个不可思议的故事背后有着敏感、绝望和固执的人物性格，这样的性格推动了整个事件的发展。人群类特稿关注某个特定时域中的特定人群的生存状态，他们是历史发展的某个节点所造就的。比如《三个“棒棒”的城市梦想》[③]，这篇特稿关注的是“棒棒”的生存状态。街头挑夫

---

① 〔英〕苏珊·佩普、〔英〕休·费瑟斯通：《特稿写作：从入门到精通》，周黎明译，中国人民大学出版社，2011年版，第94页。

② 衰蕾：《你不会懂得我伤悲——杨丽娟事件观察》，《南方周末》，2007年4月12日。

③ 张立：《三个“棒棒”的城市梦想》，《南方周末》，2004年4月22日。

“棒棒”是重庆特殊地形造就的一个特殊的农民工群体，他们得名是因为他们总是手持一根木棒。这个群体的数量有几十万人，他们常常在市民生活中出现，真正的市民生活却与他们相距甚远。

话题类特稿主要关注一些读者关心的、可能影响读者生活的社会话题。比如《安乐死的中国现实》①，对中国的安乐死讨论进行了理性的分析报道。

事件类特稿指对某一新闻事件的深入报道。这类报道虽然也会有主要人物出现，但人物情感和反应并不是故事的主要推动力，报道关注点在于围绕事件的世相百态。中国人民大学出版社出版的《当代新闻写作》一书中，将新闻特稿按照选题分为四类，但和张捷的分类略有不同。它将人物类和人群类合并为“社会各色人物的特稿”，对事件类特稿强调“非限时性”，即没有很强的时效性，通常作为消息报道的背景信息或补充材料出现，旨在为受众理解复杂新闻事件提供深层次的信息解读。另外，还增加了反映“自然现象与人类活动的特稿”，主要关注人类生产活动对其自身生存环境的影响，如全球变暖、水土流失、灾害频发等问题。

本书在以上两种分类的基础上，将新闻特稿的类型分为：

（1）人物特稿：以人物为报道核心，反映他们的人生际遇、生存状态与精神境界，包括成功的人、显要的人、有奇特职业的人以及其他有特点且具有新闻性而足以构成话题的人。

（2）事件特稿：详细报道社会上发生的新闻事件，展现新闻事件发生、发展的相对完整的过程，显示事件的内在逻辑和社会意义。

（3）社会现象与社会问题类特稿：一种以较为系统、深入地剖析社会现象或调查社会问题为主旨的新闻特稿类型。

二、新闻特稿的写作要求

特稿是有故事的新闻报道，是好看的新闻，因此，特稿难写也是公认的。英国新闻学者苏珊·佩普（Susan Pape）认为，在新闻记者扮演“气喘吁吁的讯息传递者”的角色时，特稿记者却能够成为“闲聊的人、敏锐的分析者、行为古怪的专家、富于同情心的顾问、专横的独家新闻发布者、鼓舞人心的领路人”等。这一方面指出了普通新闻记者和特稿记者处在不同的工作状态中；另一方面给特稿记者提出了更高的要求，即与采访对象要有深入的交谈，进行心与心的交流，对素材要有深入的把握，对问题要有敏锐的观察和发现，最后才有可能创作出一篇杰作。

具体而言，新闻特稿的写作要求包括以下几点：

---

① 阮志峰：《安乐死的中国现实》，《南方周末》，2003 年 7 月 17 日。

（一）特稿题材很重要，主题要开掘深，要求记者具备观察和发现的能力

特稿打动人心的地方首先表现在题材的选择上，将时代背景下的大问题从微观角度来剖析。美国普利策特稿写作奖的获奖作品无一不是如此，“从获得第一届特稿写作奖的《凯利太太的妖怪》到获得2010年该奖项的《致命的疏忽》，32年来，特稿写作奖的获奖作品广泛涉及美国社会的各种热点及焦点问题：医学前沿发展、疑难杂症、科技、政府机构、阶级斗争、弱势群体、特殊行业群体、退伍军人、弃婴、有色人种、种族隔离、宗教、自然灾害、突发事件、法律制裁及法律漏洞、亲情、友情、美与欣赏等”[①]。

国内的特稿写作也是如此，如《中国青年报》的《冰点》创办人李大同所言：“我们选择的人物或事件，通常集中反映了当前社会的矛盾、困惑、痛苦和缺项，是一个当代中国的社会实景。”一般来说，适宜采写特稿的新闻题材应该具有足够的内在张力——新鲜、重大、有针对性、有深度。所以，在题材选择上，特稿记者应该时刻关注社会的发展与进步，无论是写人、写事还是写问题，都要挖掘那些最能反映时代本质的内容。

特稿记者不仅要在选材时寻找这样的题材，而且要选择巧妙的角度、新颖的立意，以满足受众对新闻特稿的深层次信息的需求。这就需要记者对我们这个快速变迁的时代、复杂的社会现实有敏锐的观察和思考。如南香红所言：“特稿之所以称为特稿，绝不仅仅是因为文本的写作，特稿更多的是需要对新闻的洞察与发现……特稿记者要有敏锐的观察力和丰富的想象力。善于从平凡、普通甚至乍看微不足道的事情中，捕捉一般容易被人忽略的趣事异点。”在今天这样一个信息爆炸、纷乱的时代，记者对新闻事实的洞察与发现能力显得尤为重要。

南香红认为：“一般的新闻记者，像追着球满场跑的运动员，而特稿记者似乎要站得离事件远一些、高一些，以便能够在纵横各方面为事件定位……在一些别人不关注的陌生领域发现一些对社会进程产生重大影响的新闻，从凝固的历史中发现重大的新闻，从流动的生活中发掘历史的蕴含。”[②]

（二）特稿关注人的命运，要求记者具有人文关怀意识

特稿的价值和魅力在于它可以对抗时间的流逝，因为其中有可以留下来甚至可以称为“永恒”的作品，什么是“永恒”的作品呢？或许并没有一个固定的模式，但至少它应该具备感动人的力量，应该关注人、人的命运、人的生存状态和心灵状态。

哥伦比亚大学教授梅尔文·门彻（Melvin Mencher）谈到特稿时说：“事件具有人的纬度，才值得传播。”这也就是我们常说的，“在新闻中要见到人”。好的特稿还需要有“人到事件”“人到社会”的纬度，即从人物身上能揭示出我们社会中某种现象的存

① 许芳：《特稿写作对零度写作的遵循与超越》，《新闻爱好者》，2011年第16期。
② 南香红：“《南方周末》与中国式特稿——南香红作品研讨会”上的发言，2005年10月27日。

在，这才是一篇有深刻内涵的特稿。

因此，记者应该具有人文关怀，关注普通大众的故事，尤其是小人物在大时代中不寻常的命运。李大同曾经说过："大众因其普通，往往很难具有新闻性。要想使普通人真正成为新闻的主角，我们必须在普通百姓不普通的命运中深入挖掘，并且在表现手段上有较大的突破。"

（三）特稿结构自由灵活，要求记者写作手法风格化、个性化

"一位年轻的美国记者曾经问他的编辑：特稿要写多长？编辑的回答是：长到足以使读者有兴趣读下去。"[①] 读者兴趣可以说是特稿写作的基石。在写作中，恰当地赋予新闻特稿文学性，使之更具有吸引力和感染力，这不仅是特稿记者努力的方向，还是一篇特稿能否被称为佳作的决定性条件。

一位普利策特稿写作奖得主在谈到写作体会时说，在撰写特稿时，往往注意借鉴文学作品的创作手法，让故事中的人物或事情的发展更富文学性。同时，特稿对篇幅没有限制，有的长篇报道达数万字，这为作者详尽地叙述和描写事件的发生、发展，从容地塑造人物形象和抒发自己的情感提供了充分的余地。曾获得普利策特稿写作奖的《凯利太太的妖怪》在叙事结构和语言风格上就很有自己的特点。

"记者乔恩·富兰克林将契科夫的叙事理论运用到特稿写作中……并采用快节奏的类似波罗烈舞的手法完成对手术过程的描述。富兰克林将从早晨6：30一直持续到下午1：43的脑部外科手术分为15个时间节点加以记录和描述，文中反复出现的时间令全文节奏紧凑、情节紧迫，使读者不由得屏住呼吸，为凯利太太捏了一把汗。"[②]

文无定法，特稿写作也是颇具个性和风格的写作，不同的特稿记者必然会形成自己独特的风格。文学性和创新性都是特稿写作的要求，特稿记者尽可发挥自己的文学功底，在表现手法上大显神通。"在真实的边界里，特稿可以动用一切手法：小说的情节之曲折，戏剧的冲突之激烈，诗歌的动词诗眼之灵动，舞蹈、音乐等的艺术语言，甚至数学、逻辑之冷峻，无所不可拿来一用，只要用得妥贴而又没有越过真实的边界。"[③]

（四）特稿的采访时间长，采访人物多，是多维度的采访

特稿的采访和消息的采访也不相同，特稿采访必须深入细致，关注细节。如果采访不够深入，特稿的内容必然空洞无物，七拼八凑无法称之为特稿。

因此，特稿采访首先要花费大量的时间，几乎所有的普利策特稿写作奖作品都花费了大量时间，进行多次反复采访，一些无截稿日期限制的特稿写作，通常要花4个星期以上

---

① 俞旭：《美国报纸的特稿写作》，《新闻大学》，1985年第10期。

② 许芳：《特稿写作对零度写作的遵循与超越》，《新闻爱好者》，2011年第16期。

③ 南香红、陈丰：《特稿二辨》，《南方传媒研究（第42辑）》，南方日报出版社，2013年版，第28页。

进行采访，“有的要花费半年甚至一年的时间，反复地进行回访”[①]。

美国《纽约客》杂志的驻华记者欧逸文（Evan Osnos），一般2—3个月出一篇稿，有的时候是6个月出一篇。他的每一篇登上《纽约客》杂志的文章，都是花费数月时间采访50至80人，积攒二三百页的采访笔记才开始撰写。

特稿的深入采访不仅体现在时间长，还体现在采访的延展性上。南香红指出，特稿的采访是多维度的采访。一般的新闻可能更多地把目光集中在新闻事件本身，更关注现场的采访；而特稿在关注现场之外，还要具备纵向和横向延展的能力。在时间的纵轴上，记者的采访要深入到历史深处，还要具备未来意识，向未来延伸。横向而言，记者需要触及一切与之相关的信息，把自己的目光放在一个广泛的区域里。因此，其需要一种长久持续的关注、观察和思考。

以2001年普利策特稿写作奖获奖作品《戴面具的男孩》[作者为《俄勒冈人报》记者汤姆·霍尔曼（Tom Hallman）]为例，文章讲述了一个面部畸形的孩子为了摆脱“面具”而表现出的力量和勇气。围绕摆脱“面具”这个悬念，记者对这个不寻常的男孩以及照料他的家人和朋友等做了深入的描述。

“2001年获奖特稿《戴面具的男孩》的作者花费了整整10个月时间用于采访。作者翻阅医疗记录就用了几百个小时，多次去男孩萨姆家采访，阅读他们的家庭日记，访问萨姆的朋友，与萨姆一起上学，先后两次伴随萨姆一家穿越全国。他亲眼见证了每一个重要发展阶段，亲耳听到了每一次关键谈话。他成为他们家族中的一员。当萨姆动手术时，医生不让记者在旁观看，可萨姆的母亲却让他待下来了。在这10个月的采访中，记者掌握了大量的素材：萨姆的痛苦、母亲的焦虑、他们的家庭生活、人物的性格、语言、学校、医院、邻居……而且都是亲历的、亲眼目睹的、现场发生的，作者深入到了采访对象的生活、心灵和思想中。”[②]

经历了深入的采访后，诞生了特稿《戴面具的男孩》。当然并不是所有的特稿写作都需要10个月的采访时间，但采访时间长、人物多，注重采访的延伸性，是新闻特稿采访的共同点。

总而言之，新闻特稿的写作对记者的要求比较高。一篇优秀的特稿背后，记者需要具备较强的新闻敏锐感、新闻判断能力、信息搜集能力、思维和写作能力。如南香红所言：“需要记者用沉静的眼光来观察这个迅速变动的世界，需要记者用多维视角来认识这个复杂纠葛的世界，需要记者以人文的态度理解这个充满活力和欲望的世界，同时也需要记者以细腻的笔触来描摹和表述这个纷繁的世界，需要记者在诸多的传播渠道中以简单而容易接受的方式来传达这个复杂的世界。”[③]

---

① 刘君：《人物报道该怎么写》，《中国记者》，2005年第8期，第87页。

② 毛家武：《从普利策特稿写作奖的采访成本看媒体核心竞争力的打造》，《新闻界》，2009年第1期，第38页。

③ 南香红、陈丰：《特稿二辨》，《南方传媒研究（第42辑）》，南方日报出版社，2013年版，第22页。

思考与研讨题

1. 什么是新闻特稿？新闻特稿有哪些基本特征？
2. 新闻特稿与消息有何区别？
3. 结合一篇新闻特稿，谈谈新闻特稿的写作要求。

延伸阅读

南香红、陈丰：《特稿二辨》，《南方传媒研究42》，南方日报出版社，2013年版。

李大同：《冰点故事》，广西师范大学出版社，2005年版。

杨瑞春、张捷：《南方周末特稿手册》，南方日报出版社，2012年版。

参考文献

〔英〕苏珊·佩普、〔英〕休·费瑟斯通：《特稿写作：从入门到精通》，周黎明译，中国人民大学出版社，2011.

姚里军：《中西新闻写作比较》，中国广播电视出版社，2002.

〔美〕梅尔文·门彻：《新闻报道与写作》，展江等译，华夏出版社，2003.

刘明华、徐弘、张征：《新闻写作教程》，中国人民大学出版社，2002.

李大同：《冰点故事》，广西师范大学出版社，2005.

邓科：《后台：解密一个大报的新闻后台操作》，南方日报出版社，2006.

杨瑞春、张捷：《南方周末特稿手册》，南方日报出版社，2012.

白贵、彭焕萍：《当代新闻写作》，中国人民大学出版社，2013.

汪成军：《中青报〈冰点周刊〉的文化传播分析》，http：//media.people.com.cn/GB/22114/44110/189065/13407681.html，2010-12-06.

冯威、汪琴、郑济飞：《南方周末特稿的采写特点和发展趋势》，《科技传播》，2012（1）.

毛家武：《多维视野下的普利策特稿写作奖作品研究》，西南交通大学出版社，2012.

向熹：《〈南方周末〉：新闻专业主义的坚守与创新》，《传媒》，2010（7）.

艾达：《中国的通讯与美国的特稿》，《新闻爱好者》，2004（2）.

方毅华、贾新：《普利策特稿写作奖叙事策略研究》，《现代传播》，2012（10）.

俞旭：《美国报纸的特稿写作》，《新闻大学》，1985（10）.

南香红：“《南方周末》与‘中国式特稿’——南香红作品研讨会”上的发言，2005-10-27.

包丽敏:《特稿的魅力》,《南方传媒研究(第 42 辑)》,南方日报出版社,2013.
南香红、陈丰:《特稿二辨》,《南方传媒研究(第 42 辑)》,南方日报出版社,2013.
许芳:《特稿写作对零度写作的遵循与超越》,《新闻爱好者》,2011(16).

第二章　特稿写作的基本环节（一）：提炼主题

本章内容

- 特稿的主题
- 特稿提炼主题的要求与方法
- 提炼主题与创新思维

新闻特稿是一种能够生动、详细、深入地报道新闻人物、事件或对社会问题进行调查分析的新闻报道体裁。它恪守着新闻写作的真实性、客观性等基本原则，坚持用事实说话，但它与消息、通讯等新闻体裁有着明显的区别。

新闻特稿与消息的区别之一，就在于新闻特稿有明确的主题，特稿写作要求在事实的基础上，对主题进行提炼。如果把最后完成的特稿比作一幅油画，那么对主题的提炼就是最初的素描，“几笔关键的线条描绘出大体轮廓，而最后的作品就是根据这几笔线条发展出来的”[①]。在写作过程中，记者通过对人物、事件、问题的深层认识，对采访素材的准确把握，提炼出符合事物发展规律、反映时代本质内涵的主题，用以统领全文。

新闻特稿的主题是特稿的灵魂，它决定了材料的取舍、结构的安排和语言的表达方式。

第一节　特稿的主题

新闻作品的主题是指新闻报道的主旨，也就是记者通过报道所表达的对客观事实的看法、态度。主题在新闻中起主导作用，是选择和组织材料的主要依据，也是贯穿新闻写作过程的主要线索。

新闻特稿的主题是指特稿通过生动、详细、深入地报道新闻人物、事件或对社会问题进行调查分析，表达出记者的思想观念或其对客观世界的认识。特稿的主题来自对素材的提炼，体现在对素材的有序组织上。它要求记者通过深入采访，充分搜集材料，系统归纳、概括，最后分析和提炼出主题。如果记者对主题的作用理解不够，就会忽视主题的提炼这个环节，在写作中止步于对素材表面浅层的认识；或者将主要精力放在文字的雕琢、悬念和情节的渲染上，导致特稿的质量水平呈现不出原本的价值高度，出现浅、平、旧及华而不实等缺点。

因此，我们在特稿的写作中要重视主题的提炼。新闻特稿的主题既来源于客观事实，又高于客观事实，是客观性和主观性的统一。本节我们首先要明确与主题相关的几个概念及它们之间的关系，即主题与问题、主题与素材、主题与情节的关系。在厘清与主题相关的概念后，再学习如何提炼主题。

一、主题与问题

在一篇新闻特稿中，随着报道的展开，会有各种和新闻人物、事件或者所报道的社会

① 〔美〕威廉·布隆代尔：《〈华尔街日报〉是如何讲故事的》，华夏出版社，2006年版，第33页。

现象相关的问题出现。这些问题一般来说是特稿着力表现的社会生活中的矛盾冲突，而这些矛盾冲突正反映了时代的特征和内涵。但“记者提出的各种问题并不是文章的主题，文章的主题应该是记者对这些问题所持的观点和态度评价”①。问题的提出，以主题为导向，对问题的回答往往反映出作者所要阐明的主题。

如《中国青年报》的《冰点》专版的创刊号特稿《北京最后的粪桶》：在改革开放不断深化的社会大背景下，大批返城知青的生活状态如何呢？记者王伟群跟踪报道了几位北京环卫工人在这一社会转型期的生存状态，这几位工人均为返城知青，在环卫局担任背粪工人。特稿真实地表现出他们的自尊与敬业精神以及被都市的喧嚣与冷漠所遮蔽的善良。下面的段落中出现了一个核心问题：已经成为北大荒农场中致富能手的知青樊宝发，为什么一定要放弃承包的农场回到北京，并且愿意成为一名背粪工人？这个问题也同样适用于文中的另外两位主人公殷健康和蔡三中。

案例精选

《北京最后的粪桶》节选

1984 年，樊宝发说什么也不打算在北大荒继续呆下去了。当地农场为了挽留他，把康拜因优先卖给他，还给了他一套新房子。这一年，黑龙江的国营农场实行改革，将农场全部承包给个人，樊宝发是农场中最被看好的致富能手，也是最被看好的家庭农场场主。可两个月后，他把农场的地退了，带着一家人回到了阔别多年的故乡——北京。

“为什么要回来？那么苦的日子都过来了，希望就在前头，你却放弃了。”1994 年岁末，在樊宝发北京家中那间无比窘迫的小屋子里，我不解地问他。

“没人给开支啊！”他瞪大眼睛回答。

开支？我也睁大眼睛。只一刹那，我明白了一切。

殷健康和蔡三中也回来了。

可是，北京还有他们的位置吗？

他们觉得在北京甚至不如北大荒活得踏实，心里没底，空落落的。可无论如何得活下去，还有四口人得养活。扛大件、看大门、卖菜、做工，凡是能找到的活他们全干过了。

1989 年秋天，一个街坊的孩子找到樊宝发，悄悄地问他，环卫局招人，招背粪的，去

① 曹璐、吴缦，《新闻专稿教程》，中国广播电视出版社，2002 年版，第 26 页。

不去？去，当然去！樊宝发一阵兴奋。

樊宝发、殷健康、蔡三中这三位老知青就这样当上了背粪工人。

“为什么放着万元户不当，非要去背粪不可？”

“我有单位，每天上班、下班，到月初就开支，心里踏实。”

小问题反映出大主题，这些知青愿意返回北京成为背粪工人，是因为有单位、有组织、有固定开支，就图个心里踏实。记者的问题和被访者的回答，反映出了这一群体的职业观，更重要的是反映了当时社会环境下的时代特征以及“扭曲的年代”给知青们打上的时代烙印。一系列问题的提出都是以主题为导向，对问题的回答又恰好揭示了主题。

二、主题与素材

记者在采访中搜集到的所有原始材料叫做素材。新闻主题是新闻的灵魂，是新闻素材（事实）的统帅；新闻素材是新闻的血肉，是主题的支柱。主题需要素材来展现，素材需要主题来引导，二者相辅相成，不可分割。特稿不仅需要丰富、感人的素材，还需要深刻的主题来对素材进行引导和提升。没有主题，新闻素材就是一盘散沙；没有新闻素材，主题就无所依托，两者相互依存，密不可分。

但是，新闻素材是客观的、第一性的，新闻主题源于新闻素材，是在对新闻素材分析、总结、思考的基础上提炼出来的。先有新闻素材，然后才能提炼出新闻主题。在特稿的写作中，既不可随意“拔高”主题，也不可用对素材的简单罗列来代替主题的提炼过程。应该在与采访对象有了深入的交谈，对素材有了充分的把握，发现问题的本质后，通过对素材的归纳整理，按照主题的要求行文。

新闻特稿《大学生抢劫者黎力的秘密》[①]一文中，主人公黎力16岁便从偏远的江西乡村考入了北京科技大学，在6年的求学漂泊之后，他用一把水果刀和一瓶矿泉水抢劫了校内的中国银行。记者通过对黎力家人、朋友、高中同学、大学同学、学校老师的采访，搜集了众多原始材料，按照“起跑线上的差距——沉重的北京生活——说不出的秘密——最后一根羽毛”这条主线，逐步还原黎力的生活状态。

① 陈江：《大学生抢劫者黎力的秘密》，《南方周末》，2009年8月20日。

案例精选

《大学生抢劫者黎力的秘密》节选

哥哥黎诚回忆着童年的生活，甚至还记得弟弟跟着他在一个破庙里读书的情景。哥哥初中三年级就辍学打工以支撑家用，目前在深圳的一个娱乐场所里帮老板卖玩具娃娃，他的收入完全依靠周末里那些疯狂的男女回家前的一念之间。“钱从左手进来，从右手就出去了，家里就是这个情况。”父亲老黎摊着双手，在一次骗局中，曾经以制贩烟花为生的黎家被骗得见底，全家只能依靠借债度日，骗子反而逍遥法外，“这么多年，黎力全靠他哥哥姐姐在外打工支持，我们什么都帮不上。”老黎接着说。

……

如此雄浑的北京对于黎力这样的弱小个体来讲有些不成比例，尤其是在延期毕业后，黎力和他的一众同学被迫搬出了学校，这种对比来得更加强烈了。对于没有任何经济收入来源的延期生来说，北京的生存压力可以想见。有报告显示，北京在全球消费水平的排名已高于纽约位居世界第11位。而一位在天涯论坛上连载自传的北大毕业生戏谑道：毕业后的一段时间，最穷的时候要到未名湖里去偷偷钓鱼，钓到就烤了吃，没有就要挨饿。

与黎力同宿舍的安俊军曾在校长接待日去质问学校，延期生为什么不被安排宿舍，校长答复“学校对你们延期生已经仁至义尽”。

……

大年二十八，黎力最后一次回到了江西老家，由于奶奶重病要借钱医治，整个新年黎家都愁云惨淡。大年初二的晚上，黎力很反常地要求和妈妈睡在一起。夜半他哭了，他告诉母亲，自己不想活了，却仍没有将心中的秘密说出来。“全家人都为了你活着，你这么说，对得起我们吗？”妈妈训斥道。黎力沉默了，转天返回了北京。就这样，没有多想的母亲错过了最后一次拯救黎力的机会。

无法按期毕业的现实，疯狂打工的祸患，个人生理的缺陷使得黎力阻挡不了失落的心情。社会、学校、家庭、个人等各方面的压力使得他不堪重负，就连最亲爱的妈妈在听到儿子不想活的时候，也只是训斥了儿子，而未能有效地和孩子进行沟通。各方面的压力、沟通的缺失最终让他走上了犯罪之路。特稿通过对素材的归纳、整理、选择，深刻地探讨了当下贫困大学生的心理和生活状态。

全文的结尾是这样的：

北京科技大学西门外的超市门口，报亭老板终于看见，一个瘦小文弱的学生模样的男孩从超市里走出来，几个便衣却冲了上去，扭住了这个“小个”。“周围还有人扛着摄像机录像，看来是抓了典型了。”他笑着说。“那个小个，自始至终没有反抗。”他比划着高度说。

经过多方采访，记者收集到众多素材，包括事发现场报刊亭老板的所见所闻。记者用它来结束全文，借用报刊老板的话语“那个小个，自始至终没有反抗”来强化主题，说明黎力在整个社会大背景下的弱小和无力，并唤起人们对这一悲剧的反思。记者通过对素材的选择来表现主题，而主题又决定素材的取舍。

三、主题与情节

首届普利策特稿写作奖得主美国记者乔恩·富兰克林认为一篇成功的特稿，关键取决于作者在写作时能否发挥自身的创造力，抓住要点，看穿故事本身，发现那些隐藏其后、真正让人有兴奋感、富于戏剧性的纠纷。他说：“一个故事蕴含了一系列情节，当一个令人同情的人物偶然碰到一个复杂的情境，他的遭遇和他的反应就是情节的展开。”[①]正是这些动人的情节，成为表现主题的主要新闻素材。

新闻特稿的特征之一是故事性。故事需要有情节、有细节，才能有感染力。情节是叙事性作品内容构成的要素之一，它是指叙事作品中表现人物之间相互关系的一系列生活事件的发展过程，由一系列展示人物性格，表现人物与人物、人物与环境之间相互关系的具体事件构成。在情节展开的过程中，必然会出现许多生动感人的细节，细节在表现与深化主题方面有重要的作用，可以说有“点石成金”的效果。特稿记者在采访中搜集到的素材大多是零散、复杂的，需要在主题的引导下进行有序地组织，并找到贯穿全文的故事和生动具体的细节。细节描写要求真实、生动，并服从主题思想的表达。

2008年5月28日刊发于《中国青年报》的特稿《回家》[②]，记录了5·12汶川地震发生后，一个普通的父亲程林祥背着在地震中死去的儿子回家这样一件事。在别人都奔向救灾英雄和最严重的受灾现场时，记者敏感地发现了这个场景的特殊性和可发掘性。触发记者写这样一篇特稿的起因，首先就是“这个父亲背着死去的孩子回家”这个情节带来的震撼，记者提到：“我当时一看到那个情景，好像被雷击中了一样，整个人大脑一片空白，有这样一个反应。这样的感觉，可能对于大多数读者来说都会有的。”[③]这篇特稿通过以下情节展开故事，全文具有很大的感染力。

（1）在前往地震重灾区映秀镇的山路上，我遇见了程林祥。

（2）5月16日，我从映秀镇回到成都。

（3）下午3时许，在山下的一个救灾帐篷前，我们终于找到了程磊的母亲刘志珍。

（4）地震发生的时候，程林祥夫妇都在镇上的工地里干活。

---

① 〔美〕戴维·加洛克：《普利策特稿写作奖卷》，新华出版社，1999年版。

② 林天宏：《回家》，《中国青年报》，2008年5月28日。

③ Vingie、魏青科：《深度对话——对话林天宏》，http: //news.qq.com/zt/2008/dialog/lth.html。

（5）夜幕降临，映秀镇依旧下着大雨，什么都看不见了。

（6）发现程磊的时候，他的尸体，被压在一块巨大的水泥板的缝隙里。

（7）在采访中，我问了程林祥一个很无力的问题："你想过吗？回去的路上会有多危险？"

（8）在采访中，程林祥和刘志珍都拉开衣服，给我看了他们的肩膀，上面有一道道深紫色的还未愈合的伤口。

（9）在亲人们断断续续的回忆中，我逐渐拼凑出程磊完整的样子。

（10）程磊的坟，就在家后面几十米的山坡上。

全文围绕这些情节，讲述了在这场大灾难中一个普通家庭的故事。普通人的悲欢离合是最具表现力和震撼力的。其中大量的细节描写，更是深刻地表现了程林祥一家在地震中失去亲人的痛苦。

案例精选

《回家》节选

正在长身体的程磊，身高 1.65 米，已经比父亲高出了 2 厘米。趴在父亲的背上，他的双脚不时摩擦着地面，每走几步，程林祥就要停下来，把儿子往上掂一掂。

程林祥把儿子的双手绕过脖子，轻放在自己身前，一边走，一边和儿子说话："幺儿（注：小儿子），爸爸带你回家了。你趴稳了，莫动弹啊！"

看到这一个个细节，一位看似平静实则心痛的父亲形象跃然纸上。情节展开故事，细节深化主题。

在新闻特稿的构思中，记者在素材的基础上提炼出反映事件本质的主题；在写作过程中，通过对素材的选择不断地深化主题，通过事实反映出记者的思想观念或对社会现实的本质认识。正如《中国青年报》的《冰点》专刊创办人李大同所言："我们选择的人物或事件，通常集中反映了当前社会的矛盾、困惑、痛苦和缺项，是一个当代中国的社会实景。"

第二节 特稿提炼主题的要求与方法

新闻特稿以主题为导向，通过对素材的选择、故事的叙述、细节的描绘，回答问题并揭示主题。记者最初通过采访获取的素材大多是零碎的、散乱的，要想从这些素材中提炼出一个真实、科学和恰当的主题，还需经过缜密的思考，进行必要的去伪存真、由表及里的分析，这个过程就是主题的提炼过程。主题的提炼是一篇新闻特稿行文前的准备，不仅反映了记者对所采写人物、事件的认识水平，也反映了记者的思想修养、价值观念及思维方式。

在明确了主题的概念以及主题与问题、主题与素材、主题与情节的关系后，本节将分析一下新闻特稿提炼主题的要求有哪些，新闻特稿应该如何提炼主题。

一、特稿提炼主题的要求

（一）主题要集中、明确

一条新闻通常只能有一个主题，特稿记者的采访是深入和多维度的。收集到大量的素材后，记者需要把事件或素材“聚焦”到某个方向或某一点上，尝试将主题浓缩为一句话。新闻素材围绕这个中心展开，集中地表达一种意向或说明一个问题。主题要集中、明确，还意味着不要试图在一篇报道中说明和解决许多问题。

例如《南方周末》刊登的特稿《举重冠军之死》①，讲述了已退役的举重冠军才力因退役后生活困难，无法医治训练后身体留下的病症，最终毫无尊严地死去的故事。文中主人公才力是1990年北京亚运会冠军，他曾打破亚洲纪录，被誉为“亚洲第一力士”。他卓越的成绩，让人无法想到他退役后会因为生活贫病而死。记者不拘泥于运动员才力死亡这个事件的表面信息，通过深入走访，挖掘了其更深刻的思想内涵和新闻价值。

案例精选

《举重冠军之死》节选

早在头一天夜里，刘成菊就在担心丈夫的病况。才力的睡眠呼吸暂停综合征的宿疾早已培养了刘成菊的警觉性，像往常一样，头一天半夜她突然醒来，及时地看到才力巨大的

① 李海鹏：《举重冠军之死》，《南方周末》，2003年6月19日。

胸膛艰难地起伏着，由于只呼不吸，憋得面色发青。她赶紧找来那台由辽宁省体育运动技术学院付账的价值 6 800 元的小型呼吸机，给才力戴上，打开到中档刻度“10”。才力又睡着了，房间里顿时充满了顺畅但仍粗重的呼吸声。借助这间朝北房间里的夜色，刘成菊看到丈夫汗水涔涔的脸庞，结婚 5 年以来，这样的情况已经数不清是第几次了。她深刻地意识到才力得有多么辛苦。

……

在退役后的 5 年中，才力一直被各种各样的病痛包围着。从 1998 年起，除了后来致死的呼吸疾病之外，腿伤和腰痛都没有停止过对这个大力士的折磨。少年时代在手掌和颈背做的肉茧手术造成的后遗症，常常疼得他汗流浃背。或许是命中注定，自从 1990 年在北京亚运会达到个人事业的顶峰之后，他就不由自主地滑落下来。贫穷曾使他买不起肉，偶尔吃一次，全家都会因肠胃不适而呕吐。在与人聊天时，聊不到 20 分钟，他就会突然睡着。他尽量不穿袜子，因为怕弯腰时猝死。为了省钱也为了锻炼身体，160 公斤的他每天都骑自行车上下班，结果光自行车就压坏了十几辆。因为体重过胖，他在找工作时受到不少歧视。

邻里琐事与家庭纷争也使他烦恼。父母家他难得去一次，而自己家，由于保安工作需要值班，他呆的时间也并不长。

最现实又最经常的烦恼是钱，家庭纷争常常与此有关。由于月收入只有 1 200 元，工资卡又由妻子掌握，才力经常囊空如洗，养成了买东西赊账的习惯。在他工作的辽宁省体育运动技术学院附近，有好几个小商店都向他赊销过日常生活用品。在他死去的第 7 天，他的父母挨店逐铺地还了 800 多块钱。

这篇特稿，通过大量的细节描述了才力贫病交迫的生活。对于这位心地单纯、开朗乐观的冠军来说，退役后的 5 年是他一生中最郁闷的时期。他不仅受困于运动生涯带来的各种痛苦的顽疾，更受困于家庭琐事、地位落差和生活压力。而最基本的苦闷，既来自于两个地方、两个时代的寂寞与喧哗的对比，又来自于他一生都无法脱离举国的体育体制。

为什么举重冠军风光不再？为什么退役后生活贫困至此？为什么病情没有得到及时医治？这些问题都使读者陷入深深的思考。虽然特稿提出了很多问题，但是主题是集中和深刻的：通过追问退役运动员的生活保障在当时的背景下谁来负责，直指我国的体育体制。

（二）主题要真实，具有合理性和科学性

新闻的本源是事实。新闻报道是新近发生的客观事实通过新闻媒介而加以反映。事实第一性，新闻第二性；事实在先，新闻在后。主题来自对客观事实的调查，真实的、符合客观实际的主题才有感染力。

对于特稿着力表现的主题，作者在具体报道中是否通过对素材选择提供了这一认识的依据？新闻特稿《举重冠军之死》的作者通过多方面的采访了解到才力大量的生活细节，比如“吃肉呕吐”“聊天睡着”“不穿袜子”“压坏十几辆自行车”“赊账800多元”等，这些日常生活中的琐碎细节，恰恰真实地让读者感受到了前亚洲举重冠军退役后窘迫和艰难的生活状态，进而思考其背后的体制原因。素材与主题统一，素材深刻地反映了主题。

特稿报道的人和事都不是单一的。一般而言，新闻特稿的素材丰富、内容复杂，所反映出的主题也是需要深思的。因此在提炼主题的时候，要注意避免做简单的逻辑判断，要通过对素材的选择还原人物的多重性、事实的复杂性。要做到这一点，就必须认识到真实性是新闻特稿写作的基本原则，这不仅要求局部真实，还要求总体的真实。

湖北天门市原市委书记张二江，被指“吹、卖、嫖、赌、贪”，五毒俱全。“五毒书记”成了2002年反腐的标志性词汇之一。在对“五毒书记”的报道中，《南方周末》的记者黄广明采写的《“五毒书记”和他的官场逻辑》一文①，引起了较大的社会反响。这其中的一个重要原因就是记者没有先入为主地将张二江作为一个十恶不赦的坏人来写，而是通过大量的采访，还原了张二江堕落的过程和其性格的多面性。在基层采访的过程中，对张二江负面或正面的评价都有。如何处理对张二江的正面评价？记者报道新闻是否还原了事实的真相？记者不是评判者，新闻最核心的价值就是事实。记者在采访中，万万不能带先入之见，不管他是公认的“好人”还是“坏人”，不能以先入之见“选择性耳聋”，而要有质疑的精神。

这种质疑精神就反映在这篇文章的字里行间，例如，各个市的不同领导对张二江的评价是不同的：

案例精选

《“五毒书记”和他的官场逻辑》节选

丹江口市一位政协常委说，张二江来丹江口的头两年，“工作状态好”，经常下乡搞调研，有朝气。他是知识分子，又是从省城调过来的，较之一些从山沟里走出来的干部，思维开阔，观念先进，有点子，敢想敢干。但几年之后，他在与另一位领导的权力斗争中获胜后，脚跟站稳，特别是在他当了市委书记后，有人捧场，有人送礼，他的心态就发生了变化，他工作后期群众的反映很大。

当然也有不同的意见：

① 黄广明：《“五毒书记”和他的官场逻辑》，《南方周末》，2002年3月21日。

丹江口市纪委一位领导并不认为张二江在丹江口工作的十年有什么明显的堕落轨迹。就工作能力而言，他“在同级干部中算是优秀的”。但“能干”和“能贪”则一点都不矛盾，经常是同时进行的。一个典型的案例就是武当山索道工程项目。

特稿还提供了很多细节，比如：

天门市纪委一位干部介绍，2000 年夏天，张二江下到一个乡镇指导抗旱工作，乡镇干部从成箱的矿泉水中抽出一瓶给他，他当即说：“一瓶矿泉水就要两块钱，有一杯白开水就行了嘛。”

在舆论对张二江一片骂声时，这篇报道真实地反映了地方干部对张二江的客观评价，有助于展现人物和事件的复杂性。在人物报道尤其是人物特稿的写作中，要避免将人物刻化成单向度、脸谱化的形象。

在这里，我们不妨就特稿主题的“中性化”展开讨论。主题“中性化”，指面对复杂的新闻素材，报道的内容没有明确地站在事物矛盾的某一方。

如何看待主题“中性化”？

面对有争议的人物、问题，记者不要忙着做出全局性、整体性的判断结论，而应重在陈述事实，介绍不同的主张。“中性化”不等于回避矛盾，回避矛盾是伪“中性化”，不值得提倡。

2013 年 7 月 22 日《新京报》A14—A15 版刊载了特稿《隐秘“大师”王林的金钱王国》[①]。王林是一个与官员、明星、商人均有来往的所谓的“气功大师”，这样一个人物形象无疑是有争议的。这篇特稿的主题并不是对王林直接进行评价，而是通过对约访过程、采访现场的描述，对王林进行多个侧面的了解，将整体与局部的真实、完整体现在文中，让读者自己进行评价。

案例精选

《隐秘“大师”王林的金钱王国》节选

王林和芦溪县的普通人很少来往，他更多的是和官员、明星打交道，但他过年会给贫困户捐米、油、肉和鱼。

① 张寒：《隐秘“大师”王林的金钱王国》，《新京报》，2013 年 7 月 22 日。

民政局社会救助管理局副局长潘忠伍说，在自己任上，王林的捐赠行为已经坚持了10多年。多时（捐）几百万，少时也有几十万。“这算得上实实在在给老百姓做了事。”潘忠伍说。

《新京报》记者到王林家里，他找出那些贫困户的名单，拍得很响，“有钱人多了，谁能像我坚持这么多年？我不放高利贷，哪里来几千万给老百姓？”

王林多次向《新京报》记者提到自己的捐款数据，有时候说一年六七百万，有时候说一年上千万。

除了每年的捐赠，王林还提起他捐给政府的建勋寺。“这个寺庙花了我1.3亿。”

据李密说，寺庙花的钱没这么多。王林张罗了很多名流朋友，他没花什么钱。

王林却不这么认为。寺庙的功德碑上刻着王菲、李亚鹏等人的名字。王林说虽然有那么多人名，但更多的是他为了给朋友面子。

“钱基本上都是我出的。”他随手拍了下寺庙门口的石狮子说，“你知道这多少钱吗？汉白玉的，200万。”

慈善为王林赢得了一些声誉。曾经认为他为人傲慢的那些人，经过这几年，也会说起，他每年坚持帮贫困户，不容易。

当大家都在质疑“气功大师”，认为王林的一切原来仅仅是民间杂耍而已，看到的都是他无赖、欺骗、虚荣、不讲理的一面，给予的评价也都是负面之词，此时，记者并没有做简单的逻辑判断，仍然不惜笔墨描写他“过年会给贫困户捐米、油、肉和鱼”，时间坚持长达十余年，但也补充说明了这些钱都是放高利贷得来的。这样全面真实客观的描写，把王林多样的性格特点和复杂的事实交代清楚，提供素材，让读者自己去判断。

（三）主题要有较深刻的人文内涵

人文内涵是新闻特稿最根本的特点之一，指的是特稿报道的主题和内容能够体现出对报道对象的人文关怀，具有浓厚的平民意识，关注普通人的命运。特稿通过对具体的人和事进行故事性的讲述，关注人类自身的问题、平凡的生命、遭遇的苦难。这样的特稿才具备打动人心的力量，才能够对抗时间的流逝，对抗新闻的易碎性。特稿不仅仅是深入、详细的新闻报道，更重要的是它能够让读者产生情感上的共鸣和阅读上的快感，

1994年获普利策特稿写作奖的作品《穷人的孩子早当家：10岁男童尼古拉斯的顽强生命》[①]一文，讲的是在贫困家庭中自立自强的孩子成长的故事，展现了10岁男童尼古拉斯在异常艰苦的生活条件下毫不气馁、坚韧不拔的精神风貌。

---

① 〔美〕伊莎贝尔·威克尔森：《穷人的孩子早当家：10岁男童尼古拉斯的顽强生命》，《纽约时报》，1993年4月3日。

案例精选

《穷人的孩子早当家：10 岁男童尼古拉斯的顽强生命》节选

芝加哥——南部种族隔离区的一个四年级的教室里，一群孩子正坐在许多桌子围成圈的中间上课，这时喇叭里传来一个声音，让尼古拉斯到校长办公室去一趟。科里、达尼沙、罗伊、德龙以及教室里其他的人都马上静了下来，神情忧郁地坐在黑暗中，注视着尼古拉斯。

"我干了什么呢？"尼古拉斯边离开座位边想。

他跑向大厅，下了台阶，去找他的小妹妹伊什塔尔。伊什塔尔正被困在办公室里，紫色的外衣和帽子恨不得要将她的整个身体都湮没了。校长助理问为什么没有人把伊什塔尔从幼儿园里接回去。

"我不知道。"尼古拉斯回答道。这个只有 10 岁的瘦弱孩子又一次被大人们当成了男子汉，并需要他负责所谓的家里的难题。

他该如何解释他家的现状呢？他的妈妈，一个靠领福利金来养活 5 个孩子的妇人，正在大学里学习当一名护士，因而白天是不在家的；伊什塔尔的爸爸已经和妈妈分手了，而且大部分时间都处在酒精和毒品的麻醉里；过去和他们一起住的外婆也在上班。

在全家所有的男子当中，尼古拉斯也许是最有责任心的一个。每当电视图像又不出来的时候，每当 3 岁大的小孩又抓了 4 岁大的小孩的时候，或每当妈妈安吉洛需要到商店去买碎牛排的时候，每当卫生间需要清洗的时候，甚至妈妈找不到抽打他们的鞭条的时候，尼古拉斯的名字都会响起来，并被叫过去处理所有的问题。

他就是一个保姆、一个裁判、一个主妇、一个零工。有时候他一直要干活到深夜，要拖地，要送孩子们上床睡觉，还要用澡盆为他们洗衣服。这是尼古拉斯每天晚上都要做的，因为孩子们的衣服太少，他们每天都得穿同一件衣服。

这篇特稿于 1993 年 4 月 3 日发表在《纽约时报》上，文章通过故事和大量细节给读者展现了尼古拉斯的真实生活。这篇特稿见报后，在当时引起了极大的轰动。有很多读者把衣服、鞋子、玩具甚至电视机都送到了尼古拉斯的家里，当时还有读者从纽约专门坐飞机过去给孩子们买睡觉的扶梯床。

（四）通过纵横对比，抓住题材的个性，突出主题

事物的共性往往是抽象的、一般的，而个性却千差万别，新闻特稿的题材也是如此。是否能够抓住题材的个性，在很大程度上决定了主题挖掘的深浅。记者要思路开阔，善于

对事物进行纵横比较。纵向比较，即把客观事物的现状同它的历史相比，从发展上找出自身的特点；横向比较，即把客观事物和同类事物进行比较，寻找它的独特之处。通过纵横的思考和探索，挖掘事物未被人认识的新特征。

例如2005年8月29日《新京报》刊发的文章《遣唐使的石头记》①，讲述了由一块石头的出土带来的故事。这个故事发生在1 000多年前的大唐盛世，当时日本派遣了很多留学生到长安求学，而这块石头即其中一位死在中国的日本留学生的墓志。“遣唐留学生的墓志是一把开启历史之门的钥匙，它为中日关系史新添了一段深情的佳话。”历史题材的新闻特稿并不是最具可读性的，如何挖掘题材的特点，讲好这段历史故事呢？记者首先对这段历史进行了纵横对比和延伸。

案例精选

《遣唐使的石头记》节选

2005年8月24日，唯一一方日本遣唐使墓志在东京展出时，日本天皇亲临参观。这方墓志再次证实了日本国号与中国的渊源，还表达了当时的唐朝天子对一名日本遣唐使者的个人情谊。更多的学者借着这方墓志的缘由，重新审视了千年来的中日交往史。

1 200多年前，难波港（今日本大阪）内一派热闹的景象，又一支准备渡海前往中国的使团船队要出发了。4只巨大的木制帆船依次排列着，每只船上都能载100多人，船舷和桅杆上彩带飘扬。日本天皇举行宴会，作歌送行。

侍臣们唱起天皇写的送行诗：

希望你们渡大海如平地，
居船上如坐床，
四船联翩，
不日平安归航！

……

这是块不同寻常的石头。盖为青石，底是白石，近方形，上有楷书刻字。当贾麦明用软毛笔刷净石头上的土，看清上面的字时，手开始不停地颤抖。石盖刻有“国号日本”的字样，底座上则有开元年号。“我当场就断定这是一个日本遣唐使的墓志。”贾麦明说。

……

① 秦文、闫宏：《遣唐使的石头记》，《新京报》，2005年8月29日。

这是日本第9次派遣遣唐使入唐，500多人挤在4艘大船里，这些年轻的留学生都是日本中层官僚的子女，而且还要经过严格的挑选……在海上漂泊近3个月后，井真成到达了宁波……这位日本少年进入城后，很快被淹没于人海中……学业有成的井真成未来得及衣锦还乡，就长眠在了中国的土地上。

从时间维度上说，这里分为横向发现过程的介绍和纵向历史故事的讲述。横向的发现过程在描述发现遣唐使石碑的现场，石碑的外体特征“盖为青石，底是白石，近方形，上有楷书刻字”。“手开始不停地颤抖”展现了博物馆副馆长贾麦明当时激动的心情，使得石碑的发现现场能够清晰地呈现在读者面前。在纵向的故事讲述中，根据史实和碑铭，借助诗歌的描述“希望你们渡大海如平地，居船上如坐床，四船联翩，不日平安归航！”让读者想象到了当时日本为了向中国学习先进的技术做出的努力，以及遣唐使的家人们对他们一路行程的担忧。记者根据史料，推断着当时的盛况。记者从考古学家的视角出发，穿越时间的鸿沟，结合采访、调查，以资料和文字将当时的状况进行还原再现，最接近真实地呈现那个千年前的盛世以及复杂而深刻的两国关系。

（五）主题要尽可能新颖独到

在甄别一篇报道是否为优秀特稿的时候，美国普利策特稿写作奖评奖的条件是：除了有具有独家新闻、调查性报道和现场报道的共有的获奖特质外，特稿主要是考虑高度的文学品质和原创性。

特稿之所以吸引读者，既是因为故事性和文学性比较强，也是因为作者对新闻事实有深入且独特的认识，即原创性、创造性，因此特稿主题应尽可能新颖独到。这就要求记者在选题、立意上有一种探索精神，别开生面，寻找新鲜、独到、有传播价值的主题。这样可以唤起读者的阅读兴趣，产生“非读不可”的心情。当然，追求主题新颖独到还要接受内容的制约，主题来源于新闻素材，不能为创新而创新。

提到北京，大家立马想到的就是高楼林立，外表光鲜亮丽，可是谁又会想到当夜幕降临，一切都安睡后的北京深夜又是什么样子的呢？载于2013年2月《人物》杂志的特稿《北京零点后》①，立意新颖独到，利用电影艺术的平行蒙太奇手法，通过对夜里各色人等生活状态的描写，表现了北京入夜后鲜为人知的一面。

① 王天挺：《北京零点后》，《人物》，2013年第2期。

案例精选

《北京零点后》节选

大多数普通人在深夜的故事是不为人所知的。一个叫林欣的新婚男子在凌晨两点排队过户买房，夜里太冷，他身边的排队者被冻哭了；朝阳区东三环中路的一家星级酒店的大堂经理，曾目瞪口呆地看着一位赤身裸体的女士跑出了酒店大门，他不明白究竟发生了什么。

……

很多人借着夜色隐藏自己的特殊能力。一个彻夜代刷游戏金币的中国传媒大学学生，这个晚上挣了 260 元钱，在虚拟世界里他共挥了 5 000 多刀，杀了 900 多只怪物；北京静安庄一个穿着破旧牛仔裤的 28 岁美股交易员按下了最后一个键，他刚刚使自己的月盈利额达到了 25 万美元；还有一个喜欢在车里卖各种挂饰的出租车司机，在深夜饥饿的时候跑去北新桥卤煮店，专门要一份没洗干净的大肠卤煮，他讶异地发现，那里的卤煮师傅每做完一碗，都会把菜刀像扔飞镖一样剁在一米开外的案板上，且从不失手。

……

他们当中有无数来此寻梦的人，但很少有人能清醒地意识到，眼前这片被辉煌灯火照亮的夜幕，既收获着生命，也迎接着死亡；它有着与生俱来的混乱，也有着与之抗衡的秩序；它成批量地生产繁华与梦想，也制造同等规模的欲望与颓丧；它冷眼旁观失败者的挣扎，也不吝于分享实现梦想者的喜悦。

当太阳升起，地铁开动，人们出门上班，深夜的一切仿佛从来不曾出现过。

文章里还写了即将临盆的孕妇，值夜班的交警，北京油气调控中心的工作人员，北京的路灯、消防队员、宾馆、酒吧、派对、电台、出租车司机、飞机场……无数毫不相关的部门、人物。他们的职业不同，生活状态不同，在夜里做的事不同，而唯一相同的就是在北京的夜色下活着。看似散乱的素材，通过记者的观察描述，聚集在一起，表现出同一片夜空下的众生百态，展示了一个真实的北京。北京，不仅仅是白天才有光辉的“帝都”，也是夜晚为生活奔走的人群的“魔都”。

主题的提炼是一篇新闻特稿行文前的准备，这就要求记者通过对人物、事件的深层认识，对采访素材强有力的把握，通过梳理主题与问题、主题与情节、主题与素材的关系，明确特稿提炼主题的要求，提炼出符合事物发展规律、反映时代本质内涵的主题，统领全文。

二、特稿提炼主题的方法

明确提炼特稿主题的要求后，根据特稿题材的不同，我们可以选择以下几种不同的方法进行主题的提炼：

（一）追根究底法

事物的本质，往往需要通过由此及彼、由表及里深入的分析才能得出。追根究底法是指记者要善于透过现象揭示事物的本质，对新闻事实要有一种追根究底的精神。许多事件的发生皆有原因，要弄清来龙去脉，就要剖析背后的原因。所以，新闻特稿需要运用追根究底法，多问几个为什么。通过对问题的回答，不屈不挠地挖掘出事实深处的意蕴、问题的影响范围、发展趋势等，最后提炼出主题。

例如刊发在《南方周末》的《天津“扎针”事件调查》①一文。由于有传闻说，有人用含艾滋病毒的注射器扎天津市民，造成天津全城不安，那么事实是否如此呢？记者进行了大量的调查采访，提出了这些问题：比如是否有人被扎针？扎针者是否是艾滋病人？传闻为何满天飞？围绕着扎针这个传闻，记者采取追根究底的方法，一一回答了这些问题，并逐步深入，最后直指一个关键问题，就是公共安全是否出现危机？出现危机怎么办？

文章开始描述的是扎针传闻下恐慌的天津，这是记者在天津的繁华路段进行观察看到的现象。

> **案例精选**
>
> **《天津“扎针”事件调查》节选**
>
> 在天津最繁华的商业区滨江道、和平路商业步行街，稀稀落落的行人，使这个有“天津王府井”之称的地方显得名不符实。一位出差来天津的山东人说：“如果光看街上的行人，不会相信这是一个大城市，就同我们老家的小县城差不多。”
>
> 这个900多万人口的特大城市，出现这种普遍性的令人不安的气氛，源自于一个传闻：一批河南的艾滋病病人来到天津，在商场、超市、路边等公共场所，用装有含艾滋病病毒血液的注射器乱扎市民，报复社会。

紧接着，记者开始采访天津市政府、公安局、防疫部门、医院、媒体等，询问到底有

① 邓科、柯力：《天津“扎针”事件调查》，《南方周末》，2002年1月24日。

没有人在街上拿针随意扎，真有人被扎了吗？被扎了多少人？

公安机关、卫生部门等有关部门均表示：“还不到透露此事的时候。”在这种情况下，查证传闻的真实性成了很困难的事情。

从目前可以查证的事实来看，天津确实出现了一些人用针状物扎人的行为，这一点在公安机关给市民的通告中得到了进一步的证实。该通告说：“近日，极少数别有用心的犯罪分子利用针状物扎人，并散布传言说被扎者将会感染上艾滋病病毒，企图制造社会混乱，破坏我市的安定。”

被扎伤的人数有多少？目前有好几种说法，据一位可靠人士透露，至少有几十位。

在得到公安机关的证实确实有人被针扎之后，记者开始调查是否“扎针”的人就是艾滋病病人。

公安部门说，此类案件所用的作案工具不会传播艾滋病病毒，犯罪嫌疑人以用针扎人来传播艾滋病之说，纯属骗人、吓人，希望广大市民不要听信谣言，安心正常工作、生活。

当天晚上，天津电视台播放了公安机关抓获 4 名犯罪嫌疑人的消息，并请 2 位权威专家解释：艾滋病病毒离开人体一分半钟后因血液凝固就会死亡，除非病毒携带者现场抽血后立即大量注射给他人，否则，用扎针的方式很难传播艾滋病病毒。

随着疑问得到逐步解答，读者很容易就产生了这样一个疑惑：既然扎针没有传播艾滋病毒，那么为何会出现这样的传闻呢？文章后面的采访给出了答案。

记者在天津的几天，不断听到某某学校的学生被扎了，某某商场又发生了此事，但赶去一调查，往往是子虚乌有。有传闻说，扎针者还把带有艾滋病病毒的血液注射进超市的食品中，超市因此被封。记者统计了一下，各种传闻中提到的被封的超市不下 5 家，其中囊括了天津市规模最大的前几名。经调查，基本上都不属实。

一位当地人说：“1 月 15 日我听说家乐北辰超市被封了，我打电话到店里，说自己想买东西，问开不开门，超市的工作人员说开门呀，快来吧。由此我肯定被封的传闻是假的。”

大荣超市的一位店长说，超市被封的传闻满天飞，这不排除是商业竞争对手故意制造的。

可以肯定的是，目前关于扎针事件的传闻有相当一部分都是虚假信息。当地的一位专家说：“这些信息夸大了事件发生的频率和严重性，给人们造成错觉，加剧了社会的不安心理。”这位专家说，传闻如此盛行的一个关键是：缺乏一个权威的、主流的声音来辟谣。

在整个过程中没有一个权威的主流媒体出来辟谣，整个过程的信息透明度不够高，才使得天津陷入了全城恐慌。通过这样的调查与分析，记者开始思考特稿的主题：在公共安全出现某种危机时，如何启用应急机制？政府相关部门以及媒体应该如何做到信息透明？如何为群众释疑解惑，从而缓解或者解决危机？记者运用追根究底法，不断提问并回答问题的过程就是主题的提炼过程，通过对问题的回答，自然地挖掘出主题。

（二）提炼主题要有全局观念和历史意识

有些事件孤立起来看很难发现其特殊意义，但如果将其放在历史与现实的宏观背景之下，通过今昔对比、前后联系，其新闻价值就会凸显出来。全局观念、历史意识就是要求记者把报道对象放在时代背景或历史长河中去思考主题，通过对时间和空间的延伸，进行纵向的发展性对比和横向的现状性对比，而不可片面地或静止地想问题。这就要求记者要在提炼主题、选择素材的时候认识到事物的多层次和多侧面，从而提炼出科学、合理、反映时代本质和内涵的主题。

《格雷迪的礼物》[①]是豪威尔·瑞恩斯（Howell Raines）于1991年12月1日发表在《纽约时报杂志》上的文章，获得普利策特稿写作奖。文章报道的是发生在20世纪50年代美国南部城市伯明翰，一个富庶的白人家庭和一个具有反抗精神并想拼命改变自己命运的黑人女佣之间的故事。作者以第一人称来写，在其娓娓道来之中，我们看到了历史和现实的不断变化。

案例精选

《格雷迪的礼物》节选

那一天格雷迪出现在我家里——伯明翰第5大道西1409号，这之后没多久她就改变了我对这个世界的看法。当我7岁的时候，她就为每周挣18美元来我家又是熨衣服，又是擦地板，又是做饭，一呆就是7年。在那段日子里，我们家里的每一个人都开始接受我父亲称之为“那些伟大的长谈”，其在亚拉巴马州许许多多个下午寂寞的时光里占据了格雷迪和我的心灵。在我们之间发生的事情可以用许多种方式来表达，但是其中的精髓却被格雷厄姆·格林抓住了，他写道：在任何一个人的孩提时代，都有一段时光，大门敞开着，让未来走进。所以，这是个关于一个人打开了一扇门，另一个人走了进来的故事。

---

① 〔美〕豪威尔·瑞恩斯:《格雷迪的礼物》,《纽约时报杂志》, 1991年12月1日。

……

我知道外界的看法，他们认为种族歧视在整个“铁板一块的南部各州”是以完全相同的方式存在着，而在另一些地方却较为宽松；在一些地方人性的力量在源源不断地释放光热，另一些地方接连的暴行则使之得到了强化。并且，种族隔离政策在伯明翰得到了最为极端最为严格完整的体现，通过晚间四处打劫黑人的流氓恶棍来确保，为来自美国钢铁联合公司的土地所有者所认可，被腐化成风的机构所强化。

……

当然，格雷迪没有抓住过彩虹，而且她永远也不会抓住。在种族隔离政策的牺牲者当中，格雷迪就像一名在战争中最后一天倒下的士兵。在她放弃接受教育的梦想仅仅几年之后，地方大学就向黑人开放了，各地的教育工作者们也涌入伯明翰，寻找那种通过上两年高中就能赶到成绩单前头的黑人穷学生。

作者瑞恩斯试图描述在美国南部一个实行种族隔离政策最为严厉的城市中，黑人、白人之间的关系问题。读完全文，我们发现这不仅仅是讲述了一个简单的 34 年后的今天的“重逢”，作者还仔细回忆并描述了当时的格雷迪是因为需要全职工作挣钱来交学费，所以来到了瑞恩斯的家，以及格雷迪的身份地位对瑞恩斯一家的生活产生了怎样的影响，处于 20 世纪 50 年代的伯明翰又是怎样的一个社会环境。在历史时间的不断变化中，作者通过对现在和过去的交叉叙述以及全面的完整的描述，展现了格雷迪是如何影响过去的他和现在的他。作者曾说：“当我渐渐老了的时候，我开始意识到我和格雷迪早年的关系，已经为我准备好了关于人权报道的素材。并且，使我具有了从一定角度看恐怕许多南部白人所不具有的对人权问题的敏感性。”① 人权问题，在历史的长河之中不断演进，而格雷迪一辈子的经历，正印证了时代的进步。

（三）围绕事物中的主要矛盾思考主题

能够进入特稿选材范围的都是新闻素材错综复杂、矛盾冲突多样的事件或问题，因此，剖析事件或问题一定要抓主要矛盾。在提炼特稿主题的时候，记者应具有思辨意识，要在掌握大量事实的基础上，进行详细的分析研究，抽出可以贯穿于各个事实之间的线索，再判断出哪条反映了事件的主要矛盾，且更具有普遍意义，因而更具有传播价值，从而确定主题。

《格雷迪的礼物》一文，是在作者从姐姐那得到了格雷迪家的电话号码，通过电话交谈，进行上门拜访后，决定写下这篇文章，作为“在人权方面所有做过的努力的一个圆满

---

① 〔美〕戴维·加洛克：《普利策新闻奖（特稿卷）》，新华出版社，1999 年版，第 513 页。

结局”。在50年代的伯明翰，种族隔离政策盛行，且曾以最极端的形式存在过。在那样的环境中，因种族歧视而引起的纷争不断。

案例精选

《格雷迪的礼物》节选

亨利·威廉姆斯是一个来自俄克拉荷马州，拥有部分非洲血统、部分切克里人血统的小个头男人，虽然只有5英尺3英寸高，但是相貌英俊。他在普瑞特矿区第二洗煤厂工作，不过对自己所处的环境还不完全了解。当那个白人工头死了时，亨利以为他可以提升到这个位置。但是那个死掉的工头的外甥被带来了，很自然，亨利被要求教给他新来的工头所有关于洗煤方面应该知道的事。

“别这样，亨利”，当他抱怨自己因为一个见习生而无法提升时，他的妻子伊丽莎白劝慰他说，但是他心理不可能平衡。

那天是星期六，亨利·威廉姆斯让格雷迪出去跑一趟。“到山上去，”他说，“告诉汉弗里·戴维斯先生说我要3颗38点口径手枪的子弹，因为我要杀一只狗。”

就在那天下午稍晚时候，亨利·威廉姆斯在卧室里开枪自杀了。格雷迪撞见了尸体，她那时7岁。

……

这时她就谈起那些从来没有人告诉过我的一个隐藏的世界，对在种族歧视社会里的一个白人孩子来说，这个世界就像陌生而充满危险的非洲本身——“黑鬼城”的世界。“你不知道贫穷和黑皮肤意味着什么。”格雷迪说。

她说起布尔·康诺尔手下的警察用橡皮胶管来执行法律制度的“公正”；说起黑人社区恶名远扬的县治安代表，因一个地板清洁工挪动得太慢而向其开枪射击的事；说起“狗节”，最热的三伏天，一年中唯一允许黑人去州博览会参展的时间。

这些事实基本上都反映了种族歧视这一主要矛盾。通过对各种典型矛盾的揭发描述，展示当时的人权缺失。文章题目中的“礼物”指的就是格雷迪帮助瑞恩斯在小的时候形成了自己对种族隔离政策的见解。瑞恩斯从小就和作为黑人女佣的格雷迪生活在一起，文章中描写了各种生活琐事。作者进行了精心的构思，筛选各种矛盾的表现，从而揭示这一

“礼物”的主题。

在学习了上述几种提炼主题的方法后，我们要注意，在提炼主题时应避免以下几种倾向：

（1）印证式，即主题先行，先有某种主题、思想，然后去找相关素材说明它、印证它，图解它。这种方法容易偏离新闻事实，提炼主题时过于主观。

（2）泛政治化，把党和国家的方针、政策或一些政治需求、宣传要求像标签一样，硬贴在新闻事实上，误认为新闻的主题越高越好，越高越有教育意义。社会现实比较复杂，仅从政治需求提炼报道主题，容易导致报道的简单化，绝对化。

（3）媚俗化，迎合某些低级趣味，追求视觉的冲击，主题庸俗肤浅。

（4）从单一角度看问题，应多角度观察，多方面采访，全面报道。

（5）二元对立思维，所谓二元对立思维，是指非此即彼的思想惯性，将事物的矛盾绝对化，提炼主题时应该具有辩证思维，抓主要矛盾，放弃二元对立的绝对化思维方式。

第三节　提炼主题与创新思维

新闻作品的主题来源于新闻事实，同时高于事实，它是记者通过报道所表达出的对客观事实的看法、态度。主题的提炼过程，是记者对新闻素材进行由表及里的深入分析的过程，是对新闻事实从现象到本质进行认识和思考的过程。主题的提炼没有固定不变的形式，但一定是创造性的思维方式的凝练和结晶。

主题的提炼是如何进入创造性思维状态的，我们提出下列几种参考思路：

一、逻辑思维与形象思维的相互渗透

逻辑思维是人们在认识过程中借助于概念、判断、推理等思维形式能动地反映客观现实的理性认识过程。只有经过逻辑思维，人们才能对具体对象的本质有明确的认识，进而认识客观世界。记者在提炼主题时，需要运用自己平常积累的经验知识，对采访后得到的各种素材进行由表及里、去伪存真的分析，透过现象看本质，从更深层次理解采写对象的本质属性。

而形象思维，主要是指人们在认识世界的过程中，运用直观形象的感受来认识和思考问题的思维方法。记者在采访中，利用自己的听觉、视觉、嗅觉、触觉、味觉，深刻、感性地充分了解采访对象的各种信息，包括独特的外貌特征、个性特点、典型的环境气氛、生动的细节等等。在提炼主题的过程中，记者会把自己的感性认知和感情色彩融合进去。

在特稿《穷人的孩子早当家：10岁男童尼古拉斯的顽强生命》[①]一文中，记者运用自己的逻辑思维，在“穷人的孩子早当家”这一主题引领下，对尼古拉斯的日常生活进行提炼、选择，赞扬他在艰难的生活环境下，仍然保持积极热情的生活态度和坚韧不拔的精神风貌。

案例精选

《穷人的孩子早当家：10岁男童尼古拉斯的顽强生命》节选

为路边的汽车乘客送食物，尼古拉斯为此付出了代价，他常常是熬了一夜，然后拖着疲惫的身子去上学，因而他的学习成绩多数时候是很差的。如果成绩单太差的话，他就得挨上一顿打。但他毕竟还完全是个孩子，所以他也会在队列里做小动作，会顺着栏杆往下滑，会把衬衫的后角露出来，会忘了系鞋带。他也会梦想着当一名消防员，可以去救人。然而，他却更像是一位负债累累的父亲在愁苦地跋涉着。

……

尼古拉斯的妈妈摇了摇一个喷雾瓶，朝着孩子们的上衣、脑袋和伸开的手上喷了喷。她反反复复地祈祷：孩子们在这个子弹横飞、流氓横行、疯狂而危险的上学路上平安无事。喷雾瓶里装的是一种闻起来像是药店香料的宗教油。孩子们闭着眼睛，妈妈则长时间十分虔诚地祈祷：一天之后孩子们能够平安地回来。

……

一个寒风刺骨的早上，孩子们在吃早饭，尼古拉斯又像平时一样俨然是个小爸爸。他给伊什塔尔开了一瓶牛奶，并浇到她的饭上，递给她一把汤匙，一脸严肃地说：“吃吧。”

……

尼古拉斯在教堂里的工作是让那些小孩子们保持安静，他常常是一条大腿上睡着一个弟弟，另外一条腿上睡着一个表弟。

记者伊莎贝尔·威克尔森（Isabel Werkersen）通过自己认真细致的观察，充分调动自己的视觉、听觉、嗅觉，看到尼古拉斯“会顺着栏杆往下滑，会把衬衫的后角露出来，会

① 〔美〕伊莎贝尔·威克尔森：《穷人的孩子早当家：10岁男童尼古拉斯的顽强生命》，《纽约时报》，1993年4月3日。

忘了系鞋带"，听到孩子们的母亲为他们的祷告，甚至还闻到"喷雾瓶里装的是一种闻起来像是药店香料的宗教油"。这些生动的细节是记者发挥自己的形象思维，充分感受到尼古拉斯的生活环境和生活状态后进行的客观记录。

二、发散思维和聚合思维相辅相成

发散思维是一种创造性思维，表现为视野广阔，思维呈现出多维发散状。发散性思维体现的是多角度的思维方式。与发散思维相对，聚合思维是把广阔的思路聚集成一个焦点的思维方法。聚合思维也是从不同来源、不同层次探求出一个正确答案的思维方法。记者在提炼主题的思维过程中，发散思维和聚合思维不断融合发展，相辅相成，每经过一个融合过程，主题就会得到进一步的深化拓展。《中国青年报》第907期的《冰点》特稿《生死课》[1]正好体现了这一点。

案例精选

《生死课》节选

在所有的"死亡课"中，耶鲁大学教授雪莱·卡根的"死亡哲学"可能是最有名的一个。他的课程录像被放在网络公开课上，获得了数亿次的点击量。

北京大学的王一方在网上看完了卡根的课程录像，感受简单而强烈。"太长了，太学院派了，太像个哲学家了。"王一方总结说，"这法子不太灵。"

在王一方的"死亡课"上，他曾经邀请儒家学者来讲"孔子的死亡观"，为了讲得有深度，他还特意请了一个"特别有名头的哲学家"。结果，台上的哲学家一口气讲了3个小时，台下的学生安安静静，下课后王一方一打听，"都没听懂"。

陶国璋是香港中文大学的哲学教授，他教授的"死亡与不朽"课程已经开课20多年。他课上的学生比王一方的更年轻，大都是刚上大学没多久的本科生。每次一上课，陶国璋看着台下年轻的面孔，都会开玩笑地跟他们说："大家怎么这么想不开呀？你们才这点年纪就都跑来学习死亡了？"

"我们在课堂上会传达关于死亡的不同观点，希望引起对平时不怎么会去思考的话题

① 李斐然：《生死课》，《中国青年报》，2013年12月25日。

的讨论，让同学去反省当下的生活。”香港中文大学讲授“死亡课”的陶国璋教授说，“关于死亡，我们没有正确答案。其实死亡没有什么好教的，存在才值得教育。我希望，在课堂上讨论了这些故事后，每个人都能找到自己的价值。”

于是，陶国璋在统共13节的死亡课里，邀请不同背景的人，讲述自己视角下的死亡：佛学研究者讲述佛家的死亡，医生跟学生讲“什么才算好死”，甚至还有殡仪馆的工作人员在课堂上跟学生分享真实的案例。

……

“我是个哲学家，所以我的工作就是……呃，坐在这里跟你说话。”卡根盘着腿坐在讲桌上，摊着手说，“你不要跟我讨论社会学角度下感人的死亡故事，也别跟我说美国的殡葬业有多暴利。反驳我的时候，不要说‘因为上帝是这么说的’或者‘神是这样安排的’。在这间教室里，我们只讨论死亡的哲学话题，用哲学的方式。”

……

“死亡教育是一颗发苦的可可豆，你叫人吃苦，他是不会吃的。我们只能加点糖、加点奶，搅拌搅拌，把它做成巧克力，人们才会愿意吃。”王一方说，“只要让人们吃下这颗巧克力，他们就会自己去体会里面苦的味道。”

文章通过聚合思维，把各个大学开设“死亡课”的火热程度、教授们的授课情况进行了梳理。耶鲁大学、北京大学、香港中文大学相隔甚远，课程情况并不相同，每个学者讲述的内容和方法也不一样，通过记者的聚焦，展现在读者面前的是全球各地丰富多彩、形式各异但主题一致的“死亡课”。

接下来记者通过发散思维，描述了每个学校开设“死亡课”的不同情况，把教师对学生的教学方法的差异进行了归纳整理。香港中文大学陶国璋教授“邀请不同背景的人，讲述自己视角下的死亡：佛学研究者讲述佛家的死亡，医生跟学生讲‘什么才算好死’，甚至还有殡仪馆的工作人员在课堂上跟学生分享真实的案例”。耶鲁大学教授雪莱·卡根则是用哲学的方式在教室里讨论关于死亡的哲学话题。北京大学的王一方教授则是“在课堂上按条目讲解‘自然观、世界观、价值观’”，偶尔偷偷运用点研究生死话题的“私货”。复旦大学的胡志辉教授的授课方法则是“学生做主导，由他们自己去挑要讲什么话题”。通过这样的发散思维与文章的聚合思维的紧密结合，使得文章思路开阔，内容全面精彩。

三、逆向思维法

要运用创新思维，就要克服思维定势的局限性，敢于“反其道而思之”，让思维向其相对的方向发展，从问题的相反面深入地进行探索。这就是我们所说的逆向思维，也叫求异思维，它是对司空见惯的及似乎已成定论的事物或观点反过来思考的一种思维方式。逆向思维是发现问题、分析问题和解决问题的重要手段，用在主题提炼的过程中也是很有效的一种思维方式。

国内最早的特稿版《冰点》，正是逆向思维的产物。20 世纪 90 年代，媒体纷纷开始进行新闻改革，中央电视台创办了《东方时空》《焦点访谈》等栏目并获得巨大的社会反响后，国内其他卫视以及一些纸媒纷纷效仿，争相创办“焦点”“热点”类栏目。一时间，“热点”类节目和版面比比皆是，而真正受到好评的并不多。

《中国青年报》的《冰点》专版则与“热点”“焦点”背道而驰，不抢热点，不报那些人人都在关注的焦点话题，而以反映北京城最后几个背粪工人的工作与生活的特稿——《北京最后的粪桶》开篇，讲述普通老百姓的故事。这篇特稿将普通百姓的生活首次作为中央媒体着力表现的对象，关注普通人不普通的命运，在对普通人生活与生存状态近乎细枝末节的描述中，深刻反映了社会与时代的现实与变迁，引起了读者热烈的反响。

综上所述，特稿是通过文字深刻地揭示事物本质的报道。这增加了特稿的主题提炼难度，因此，更需要运用多种思维方式，如逻辑思维和形象思维相结合，发散思维和聚合思维相结合，运用逆向思维等，通过逐步提高思维效率，提炼出来源于新闻事实并有价值的主题。

思考与研讨题

1. 特稿的主题是指什么？
2. 结合具体案例谈谈提炼特稿主题的要求与方法有哪些？
3. 提炼特稿主题时应注意避免哪些倾向？

延伸阅读

《遣唐使的石头记》——《新京报》（2005 年 8 月 29 日）

《北京零点后》——《人物》（2013 年 2 月）

《格雷迪的礼物》——《纽约时报杂志》（1991 年 12 月 1 日）

《穷人的孩子早当家：10 岁男童尼古拉斯的顽强生命》——《纽约时报》(1993 年 4 月 3 日)

参考文献

〔美〕威廉·布隆代尔:《〈华尔街日报〉是如何讲故事的》，华夏出版社，2006.

曹璐、吴缦:《新闻专稿教程》，中国广播电视出版社，2002.

新京报社:《新特写：新京报特稿精选》，南方日报出版社，2006.

南方周末:《南方特稿》，上海书店出版社，2011.

李大同:《冰点故事》，广西师范大学出版社，2005.

刘明华、徐弘、张征:《新闻写作教程》，中国人民大学出版社，2002.

〔美〕戴维·加洛克:《普利策新闻奖 (特稿卷)》，新华出版社，2001.

白贵、彭焕萍:《当代新闻写作》，中国人民大学出版社，2013.

第三章　特稿写作的基本环节（二）：选材

本章内容

- 特稿的选材范围
- 特稿选材的类型
- 特稿对选材的要求
- 特稿选材的组织方式

材料是特稿写作的基础，精选材料能够使特稿的主题更加突出，新闻故事更加动人。选择材料、完善材料的过程是特稿写作的重要环节。

高质量的选材首先基于特稿题材的选择，特稿的选材范围十分广泛，可以说包罗万象，涉及到社会生活的各个方面。特稿打动人心的地方首先表现在其选择的题材上——新鲜、重大、有针对性、有深度，深刻反映出时代的本质。这就要求特稿记者有敏锐的观察力和丰富的想象力，善于从现实生活和看似普通的新闻事实中，捕捉到能深入人心的题材。

正是由于选材对特稿写作来说非常重要，首先，我们要了解特稿对选材的五个要求；其次，对各种类型的材料（如骨干材料、细节材料等）及其作用进行分析，并学会运用一些精选材料的方法。

第一节 特稿的选材范围

特稿的选材范围非常广泛，从社会生活到自然事物，从普通人到明星，从突发性事件题材到非事件性题材，从事物的历史渊源到未来发展，都可以成为特稿的写作对象。但是，一般来说，适宜采写特稿的新闻题材应该具有足够的内在张力——新鲜、重大、有针对性、有深度。所以，在题材选择上，特稿记者应该时刻关注社会的发展与进步，无论是写人、事，还是写社会问题，旨在挖掘那些最能反映时代本质的内容。

特稿的选材范围基本包括以下几点：

一、社会事件

以社会事件为题材的特稿，旨在详细报道社会上发生的新闻事件，展现新闻事件发生、发展的相对完整的过程，显示事件的内在逻辑和社会意义。社会事件特稿题材的选择包括重大新闻事件和普通社会事件，为特稿写作提供新闻事件背后的故事，补充背景材料、细节材料等，此类特稿通过解释或提供背景资料以补充信息，帮助受众更好地理解复杂的新闻事件，并获得更深层次的新闻信息。

《南方周末》刊登的《灾后北川残酷一面》[①]讲述了汶川地震后灾区的情况。作者运用镜头般的语言，向读者讲述了在这场震惊世界的灾难中，具体到一个个男孩身上的救援故事以及救援不成相继死去的遇难者们，让读者获得了更多关于灾难的细节、背景和故事，并从残酷的真相中，看到了复杂的人心和人性。

① 李海鹏、陈江：《灾后北川残酷一面》，《南方周末》，2008年5月22日。

案例精选

《灾后北川残酷一面》节选

从13日早晨8时开始，武警战士们援救一个半边身体被压住的男孩，当时他甚至可以伸出右臂接受点滴。县城内仅有两辆起吊设备，并被先后调来，但始终无法吊起压在他身上的重物。当地施工人员猜测，孩子是被支撑整个教学楼的最重的那根十字梁压住了。下午开始下雨，男孩的母亲站在废墟上，给儿子撑着伞。另一个男孩被卡住了，多次营救不成之后，他主动要求截肢逃生，可是医生们没有必要的药物和设备，无法实施手术。下午，这个被卡住的男孩开始休克，伏下头和双臂，在武警战士们的面前死掉了。

晚上7时，医生诊断说，第一个被压住的男孩已经失去了生命体征，救援宣告放弃。男孩的母亲扔掉了伞，坐在那儿。"也没哭，就是坐在那，看着她儿子。"武警成都指挥学院的贺一民大校说，倒是该部队的何政委受不了，哭了。

救援者们在废墟下看到了人们截然不同的反应。两个男孩被压在北川中学的废墟的同一个空隙里，一个消极地等待着，另一个则不断鼓动人们先救他。"先救我吧，叔叔，我是班上的第一名，"他说，"我以后一定考军校。"当他弄清楚站在外面的是武警之后，他改口说："我以后考警校。"这个男孩得救了。可是这是第一天的故事，却不是第三天的。当这支部队救出第一个孩子时，所有人都使劲鼓掌，非常激动，可是死伤狼藉的场面在其后几天中不断削弱着救援者们的敏感。因为，悲剧太多了。13日，他们救出来的人因医疗队跟不上，伤者未能得到及时的救助，就那么躺在街上逐渐死去了。"开始时看得心疼，现在麻木了。"士兵们说。疲劳也是一个严重问题。他们对自身安危的关注度也在下降。第一天，余震时每个人都会跑开，到了第三天，"震就震吧，也不跑，太累了。"15日入夜后，部队撤离到城外的营地。发电机仍然不能运进山口，夜里无法救援，只有少数几支消防队留下来，凭借手电筒微弱的光继续工作。圆月当空，满城漆黑。这是72小时生命时间窗关闭后的第一个夜晚。

二、个体人物或特定人群

美国普利策特稿写作奖获奖者乔治·富兰克林在《为故事而写作》一文中谈道："一个故事蕴含了一系列情节，当一个令人同情的人物偶然碰到一个复杂的情境，他的遭遇和他的反应就是情节的展开。”正如富兰克林所说，人物故事是特稿写作的主要题材，因为它最能体现特稿的写作特点，即可读性、戏剧冲突与人文情怀。

社会人物题材的特稿，以人物为报道核心，反映他们的人生际遇、生存状态与精神境界，包括成功的人、显要的人、有奇特职业的人以及其他有特点且具有新闻性而足以构成话题的人。人物身份既可以是具有社会知名度和影响力的人，也可以是热点事件中的典型人物，还可以是默默无闻的社会底层人士。

通常来说，社会人物特稿更加关注普通人的故事，关注普通人生活中的酸甜苦辣，通过对普通人的生活际遇、人生态度以及不同生活状态的描写，反映大时代的背景和精神，并使读者通过阅读感受他人生活的悲喜，映射自我，得到对生活的感悟和启示。

三、社会现象与社会问题

这类特稿是一种以较为系统、深入地报道社会现象或者揭露社会问题为主旨的新闻特稿。特稿选择的这些社会现象或者社会问题，并不是一夜之间出现的，但却是读者关心的、可能影响读者生活的重要问题，因其长期存在且具有共性而值得去报道。

与社会事件类特稿相比，这类特稿题材较为软性。比如特稿《车陷紫禁城》[①]一文，通过描述北京市周五下班高峰时期一辆出租车的行进线路，报道了一场秋雨导致的北京城交通瘫痪。而交通拥堵问题是随着经济发展我国很多大城市出现的普遍问题，记者不仅选择了最具典型性的城市——北京，还选择了最拥堵的周五下班高峰时期，通过一场秋雨带来的交通瘫痪，反映了与读者紧密相关且读者普遍关心的社会问题。

四、自然环境与自然现象

随着环境保护意识的增强，人与自然、人与环境的话题越来越受到读者的欢迎。因此，新闻特稿的题材也可以是自然现象与人类活动，人类自身的生产生活对自然造成的影响及变化，动物迁徙、全球变暖、自然灾害等。这种类型的特稿旨在让读者认识并反思自身行为，从而达到保护自然，营造人与自然和谐相处的环境的目的，具有公益性。特稿《大连蛇岛上的世界奇迹》[②]在描述辽东半岛一个蛇岛上的蛇的生存环境与生存方式的同时，还生动地讲述了蛇岛自然保护区中科研人员和保护人员孙立新、赵德碧与蛇共同生活的故事，让人们了解了一个人与蛇和谐共处的案例。

---

① 李海鹏：《车陷紫禁城》，《南方周末》，2003 年 10 月 16 日。

② 王书春：《大连蛇岛上的世界奇迹》，《大地周刊》，2000 年第 15 期。

案例精选

《大连蛇岛上的世界奇迹》节选

1981年春天，小龙山岛上成立了蛇岛自然保护区管理处，也就是从那时起，人与蛇共处一岛的日子开始了。那些为了科研和保护工作而敢于与毒蛇共处一岛的科研人员，确实让我们钦佩。

蛇岛在成立保护区以前，几乎是没人上去的，当然，有极少数大胆的猎蛇者除外。年过半百的高级工程师赵德碧告诉我，蛇岛四周的其它许多小岛都是光秃秃的，那是千百年来渔民上岛乱砍、乱伐的结果，而蛇岛上有毒蛇，没人敢上来，反而保护了蛇岛，使蛇岛上绿树成荫、鲜花盛开、风景秀美，这还真得感谢这些毒蛇！不过，在成立保护区之前，蛇岛的蛇已不足1万条，那是许多利欲熏心之徒大肆猎杀和疯狂破坏蛇岛资源的结果。保护区成立后，经过多年的努力，现在蛇岛上的蝮蛇数量已近2万条。

蛇可以一年不吃东西，但不能不喝水。蛇岛上的蝮蛇在多年的进化中锻炼出了超常的耐饥能力，却不能喝海水，仍要靠淡水为生。岛上的淡水太少了，蛇岛管理处的人们就得想办法解决淡水问题，不能让蛇渴死。

开始的时候，人们采取非常简单的办法，雨季时人为地挖些水坑，积一些雨水就够岛上的蛇饮用了。说起来简单，可做起来也是困难重重。在蛇大量出没的地方挖坑积水，人们随时有被蛇咬的危险。最困难的是1989年大旱，岛上几乎一年没下雨，积水一点也没有了。为了不让在世界上有重大影响力的蛇岛成为无蛇之岛，管理处的人们真是想尽了一切办法。他们借用巡逻舰往岛上运水。运水上岛后，不敢把水放进坑里，因为如果那样，水一会儿就会被旱透的土地吸光。人们用了800个水盆，把水分布在岛上，仅这一项工作，就把所有的工作人员忙得连吃饭的时间都没有了。但是他们的汗水没有白流，那一年，蛇岛上没有被渴死的蛇。一大堆蛇把头伸进水盆里抢着饮水，800个水盆边围着上万条蛇，可以说是世界奇观。

也就是在那年秋天，管理处的领导决定在岛上打井，彻底解决蛇岛的淡水问题。那口井现在有10米深。人们不用从岛外运水了，可是从井里提水再一盆一盆地摆满全岛，那份苦差事可不是好干的。管理处的人说，他们是管理蛇的，要是蛇都死了，那他们还有脸活着吗？所以，他们最盼下雨，最怕天旱。

这篇特稿讲述了小龙山岛上数万条既冬眠又夏眠的黑眉蝮蛇的故事。蛇岛是世界上唯一一座生存着单一品种黑眉蝮蛇的岛屿，在只有0.73平方公里面积的小岛上生存着近2

万条剧毒蛇。这种蛇一年只捕食几次就可存活下来，这种极强的生命力使它们在岛上生存繁衍了几千万年，几乎可以称作世界奇迹。本段选取了蛇岛上最有趣的部分，也就是人和蛇的故事进行描写，为了不让蛇渴死，人们给蛇打井、给蛇供水。记者王书春将蛇的故事写成特稿，特稿中的每个场面、每个情节都有冲突、有悬念，这是一篇非常具有代表性的环境类新闻特稿。

第二节　特稿对选材的要求

正如黑格尔所说："艺术作品所提供的内容，不应当只是它的普遍性出现，普遍性必须经过明确的个性化，化成个别的感性的东西。"特稿的选材也是如此，将包罗万象的素材严格筛选组合，汇聚成一篇独特的文字，从而让读者能够从精心编写的特稿故事中收获感动、理解或特殊的启示。唐代诗人刘禹锡在《浪淘沙》中写道："千淘万漉虽辛苦，吹尽狂沙始到金。"究竟该如何进行选材呢？简单来说，新闻特稿的选材过程就是滤沙见金的过程，具体来说，有以下五点要求：

一、挖掘深层新闻信息

消息报道新闻的五个W，特稿则侧重回答"怎么样""为什么""有何意义"等深层次的问题。因此，特稿记者永远不会满足于表层信息，就像采矿者持续不断地挖掘和钻探有价值的东西，直到真相水落石出，满足读者对深层新闻信息的需求。记者采集和挖掘信息的过程通常要经历三个阶段：

（一）表层事实

记者通过新闻发布会、新闻通稿、宣传材料等渠道获得的信息。这一层次的事实几乎完全依赖于消息来源提供的信息。在这一层次里，记者并没有深入事件本身，而是选择和整理他人传递的信息，仅进行一些信息核对工作并验证信息的真实性。

（二）深层信息

如果记者开始主动收集信息，那么信息收集的第二层便开始了。在这一层次上，信息成为信息链，记者侧重寻找事件的起因、经过、结果和相关的人物、地点等深层次、可供分析的材料，[①] 开始了对信息的验证、调查以及对事件背景、细节的采访。

---

① 〔美〕梅尔文·门彻：《新闻报道与写作》，范红等译，新华出版社，2007年版，第272页。

（三）归纳分析与揭示

挖掘深层的新闻信息，是解决特稿“怎么样”“为什么”“有何意义”等深层次问题的关键。这不仅要求记者掌握事物发展变化的过程及相关的背景材料，知道事件是如何发生的，为何那样发展；还要了解它的影响，包括对人的影响、对环境的影响等深层信息以及各方不同的见解和态度。通过对材料的归纳、分析和整合，获得事件的原因、结果并揭示事物本质与意义。“在某些特殊的情况下，记者还需要做到突破重重阻力，从而获得真知灼见。”①

《中国青年报》特稿《生命最后的尊严》②从一个重症监护室（ICU）中的重症病人入手，探讨了人在生命最后的选择。这篇特稿在第一层次上描述了老许在生命最后的喘息；在第二层次联系到美国的一个相同的事例，进而引发关于死亡抉择的进一步的思考：是否应该由其本人对死亡做出决定；而在第三层次上，从医生的角度进行阐释，进而扩展到对全社会的道德伦理审视，以及对死亡的重新看待。整篇文章从重症病人、病人家属、医生以及社会舆论的道德伦理审视逐步入手，分析归纳，挖掘到了深层的新闻信息。

案例精选

《生命最后的尊严》节选

这绝不只是一根看起来仅有小拇指粗、一米长的管子，它在一个人生命的最后时刻，有与“老天”讨价还价的能力。

它穿过老许的鼻子，插进肺，每隔一会儿，就能吸出满满一管痰。当痰被吸出时，老许就能从昏迷中苏醒过来。起初，他能醒两三个小时，后来只能醒几分钟。

几个月过去，这根管子眼看就要输了。因为，“吸的速度不如产生得快”。疼痛难忍的老许用尽全力，写下几个歪歪斜斜的字：“痰在肚子里！”

这是他留下的最后的笔迹。

就在老许靠管子“活着”的时候，在遥远的美国，另一根管子插在佛罗里达州一家养护院里一个名叫特丽的女人身上。这一年是2003年。植物人特丽依靠喂食管，已经存活了13年。

关于要不要拔掉特丽的管子的争论，几乎震动了整个美国。

---

① 曹璐：《新闻专稿教程》，中国广播电视出版社，2008年版。

② 从玉华：《生命最后的尊严》，《中国青年报》，2012年11月21日。

起初，当地法院批准了特丽的丈夫提出的申请，她的喂食管首次被拔去。仅仅两天后，另一法院做出相反判决，喂食管再次插上。后来佛罗里达州最高法院判定，要求拔掉管子。可法案通过仅1个小时后，州长立即命令给特丽重新插入喂食管。

整个美国为特丽心碎。无数人抗议示威，举着标语牌："给特丽食物""别让特丽饿死"。甚至布什总统也介入"抢特丽"事件中来。

不过最后，医生们按照法律的判决，镇定地拔掉了特丽赖以维持生命的喂食管。警察甚至逮捕了不下50个想强行对特丽进行喂食的人。2005年3月31日，在喂食管被拔掉13天后，特丽真的被"饿死"了。

这场关于生命伦理的争议至今都被称作经典案例。

如今，越来越多的老许、特丽躺在中国和其他国家各个城市的重症监护室。医生发现：死亡已经绑定医疗技术，从某种意义上讲，今天的死亡就是关机时间，或是停电时间——死亡被医疗技术"藏"起来了。

哈姆雷特的老命题，"活着还是死去，这是一个问题"，如今却成了全球性的新命题。

二、选材的典型性

特稿的题材应该时刻关注社会的发展与进步，无论是写人、事，还是写问题，旨在挖掘那些最能反映时代本质的内容。因此，特稿的特别之处并不仅仅是选材的特殊性，而是特殊之中蕴含着的广泛的普遍性。就是说，特稿的题材应该充满新意，是具有典型意义的人或事，但这个人（或事）一定能够反映具有普遍意义的社会现象或社会问题，是社会性和个性的统一。特稿记者应善于从现实生活和看似普通的新闻事实中，捕捉到这样的题材。

1988年普利策新闻奖获奖特稿《艾滋病在哈特兰》①，讲述了一对生活在乡村农场的同性恋艾滋病患者与疾病抗争的感人故事。稿件采写的背景是在20多年前美国艾滋病高峰时期，人们对艾滋病充满恐惧与不解，同性恋者也是不被大众所接受的。报道选择的人物非常典型，主人公迪克·汉森是一名积极的政治活动家，也是民主党全国委员会第一个公开的同性恋者，但不幸患上了艾滋病，经过长期与病魔的斗争后不幸死亡。

记者将报道分为四个部分，第一部分主要介绍人物，概括了他们的情况和艾滋病传染这一事实；第二部分介绍他们的家人和朋友，表现了社会对艾滋病人的态度，有肯定也有否定；第三部分介绍他们的关系和同性恋爱情；最后一部分则提到了迪克的一些经历和他怎样与伯特相遇，包括伯特开始与自己体内的艾滋病毒作斗争。

① 〔美〕杰奎·巴纳金斯基：《艾滋病在哈特兰》，《圣保罗先驱报》，1988年。

案例精选

《艾滋病在哈特兰》节选

这绝不是个有关死亡的故事，尽管死神时刻如影随形。

迪克和伯特是在1982年一次政治聚会上认识的，而在这之前迪克很有可能已经得了艾滋病，但没有办法确定这一点，因为当时还没有病毒检查的方法。那次见面两人一见如故，还谈过艾滋病的危险，但是他们都认为值得为互相拥有对方而冒险一次。

这一试带来了真挚的感情和长达5年的同居生活。80年代的美国小镇，艾滋病和同性恋被认为是罪恶的。迪克的家人几乎和他断绝了来往，指责他把事情公开令整个家族蒙羞，只有他的姐姐，不时看望他，陪伴他。

农场对于迪克和伯特有着深刻的意义，不仅因为两人都是在农场长大的，还因为在同居的5年时间里，农场像个天然的帐篷，保护着他们的爱情。在迪克患病之后，农场成了他们的希望花园，这片土地种了58种蔬菜和两颗期望战胜病魔的心。

37岁的迪克明显消瘦了，他虚弱的身体已经泛白，病毒侵入视神经，视力严重受损。之前他一直乐观地用药物和严格饮食控制病情，但患病6个月后，迪克第一次在医院过夜，虽然只是一夜，但对未来的恐惧却开始不受控制地蔓延。出院后回到农场，迪克就用平静的语气谈起了死亡。希望自己死后火化，把骨灰撒到附近的湖里。伯特接着说，他也希望火化，两个人的骨灰都撒在同一个地方，这样就可以永远相伴。不得不承认，在死神逼近的前夕，详细地交待后事，有种解脱的感觉。

伯特用老母亲式的宽容和坚毅来支撑着迪克，包括他自己。伯特坐在病房的窗边，握着迪克的手，每每安慰完迪克，静心和他交谈有关后事的处理，害怕和无助还是会像潮水阵阵涌来。他担心没时间陪迪克，担心失去共同的农场，担心自己体内藏匿着的艾滋病毒突然间发作。伯特说："在这个过程中，我也付出了自己的生命。放弃一个人的生命让另一个死得有尊严，那是我生命的目的。"

记者在文章中介绍了迪克的一生，通过他的故事反映出当时社会对同性恋者和艾滋病人的恐惧、歧视等。这个故事是具有个性特征的，但反映出的问题具有普遍意义，是典型的社会性和个性的统一。报道始终贯穿着浓浓的人文主义关怀，有利于消除误解和敌视，推动美国社会树立起对艾滋病患者以及同性恋者的理解、尊重和关怀。

三、选材内容充实丰满

新闻特稿的主题是通过精心选材体现出来的。在特稿写作中，材料丰富，新闻素材真实全面，人物有个性特点、有复杂的思想感情和丰富的精神世界，才能够强有力地表现主题，给读者以感染力，引起读者的共鸣。

如何做到材料充实丰满呢？在扎实充分地采访和调查的基础上，选材的时候注意选择的材料中有事实、有数据、有故事、有细节，这样的特稿才有吸引力和说服力。前面提到过的特稿《北京零点后》[①]，主题新鲜，采用了同时异空的结构，在选材上注重用数据说话。

案例精选

《北京零点后》节选

在北京这座城市里，平均每晚有155人出生，99人死亡，这些生命大多开始或结束于全市医院的共94 735个床位上，但也有一些例外。北京的深夜默许着诞生与死亡的交替出现、秩序与混乱的共同存在，全城超过40万个的摄像头是相当可靠的见证者。除此之外，分布在这座城市9 164万平方米面积和6 258公里道路上的夜班巡警、公路交警和小区片警，也在默默守护着这座城市。

平均每年，北京的深夜会发生2 022起火灾，其中40.5起是由于自燃而导致，而有55人会在半夜放火。大部分的火灾都会在1小时之内被北京市消防局的108个消防中队、622辆消防车扑灭。他们最新型的水泵能够覆盖两座国贸三期（北京现在最高的建筑，330米）的高度，在6 553个消防员中，至少有10人拥有6块腹肌。

这篇特稿记述了北京零点之后，北京医疗、电力、交通、航空等各个行业、各种人的生活和故事。本文并不仅仅满足于零点后各行业故事的简单罗列，而是在每个领域都提供了大量与主题相关的精确数据，客观性的报道使此稿更有说服力，使报道内容更加充实丰满，有血有肉。

在很多警察与记者没有注意到的豪华场所里，欲望正在不受约束地滋长。北京拥有63家五星级酒店和127家四星级酒店，每间房每晚的平均消费分别是792元和473元——这只是官方数字。很少有人知道豪华酒店一个房间的单日成本只有100元，其中毛巾和床单的清洁费用30元，供暖、照明、磨损折旧费15元，房间服务员的工资每打扫一间房大约

① 王天挺：《北京零点后》，《人民文摘》，2013年第3期。

是12元，而她使用的清洁用品只要3元钱。但这样一个房间每晚的价格大多在千元以上。在一些酒店，一张床在5年间要承受300吨以上的睡眠重量和2 000对以上的情侣。

北京每晚都有不同的盛大派对。在西北郊的一座高尔夫球场，150个高尔夫球被塞入了发光的材料，30多个穿着亮片材料的女高尔夫球手同时击球，夜空中就像有流星划过；在位于万寿寺路甲1号的一栋豪宅里，两位没仔细看邀请函上标注是White Russian Party（白色俄罗斯风）的女士，涂着黑指甲穿着黑丝来到现场。不过也不要紧，在不远处的另一个场地中，正在进行着更适合她们打扮的哥特式风格派对。

四、选材精当不堆砌

选材要注意内容充实丰满，但不意味着“有闻必录”，将采访收集来的所有材料都罗列在特稿中；而是要注意根据主题需要，按照结构顺序，选择那些能反映事实真相、刻画人物性格、帮助表现主题的材料。就是说选材要精当，不要堆砌或重复。

（一）选择人物、事件的关键环节或转折点

“不管采访的对象是谁，特稿的中心和灵魂都应该是确保读者理解那些人在人生经历的各种曲折、转机和纷繁复杂的事”。[①]在特稿《350斤的人生》[②]中，记者讲述了千金组合的老大，胖女孩肖扬的故事。记者选择了中考遭退档、减肥的痛苦、以胖为业的辛酸三个具有代表性的关键节点，将女孩肖扬为何如此肥胖，以及最终与其他三个女孩组合开始演艺道路的故事向读者娓娓道来。记者生动形象的叙事使读者仿佛同肖杨一起经受了路人的鄙夷、减肥的辛酸、家人的痛苦、学业的失败和以胖为业的挣扎。可见，事件关键转折点的选择是非常重要的。下面选取肖杨减肥偶然成功的片段，以供参考。

案例精选

《350斤的人生》节选

那段日子里，肖杨每天要进行七八个小时的体育运动，每天只是早上喝一杯豆浆，中

① 〔美〕卡罗尔·里奇：《新闻写作与报道训练教程》，钟新等译，中国人民大学出版社，2009年版。
② 戴敦峰、徐笑古：《350斤的人生》，《南方周末》，2007年5月3日。

午两个水果，再加上针灸和按摩。半年之后，她从 280 斤减到了 160 斤。因为减得过快，她的身体状况非常糟糕。心率为 40bpm，而正常人是 60–80bpm；血压为低压 60mmHg，高压 90mmHg，已经非常低了；头发也掉了将近一半。

160 斤对于别的女孩来说可能不算是太轻的分量，但对于曾经 280 斤的肖杨来说，已经算是非常苗条了。全家人都很高兴，尤其是母亲，她带着女儿去街上买了一件大衣，又一起去照了相。她们已经多年没有合过影了。

（二）掌握新鲜的第一手材料

新华社记者陆佛曾说道："纷繁复杂的社会现象，风云变幻的政治事件，需要经过时间的沉淀，方能认清其本质和主流。历史家可以待烟雾消散，尘埃落定，从容记载；记者却必须当场观察，作出判断，立刻报道。"记者陆佛的体会，正说明了特稿写作的记者亲临现场，掌握第一手新鲜材料的必要性。

什么是第一手材料？就是直接来自新闻事件现场的材料，是没有经过任何中转环节，记者直接采访得到的最生动的材料。可以说，掌握了第一手材料，特稿的质量便得到了一半保证。"1936 年，美国记者斯诺历尽千辛万苦，从美国来到解放区进行实地采访，终于写出了《红星照耀下的中国》。"① 老一辈记者尚且如此，在交通、通讯如此便利的现代社会，特稿记者更要深入到新闻现场，深入到百姓的生活中。

《南方周末》刊发的特稿《焦虑的四合院》② 的采写中，记者深入北京的面临拆迁的四合院，与户主一起，共同抵抗拆迁队，感受老房拆除、家园离散、文化遗失的心痛。第一手材料的掌握，使作者的行文字字真挚，饱含深情。丰富细腻的情感，客观真实的细节描写，也使读者感同身受，为之动容。特稿中有这样一个片段：

案例精选

《焦虑的四合院》节选

花市上三条一所院子里，75 岁和 68 岁的两位老先生现在已经生活在废墟之中。东西厢房都拆了，建筑杂物和生活垃圾充斥了整个院子，只留下一条能容一只脚的路。尽管如

① 曹璐：《新闻专稿教程》，中国广播电视出版社，2008 年版。
② 张捷、南香红：《焦虑的四合院》，《南方周末》，2003 年 8 月 7 日。

此，两位老先生激动而坚决地表示，他们决不会离开留有一生记忆的院子。为了保住院子，两位老先生曾多次打电话给文物部门，但“没有一个人来”。住北屋的老先生带着记者看他家墙上的砖，天已经黑了，他把着记者的手，让记者去摸——每块砖上都有一个长方形的凸起，像是书法中的印章，上面有凸起的字形。“摸出来了吗？摸出是什么字了吗？”老先生急切地问。

摸出来了，是“乾隆”二字！这说明这所房子的砖是乾隆时代造的。老先生说，这所大院的门上有两个官品柱，按清朝的建房秩序，这至少是一位三品到四品官员的宅子。

记者的手指在那凹凸回转的纹理上移动，感到一种久远、一种沧桑和一种沉默中的坚硬。用手指触摸一所房子几百年的历史，那种感觉一生也不会忘记。

住南屋的老先生让记者看他的屋。他说，他的屋子是北京古代民居的典范，他指着屋顶让记者看：“标准的六柁、五檩、四梁八柱、磨砖对缝，柁是四方柁，柱子是 30 多厘米的圆柱，屋顶 60 多年未修，滴水不漏，上好的瓦匠，一天抹三垄瓦，精益求精盖出来的，这样的房子再也不会有了。”屋内门、格扇都雕有梅竹，门坎有一尺高，门柱上雕着莲花桩，从建房时就存在的木雕泛着古旧的红棕色。贾老先生对这所房子非常珍惜，怕小孙子在屋内的雕花木格扇乱刻画，他特意用纸把它们全贴了起来。

如果记者没有深入现场，没有和几位老先生交谈，这篇文章也许就不会这样富有深情。在老先生的指引下，记者亲手触摸了那凹凸回转的文字，感受到了历史的厚度，文化的厚重，也许在那一刻记者才和拆迁户们一样，从内心生出了对四合院的依依不舍和眼睁睁看到文化遗产被破坏而无力反抗的无助和心痛。

由此可见，掌握第一手资料对特稿写作是非常重要的。在现代社会，媒体面临着激烈的市场竞争，所以，记者能否掌握第一手资料不仅关乎写作水平，关乎独家新闻的诞生，更关乎其所在媒体的行业地位与品牌形象。记者寻找他人尚未触及的第一手材料，不仅要有高度的新闻敏感度，更重要的是深入现场与当事人共同经历，一起感悟，思当事人所思，想当事人所想。

（三）同类材料无需重复

在特稿选材的过程中，不仅要从庞杂的材料中选择出合适的材料，做到材料精当不堆砌，还要注意同类材料无需重复。说明同一问题、同一侧面的事例，举一个即可，不必连用几个意义相同的事例来强调；故事、数据、细节注意搭配使用，同类事例应有些差异，有互补或递进的关系。

五、符合新闻报道的要求

普利策奖对于优秀特稿的评奖标准是：除了要遵循独家新闻、调查性报道和现场报道共有的获奖特质外，特稿主要是考虑高度的文学特质和原创性。简而言之，特稿是高度文学化的新闻作品。所以，特稿报道首先必须是新闻，必须严格服从新闻的专业规范，即遵循真实、准确、客观、公正、公平的原则。特稿写作的选材过程，也要符合新闻报道的要求，选择有新闻价值的材料，选择真实、准确的材料。

有新闻价值的材料，并不意味着一定是那些炙手可热的话题，相反，在特稿选材的过程中，可以选择避开其他媒体都在报道的热点新闻，寻找那些隐藏在百姓生活中的喜怒哀乐。那些被人们忽略的、看似平淡无奇的生活琐事，往往隐藏着一些新闻亮点。特稿记者应努力深入平常百姓家，通过自己的观察、思考和采访，挖掘新闻的“冰点”，找准结冰的症候。只要记者精心策划、深入采访，通过对选材的放大和聚焦，得到更多人的关注，就能使“冰点”向“热点”转化，从而取得更为深远的社会意义。

在媒体竞争早已白热化的今天，对于“冰点”的挖掘早已形成共识。早在 1995 年，《中国青年报》成立特稿专栏时，就将“冰点”一词作为该专栏的创办名称，并且沿用至今。实际上，《中国青年报》所着力报道的“冰点”，恰恰就是老百姓平常生活中的“热点”“难点”与“焦点”，是社会生活中未被挖掘的部分，是存在于少数群体中不被大众所知但具有新闻价值和社会意义的内容。比如，北京最后的背粪工人；留在延安结婚生子的北京知青；湖南十万大山里含辛茹苦供养孩子上学的五叔五婶；生活在中国社会底层的美军飞虎队烈士遗孤；SARS 期间那些与生命相关的故事等。正是这些看似“冰点”的特稿作品，让读者产生了心灵的共鸣。

第三节　特稿选材的类型

特稿选材的类型既包括骨干材料和细节材料，也包括概括性材料和背景材料。骨干材料是构成特稿的基本事实，细节材料是细微的、有新闻价值的事实材料。如果说骨干材料是特稿写作的根本，是特稿的骨骼，那么细节材料就是特稿的血肉。概括性材料就是概括相关事例共同特征的材料，是对骨干材料和细节材料的必要补充。此外，新闻特稿的写作离不开背景材料，通过与主题有关的历史、地理、专业知识等背景材料的展示，帮助读者更好地理解骨干材料的作用和主题的表现。

一、骨干材料

特稿通过骨干材料来支撑主题，骨干材料是构成特稿的基本事实。骨干材料可以说是特稿写作的根本，无论是主题的提炼，还是结构的安排，都是针对骨干材料而言的。如果骨干材料不足，就会“先天畸形”，通过写作技巧等后天手段是不能弥补的。

骨干材料主要指事实过程比较完整、线索清晰的事件，或者特点突出、能说明主题的人物故事。记者不但需要掌握人物、事件的基本状况，还要摸透人物故事或者事件的发生、发展，包括原因、情节、转折点、进度、结果和意义等。情节丰富的事件本身可构成事件特稿；人物特稿、社会问题与社会现象类特稿则需依靠几个方面的故事组合起来共同表现主题。

充满戏剧冲突的材料会让故事充满张力，因为冲突是一种重要的新闻价值要素，可以为报道增加悬念。同时，有趣的故事也可以选择，用来吸引读者，让特稿更好看，但趣事的选择要符合报道的主题和整体叙事风格。故事，是特稿的魅力所在。

总之，骨干材料是选材的骨骼，没有骨骼便无法支撑起特稿的框架，写作意义便不存在。遇到骨干材料不足的情况时，不可贸然成文，一定要通过后期补充采访的方式补充材料，力争做到骨干材料扎实和完整。

二、细节材料

所谓细节，是指把关系到人物性格、事件发展、社会环境和自然景色等最细微的部分用文字描述出来，从而使读者形成如见其人、如闻其声、如临其境的鲜活印象。

作为特稿记者，必须牢记一句话——“细节不细”。作为以故事性见长的特稿，要想写好故事，必须写好细节。细节是构成故事情节的基本单位，没有生动的细节就没有精彩的故事情节。

《冰点》特稿《摆渡》[①]讲述了东北的一位民办教师王勇用20年的时间身兼教师和船夫两职，每天摆渡学生过河的故事。

案例精选

《摆渡》节选

和城里的许多小学比起来，碑沟小学无疑是简陋的。几只放养的猪崽，在教学楼旁撒欢，头天晚上刚下过雨，操场上一片泥泞，在生锈发黑的篮球架下，有几个孩子在打篮球，篮球已经看不清颜色，落在地上就粘住了，压根弹不起来。

---

① 林天宏：《摆渡》，《中国青年报》，《冰点》特稿第751期，2010年5月12日。

记者通过对学校形象的细节描写，例如，泥泞的操场、教学楼旁的牲畜、生锈的篮球架以及看不清颜色的篮球，让读者仿佛看到那破旧的学校。这就是细节的力量。

细节是什么呢？细节是大画面中的小镜头，是情节中细小特色的点，是动态和稍纵即逝的。细节作为特写镜头，最能够展示人物内心所思所想，精彩的细节往往可以成为点睛之笔。简言之，细节材料就是细微的、有新闻价值的事实材料。

获得普利策特稿写作奖的《亚当和梅根》①讲述了一位爸爸和他的两个孩子在一次爆炸中被毁容后，接受治疗和重新融入社会的过程。记者通过对抢救员和在场者的采访，重现了爆炸时的一些非常细致入微的情节。

案例精选

《亚当和梅根》节选

只有衬衣领子还在他的脖子上边摇晃着。

剩下的则和他们血肉模糊的躯体熔在了一起。

女孩新做的发型只剩下一小缕头发。辛迪轻轻地碰了一下这缕头发，不料它掉了下来。

《南方周末》记者余刘文的《生者》②也是一篇以细节著称的特稿：

案例精选

《生者》节选

杨术强的家独栖在海拔 4 000 多米高的莲花山上，一个叫弯木杆的地方……杨术强和妹妹杨芳背着背篓在倾斜 60 多度的陡坡上摘玉米，无言无语。

---

① 〔美〕戴夫·科廷：《亚当和梅根》，《科罗拉多斯普林斯电讯公报》，1990 年。

② 余刘文：《生者》，《南方周末》，1998 年 10 月 2 日。

家庭一

“摘玉米的兄妹”

山风吹着干枯的玉米叶子发出金属般的摩擦声，一浪一浪地扑过来。这是他们的父母杨怀富、王万英生前种下的玉米。

杨芳很少说话，经常一个人在家里默默地干活，经常忘记给自己做饭，她有时一整天都见不到一个人。

自从父母死后，杨术强有了这样一种强烈的感觉：一躺在床上就好象置身船舱，一个人在茫茫的海上漂流，没有谁能帮他。

家庭二

“外婆、外孙女、纸风铃和半瓶高粱酒”

在“6·18”血案中，王忠美失去了自己的丈夫和两个女儿以及她们的丈夫，他们埋在离沙坝村不远的大渡河边。

记者见到王忠美的时候，她正在地上翻薯藤，身后坐着一个女孩，在独自玩，那是女儿高健美和女婿杨术兵两岁的遗孤杨红。

她找来了两本影集，大多数是女儿们的照片，她们摆着各种姿势，美丽地笑着。母亲背转身，抬起手臂擦眼睛，始终没有哭出声来。

窗外青山流水，正午的沙坝村显得格外静谧。屋子里吊着一个彩色的纸风铃，在灌进来的河风的吹拂下，荡来荡去。

两岁的杨红开始不说话，被外婆从外面找回来又不声不响地溜出去了，她没有玩伴，一个人背着小背篓贴着墙走在阳光破碎的瓜棚架下，走走跑跑，像一只小老鼠，见有人来，她一溜小跑拐过墙角，不见了。

家庭三

“初谙人世的女孩”

10岁的陈露端端正正地坐在记者面前，认真地回答着记者的提问。当说到爸爸妈妈的死时，小陈露终于忍不住大哭起来。她说，“我家有地还要薅二道（第二遍），有秧田还要打谷子，我一个人做不起。”

10岁的陈露托姑妈把记者送给她的100元钱带给了奶奶。陈露的姑妈直说这孩子懂事：她有次回家看奶奶，找姑父多要了两元钱，买了包白糖给奶奶和弟弟吃。

记者在得妥乡街上见到陈露的时候，与上次不一样，她极少开口了。她姑妈讲，陈露现在会常常一个人坐在屋子里发呆、流泪。与姐姐相似，陈露的弟弟现在喜欢上了这样一个游戏：躲藏在柜子里，把门关得严严实实，让奶奶找不着，有时他就真地在柜子里面睡着了。

没有人知道，死亡和这些稚弱的生命到底发生了些什么联系。当我们目睹了另一个5岁的小女孩王瑶反复在纸上画一把手枪的时候，我们感觉异样，无以言说。

通过阅读，我们不难看出，《生者》之所以成功，第一是巧选角度，特稿通过对不同家庭的生者的生活状况的描写，表现了亲人的死亡对各个家庭的影响；第二就是善于选择和组合细节事实，将生者的神态、动作和话语相组合，展现了死亡对于家庭中每个个体的心理创伤。

记者通过展现细节，达到了使受众如临其境、如见其人、如闻其声的目的。当然，这就需要记者以细致入微的观察力，敏锐的洞察力和福尔摩斯般的好奇心来完成了。

1. 观察力

《凯利太太的妖怪》①是获得普利策特稿写作奖的作品。在整个故事里，记者富兰克林仿佛一直坐在医生身边，从他自己的高倍显微镜里凝神观察。下面一段很好地说明了富兰克林是如何将敏锐的观察力与扎实的报道、近乎诗一般的语言完美地结合在一起的。

案例精选

《凯利太太的妖怪》节选

接下来的手术进行得更为艰难，也更加血淋淋。镊子冒着危险一毫米一毫米地在凯利太太的大脑中挖开了一条通道。血在不停地流，镊子“呲呲”作响，吸血泵汩汩地往外抽血。推进、再探索。更多的血涌了出来。然后，镊子突然静止不动了。

那么如何获取这么有现场感的素材呢？

（1）事发时的现场观察。

对于预知性事件，记者要及时赶到现场观察、捕捉记录新闻事实。现场观察贵在认真敏锐地感受现场变化，加强形象记忆、现场观察与思维活动的相结合。

（2）体验式采访。

体验式采访可以帮助记者获得第一手素材，加深对客观事物的认识、感受，敏感地捕捉到细节材料。

（3）事后现场观察。

注意在事后观察、验证、捕捉事件的遗留痕迹。通过采访当事人、见证者，“再现”事发时的现场。

（4）弥补性的访问与再现。

在已无现场可访的情况下，记者可以依靠访问当事人、目击者来获取有现场感的素

① 〔美〕乔恩·富兰克林：《凯利太太的妖怪》，《巴尔的摩太阳晚报》，1978 年 12 月 12 日。

材。采访对象往往介绍事情梗概，表明态度，而缺乏对事发时的细节、话语、场景等感性素材的描述。因此，记者常把采访对象带到事件发生过的地方去采访，或借用物件引起当事人对往事的回忆。

2. 好奇心

当新闻事件发生时，记者不仅要问什么人、什么事、时间、地点、原因、怎么样这些基本的要素性问题，同时还需要在好奇心的驱动下，展开相关性联想和想象。首先，记者可以遵循时间顺序，考虑正在发生什么新闻事件？将来会如何发展？下一步如何？按时间顺序设计问题不仅能让记者了解到事件的背景，还会使其报道显得井然有序。其次，记者可以尝试做一名侦探，思考身在任何一个充满谜团的现场，会提出哪些问题来帮助侦破案件呢？这些问题一定要集中在发生了什么、行为动机、结果以及有助于揭示真相的各种线索上。为了增加文章的吸引力，记者也可以把自己想象成读者，思考怎样的报道、什么因素会让这篇文章显得更有吸引力。

三、概括性材料

概括性材料就是把有共同特征的事例，用简明扼要的语言概括起来，从而反映事物的共同点。常见的概括性材料包括数字、图表等。

骨干材料和细节性材料构成了特稿的主体部分，并充分表现了事物的深度；概括材料则有助于反映事物的广度。二者结合，才可以较好地反映事物的全貌和本质。并且，概括性材料并不等于概念性材料，概括性材料要运用形象思维，概括和反映事物。①

特稿《北京零点后》②描述了北京零点之后人们的生活样貌，通过形形色色的人群，叙述了夜幕之后依然没有入睡的人们的生活。文章中大量运用了数据等概括性材料，以及对各方面人物的细节描写，展现了这座巨大城市背后的悲欢。

案例精选

《北京零点后》写作分析

（1）用数据说话：郝明军掌管有 60 个车位的大厦车库，他能记住大厦领导 11 辆奥迪车的车牌号码，并在 0.1 秒之内按下手中的遥控按钮升起车库的栅栏。这个每小时工资为 6.625 元的 47 岁河南人，在深夜零点到早上 8 点的时段中，每隔 1 小时就需要巡视 1 次，

① 曹璐：《新闻专稿教程》，中国广播电视出版社，2008 年版。

② 王天挺：《北京零点后》，《人物》，2013 年第 2 期。

这天晚上，在这段4分钟的路程中，他不多不少走了375步。

（2）细节：一名陪酒的姑娘趁着男人上厕所的时候，偷偷往自己的酒杯里兑水，这事儿被发现的几率很小。

（3）概述：在北京这座城市里，平均每晚有155人出生，99人死亡，这些生命大多开始或结束于全市医院的共94 735个床位上，但也有一些例外。

（4）典型事例："我就想在这个世上留下最后的声音。"——这是一个患重度抑郁症的女孩站在楼顶上打来的，她只想问一个"技术性问题"：她站的楼层跳下去是不是肯定会死。她只允许接线员最多说3句话。才工作两个月的接线员王景娜，把3句话说到了30分钟，最后让女孩放弃了自杀的念头。

四、背景材料

新闻背景一般是指新闻事件发生的历史、环境和原因，用以补充或解释事件发生或人物成长的主客观条件及其实际意义，为烘托和发挥新闻主题服务。

用来说明新事实的旧事实，被称为"新闻背后的新闻"。记者将单一的新闻事件与背景相结合，往往能够起到深化主题，增强社会意义的作用；通过选取与主题有关的历史、地理、专业知识、典故传说、诗词等背景材料，能起到开阔报道视野、增加知识性、对比烘托主题等作用。美国著名新闻学者、哥伦比亚大学教授迈尔文·曼切尔（Melvin Manchel）就曾断言："不使用背景材料，几乎没有什么报道是全面的。忽视这个忠告的记者，他们决不能给读者和听众提供充分的材料。"

获得普利策新闻奖的特稿《生为南非黑人》① 的记者在政府的限制与监控下，走访了南非黑人居住区，报道了在那里遭到拘禁、侵扰、杀害的南非黑人们，展现了他们热爱生命、善良进取、勇于与苦难和困境抗争的精神。其中有两个典型背景材料段落：

案例精选

《生为南非黑人》写作分析

1. 葬礼本身受到更严厉的限制。因为在1984—1986年动乱期间，警方曾在政治色彩

① 〔美〕戴维·祖其诺：《生为南非黑人》，《费城问询报》，1989年。

浓厚的葬礼上，与哀悼者发生流血冲突，之后当局对葬礼做了严格限制，在纳凯迪的例子中，他们甚至限制致哀者在举行葬礼的家中接近尸体。当在律师进行干预后，死者家人才获准与菲勒的遗体告别。

2. 在南非，黑人家佣和白人社区之间有一条相互依存的纽带把他们联系在一起。在处于统治地位的三个世纪后，许多中产阶级白人已经离不开黑人家务帮佣。几百万名未受训练、教育程度低下的黑人逐渐依赖家佣工作，他们把这份工作视为唯一可以长期依靠的谋生手段。同时，凭此在白人社区有一安身之处，以远离混乱的黑人居住区。

上述两段材料，第一段材料叙述了在动乱时期，警方为了防止冲突而对葬礼进行了严格的限制；第二段材料描述了南非的黑人以家佣工作为生的习惯，并凭借这一工作远离混乱的黑人居住区。这两段材料描绘了南非黑人所遭遇的不平等待遇以及恶劣的生活环境，为之后南非黑人的抗争烘托了背景。

通常，新闻记者总是在积累两种背景材料，一般背景材料和具体背景材料。前者是指建立在广泛阅读和日常生活经历基础上的，在工作中运用的所有知识；后者是指记者正在报道的事件的相关背景信息。掌握背景材料可以让记者看到事实与事件之间的联系，在此基础上组织起来的报道比仅仅复述新闻事件更具揭露性。

在选材过程中，我们不仅要学会积累收集背景材料，还要注意如何将背景材料嵌入新闻事实，避免材料堆砌，并善于运用背景材料烘托与凸现主题：

（1）背景材料，特别是当它独立成为一个背景段落时，记者一是要挑选那些本身就具有镜头感的背景材料，二是要尽量把它们写得有镜头感。

（2）大量背景材料的运用要巧妙，位置要灵活，最好是把背景材料与新鲜的事实描写自然而有机地融为一体，成为一个新创造体、新的镜头，从而在全文中居于更突出的地位，加强特写的立体感与纵深感。

第四节　选材的组织方式

对于记者来说，完成特稿相关材料的收集仅仅是特稿写作的第一步，而如何围绕主题组织材料对于写作来说更为重要。材料组织到位，特稿才能更具深度，其意义才能更深远；材料组织不好，主题应有的深度和价值就表现不出来。所以说，如何从庞杂的材料中提炼出具体的报道角度和传播中心才是重中之重。①

① 白贵、彭焕萍：《当代新闻写作》，中国人民大学出版社，2013 年版。

一、以小见大

以小见大是新闻写作中常见的笔法，是指集中笔墨对一个具体的“点”（人物或事件）进行深入细致的描绘，反映事实真相或者人物特征，并由此唤起受众的兴趣和联想，凸显宏大的“面”（全貌），即以点带面，既有典型性又有普遍性。当然，这种技法要求记者必须善于选取具有代表性或典型性的人或事，彰显其新闻价值，这样才能吸引受众的眼球，提升传播效果。

所以，特稿记者在选材时要注意“从大处着眼，从小处着笔”。将反映社会变迁、发展、进步的大题材与普通老百姓的生活相结合，选择最具代表性和典型性的人或事。例如，在反映北京市四合院的拆迁问题上，如果记者只是停留在政策解读的宏观层面，大谈特谈理论政策、形势分析、数据罗列等空洞乏味的道理，是不能引起读者兴趣也无法给读者留下深刻印象的，这样也就无法达到良好的传播效果。在前文提到的特稿《焦虑的四合院》中，记者通过实地走访，将目光聚焦在马上面临拆迁的某个四合院的住户上，感受四合院遭遇强拆时住户们的痛心与不舍，并通过大量的典型事例和细节描写，将读者带到四合院中，感受百年历史转瞬即逝的悲欢离合。如果记者当时只是探讨了政策，罗列了发言人的讲话，这篇文章就会失去生命力和吸引力。以小见大的材料组织方式，可以拉近与读者的距离，反映出社会发展和时代的本质。

二、因果推理

世界上任何事物都与其他事物有着千丝万缕的联系，没有什么事物能够孤立地存在。新闻事件也是这样，有果必有因，这就需要记者顺藤摸瓜，通过推理的方式找到选材的不同角度。因果推理的材料组织方式可以将一个孤立的新闻事件与一系列社会问题和矛盾节点相关联，从而增强文章的深度和价值。

例如，记者要对某城市部分医院的医生短缺的现象展开报道。如果只是笼统介绍，记者将不知从何处入手，但通过因果关系的推理，就可以找到许多报道角度。从医生自身角度、患者角度、医院角度、某城市政策角度等都可以对原因进行分析，例如医患关系、医疗纠纷事件、医生工资待遇、医院职工体制、医生专业水平、医生的培养体系等方面；相应地还可以从不同角度对医生短缺的结果进行分析，如医生超负荷工作、家庭矛盾、医院聘用临时医生、误诊现象增加、患者投诉、医患关系紧张加重、恶性伤医事件频发等。这就使得记者的写作材料异常丰富起来，当然，记者还必须从中进行选择，找到最合适的角度和素材。

三、逆向思维

很多记者面临着这样的困境，即报道的题材意义重大但报道思路趋同，无法写出具有新意的新闻报道。那么如何突破这个困境呢？这就需要记者不仅要有开阔的思维、良好的知识背景，还要积极培养自己的逆向思维意识，克服思维定势的困扰，从反方向挖掘新闻事件，这样才能不随波逐流，独树一帜。

例如近年来，国内对城管的报道大都是负面的，城管几乎成为暴力执法、飞扬跋扈、毫无同情心的同义词。优秀的特稿记者不会人云亦云。所谓暴力执法究竟是一种泛化的群体行为，还是个别人为之的少数行为？城管人员的职权范围到底该如何界定？具体执行职权的过程中面临哪些困境？相关部门是否应该为其设定合理的行业规定、分划固定的管理场所、提供有力的制度保障？城管与商贩之间是否存在典型的充满爱心、温情的故事？

面对同一个题材，我们不能局限于固定思维，当逆向考虑时会迸发出意想不到的火花。很多时候当我们用不同的角度来看待问题时，事件自身的性质与发展方向也往往会随之发生巨大的变化。

除了以上三种选材组织方式之外，还有反差法、揭秘法、比较法等组织方法，不论选取哪种组织方法，都要围绕特稿主题，以新闻价值为最终导向。

综上所述，对于特稿来说，缺乏材料或者材料不充分，就成了“无源之水，无本之木”，所以记者要重视选材。特稿选材的过程中，首先，要注意特稿新闻性的特点，材料符合新闻报道的要求，不要流于表面，要注意挖掘深层的新闻信息。其次，选择的材料要典型，既要具有个性，又要有普遍意义，选材要充实丰满，能够充分反映事实真相或者表现人物特征，同时又要注意选材精当，不要堆砌或者重复。

从选材的类型来看，包括骨干材料和细节材料，还包括概括性材料和背景材料。骨干材料和细节材料构成特稿的基本事实和故事情节，概括性材料和背景材料则是对它们的必要补充，使得特稿选材既有深度，又有广度，共同反映出事物的全貌和本质。记者可以通过以小见大、逆向思维等的方式组织材料，最终创作出具有重要新闻价值和广泛社会意义的特稿佳作。

思考与研讨题

1. 请举例说明什么是细节材料？
2. 第一手材料的重要性有哪些？
3. 特稿的选材有哪些类型，分别说明不同类型的材料有哪些作用。
4. 特稿对选材有哪些要求？
5. 特稿选材的范围有哪些？

延伸阅读

《北京最后的粪桶》——《中国青年报》(1995 年 1 月 6 日)

《生死课》——《中国青年报》(2013 年 12 月 25 日)

《回家》——《中国青年报》(2008 年 5 月 28 日)

《隐秘“大师”王林的金钱王国》——《新京报》(2013 年 7 月 22 日)

参考文献

〔美〕梅尔文·门彻:《新闻报道与写作》，范红等译，新华出版社，2007.

曹璐:《新闻专稿教程》，中国广播电视出版社，2008.

〔美〕卡罗尔·里奇:《新闻写作与报道训练教程》，钟新等译，中国人民大学出版社，2009.

白贵、彭焕萍:《当代新闻写作》，中国人民大学出版社，2013.

第四章　特稿写作的基本环节（三）：结构

本章内容

- 特稿的结构特点
- 特稿的结构方式
- 特稿结构的主要环节

特稿的结构安排是特稿写作中的重要问题。结构是架构整个文章的骨骼，有了骨骼才能支撑起整个身体，所以文章结构的重要性就可想而知了。结构不仅是技巧问题，还反映了记者的写作思路，是记者的思想认识在组织安排文章内容过程中的反映，也是表现文章主题的重要手段。优秀的特稿都会重视结构安排，本章主要分析特稿的结构有哪些特点，特稿常用的结构方式有哪些，并结合案例分析如何安排特稿结构中的主要环节。

第一节　特稿的结构特点

特稿的结构是特稿报道的外在形式，与消息相比，特稿的结构更为复杂和灵活，没有固定模式，但无论结构如何变化，始终是为报道内容服务的。特稿的内容和结构是统一的整体，特稿需要根据内容的不同来选择不同的结构。因此，组织特稿结构的时候不仅要注意根据题材的特点和主题的需要来安排材料，还要注意结构完整、层次清晰。

一、特稿的结构比消息的结构复杂

先来回顾一下消息的结构。消息的结构有两方面的含义，一是指消息的构成，一篇消息稿的内容一般由标题、消息头、导语、主体、背景、结尾几部分组成；二是指消息的结构形式，即作者对新闻材料进行总体性安排或布局的方式。消息的结构反映了记者对新闻信息的认识和处理，哪些内容作为重点来写，哪些内容是次要的，记者的构思决定了消息的结构。

（一）消息的结构常见的有以下几种

1. 倒金字塔式结构

这是一种按重要程度递减的顺序来组织、安排新闻材料的结构方式，也被称为“倒三角”结构。倒金字塔式结构符合了消息“快”的特点，便于受众迅速掌握全篇之精华，满足受众尽快获取最新信息的需求。

2. 时间顺序式结构

时间顺序式结构通常不一定有单独的导语，往往按时间顺序来安排文章内容，即按照事件的发生、发展、结束的顺序写作消息。这种结构叙事条理清晰，现场感强，适合那些故事性强、以情节取胜的新闻。

3. 对比式结构

此种结构通过对新闻事实进行横向或纵向的对比，揭示其差异，从而突出新闻主题。

4. 问答式结构

此结构多用于记者招待会、新闻发布会的报道，以问答的形式发布新闻。

5. 积累兴趣式结构

此结构通常在开始设置悬念，使受众逐渐增加对事件的兴趣，最后形成高潮。因其材料的趣味性从导语至结尾递增，故名积累兴趣式。又因其要求设置悬念，故也有人称之为悬念式结构。积累兴趣式结构尤其强调将最精彩的、出人意料的材料置于消息结尾。

6. 散文式结构

此结构又叫自由式结构，是指吸收散文在结构和表达等方面的特点，材料和层次安排自由、灵活，语言表达不拘一格。

（二）特稿结构复杂的原因

对于特稿来说，其结构的复杂性是消息无法比拟的。原因有以下几个方面：

（1）特稿的篇幅很长。在几千甚至上万字的篇幅中，如何合理安排材料，如何进行取舍，如何架构整篇文章，这些都是作者必须仔细思考的问题。“因为特稿对题材和深度的要求，有些特稿涉及的采写时间往往相当漫长，而特稿本身的体量也比普通的报道要庞大得多，因此，必须格外精心留意架构的方法。文学作品中常见的结构在特稿里依然适用，比如：正叙、倒叙、插叙……但更可能的、也更难以驾驭的是一种以逻辑为主线，兼顾时间结构的模式。”①

（2）特稿的题材广泛，包括事件性的题材、人物性的题材、调查性的题材等等。根据题材的不同，特稿的结构也会有所不同。特稿是一种深度写作，是非常有分量的新闻作品，一般来说，特稿的主题具有重大意义。很多需要特稿报道的事件本身就很复杂，这些新闻事件不论是在时间的跨度上还是在空间的跨度上都比一般的新闻事件大。事件的复杂性决定了特稿结构的复杂性，想要层次清晰、结构合理地解释清楚一个复杂的事实也是一个很大的挑战。不合理的结构只能增加事件的复杂性，给读者的阅读造成困难。

（3）与侧重于报道事实的消息相比，特稿在坚持新闻性之外，最大的特点是其文学性和故事性。因此，为了吸引读者，特稿需要有一个与其文学性、故事性和创造性相适应的结构。

二、特稿的结构灵活多变，无固定模式

特稿内容涵盖面广、时空跨度大，需要根据新闻事实内在的逻辑关联将复杂的新闻素材有机组织起来。这样才能使特稿逻辑清晰，让读者产生阅读上的审美愉悦。因此，特稿写作应该把结构的设置放在重要的位置上。

结构是特稿的骨架，是记者思路的体现。特稿结构的内容表现为我们常说的段落层

① 蒯乐昊：《奢侈的特稿》，《南方传媒研究（第42辑）》，南方日报出版社，2013年版，第29页。

次、开头结尾、过渡照应等。好的结构应当合理、清晰，力求匠心独运、跌宕起伏，吸引读者阅读。

特稿的结构没有具体、固定的法则。特稿是具有高度文学性和创造性的非虚构类写作，没有固定的套路去规定特稿要先写什么、后写什么，要怎样组织材料。相反，特稿鼓励独特性和创新性，鼓励结构灵活自由。一般来说，有了逻辑清楚的思路，自然会有清晰明了的结构。只要记者自己思路清晰独特，有自己认为对的结构素材的方式，就可以大胆尝试。每个人不同的思维方式和写作风格对一篇特稿的结构有决定性的意义，只要遵循了基本的新闻规律，记者就可以有很大的自由发挥空间。“每个人都会认为自己的排列组合更合理，但海明威的排列，让海明威之所以成为海明威。海明威不是唯一答案，重要的也不是哪种排列更好，而是你要有自己的想法，这才是特稿写作最特别的地方。”①

从特稿出现至今，特稿记者们一直在特稿写作中进行着探索和创新，为了达到更好的传播效果，他们不断摸索新的写作方式和结构方式。文无定法，一篇优秀的特稿不需要墨守成规，而需要有自己的创新，以满足社会和受众不断变化的需求以及达到更好的传播效果。

三、结构特稿的原则

特稿的结构灵活多变，没有固定的模式。但无论结构如何变化，始终是为报道内容服务的，特稿的内容和结构形式是统一的整体，要根据内容的需要选择不同的结构方式。因此，结构特稿的时候不仅要注意根据题材的特点和主题的需要来安排材料，还要注意结构完整、层次清晰。

（一）根据题材和材料的特点安排结构

特稿的题材涉及领域十分广泛，从社会事件到个体人物，几乎所有的事件都可以成为特稿的题材。特稿作为一种有深度、有内涵的作品，虽说涉及范围极其广泛，但是也有选材要求。特稿主要关注所选取的题材在内容上的内在张力和报道深度。记者要依据题材类型和所掌握材料的特点来考虑结构的安排。特稿的题材有很多类型，包括人物类特稿、事件类特稿、调查类特稿等等。题材不同，结构也就会有所不同。各种不同题材的特稿有自己的侧重点，它们需要着重表现的内容是不同的，所以在结构上就会表现出不同的形式，结构是要为题材服务的。

以《南方都市报》2005年4月18日刊发的特稿《忽然不当犯人，我倒觉得不习惯了》②为例，这篇特稿的结构就十分简单，但正是这样简单的结构却很好地反映了特稿的内容。

---

① 卫毅：《特稿的精神》，《南方传媒研究（第42辑）》，南方日报出版社，2013年版，第59页。

② 姜英爽：《忽然不当犯人，我倒觉得不习惯了》，《南方都市报》，2005年4月18日。

案例精选

《忽然不当犯人，我倒觉得不习惯了》节选

旁白：1994年1月，佘祥林的妻子张在玉失踪，其家人怀疑张在玉被佘祥林杀害了。4月，有人在其家附近的水塘发现了一具无名女尸，公安机关遂立案侦查，9个月后，佘祥林被一审判处死刑，后因证据不足，湖北高院发回重审。1998年，京山县法院以故意杀人罪判处了佘祥林有期徒刑15年。直至2005年3月28日，张在玉突然“复活”并出现在京山县，一桩冤案才大白于天下。同年4月1日，佘祥林走出监狱，被准许取保候审。

记：出来12天了，你最大的感受是什么呢？

佘：10天像10年。

记：为什么？

佘：身份的反差太大了，让我无法适应。

记：为什么这么说呢？

佘：以前我是一个犯人，现在忽然成为一个正常的公民了。

记：你觉得忽然受人关注受人尊重了，是这个感觉吗？

佘：是的，我好像已经习惯了低着头，忽然要我抬起头来，每个人都对我很友好，每个人都对我笑，我倒觉得很不习惯。

记：其实这是你完全应该得到的权利，现在却变成了让你无法适应的一种奢侈。

佘：对。

记：你今天看起来很精神。如果你走在街上，没人看得出你在监狱里生活了11年。

佘：因为我现在看到了希望。如果一个人充满了希望的话，他看起来就像是阳光一样的。

记：以前的你看不到？

佘：以前的我都是很孤独的。

记：为什么呢？张在玉即使不回来，你的刑期也还有几个月就满了。

佘：这是完全不同的两种感觉。

这篇特稿全篇采用这种旁白加对话的结构写作，采取了单线叙事，结构简单明了。这样的结构选择和这篇特稿的题材直接相关。这是一篇人物特稿，重点展现的是一个含冤入狱10年、被无罪释放的普通人不普通的心路历程和心理状态。人物语言是最能直接表现人物心理的，所以记者选择了对话式结构来真实反映主人公佘祥林的性格特点

和心理变化，这种简单的结构是和题材相适应的。《南方周末》2004 年 11 月 25 日刊发的以空难事件为题材的特稿——《悲情空难 MU5210》[①]。这篇还原空难事件现场情况的特稿，为了真实、全面地反映事发现场的情况，记者采访了很多目击者，包括机场工作人员，私营游乐场老板安昌荣，青年人白龙，南海公园的职工俞湛、宋喜宝等等。他们每个人因其所处地点、角度的不同，在事发时看到的场景各不相同。为了将这些内容有序地组织起来，记者采取了横向结构的方式。

案例精选

《悲情空难 MU5210》节选

它向左侧滑，又向右侧滑，仍然无法稳定机体。机场工作人员说，到飞机消失时止，看到它摇晃了 3 次。

安昌荣看到的摇晃次数还要更多。这位私营小游乐场的老板是最有说服力的民间目击者之一。他的办公室处于观察飞机起飞过程的最好位置，几乎就在包头机场跑道的延长线上，办公桌前是一片视野开阔的玻璃窗。应该是在他点燃一根香烟的同时，8 点 20 分，飞机 MU5210 刚刚腾空，安昌荣就清清楚楚地看见了它。

……

这时，在 500 米外的南二里半村，刚倒完泔水的小青年白龙，看到了只在电影里才看到过的景象——飞机的屁股着火了。

……

在事后几天中，围观的包头市民们纷纷议论说，哪怕再高 20 米，甚至 10 米，飞机都有可能迫降在南海公园的冰湖中。在人们看来，落在那里会好得多，至少湖面是柔软的，而且没有障碍物。但是在当时，这一切都来不及了，太晚了。南海公园的摩天轮高高地矗立在树林的边缘，即将完成对飞机上 50 多个生命的最后一击。

……

南海公园的职工俞湛、宋喜宝当时正在公园里，因此，他们成为最靠近爆炸点的目击者。俞湛确认自己先是近距离地看到了巨大的飞机，然后才听到爆炸声。爆炸时地面晃动，热浪几乎把他掀倒。几乎就在一瞬间，飞机碎片密集地洒落在地面和冰面上，紧接着，从东往西，传来连续的爆炸声，大火突然燃起。

① 李海鹏：《悲情空难 MU5210》，《南方周末》，2004 年 11 月 25 日。

……

南二里半村的村民刘凤鸣是最早到达现场的人之一。当时，巨大的爆炸声把他家里的玻璃震得嗡嗡直响。他走到2楼的阳台上，看见两股浓烟，一股在南海公园，另一股在机场方向。稍加辨认后，他发现机场方向的浓烟是飘散过去的。

……

“这烟太大了，”在附近的煤场干活的年轻工人于全有对四周的人抱怨说，“我啥也看不见！”

这篇特稿就跟上一篇的结构完全不同，它采取了横向结构的方式，采访了当时的多位目击者。所以，这样安排文章的结构是题材的需要，记者采访到了很多目击者，而他们都从某一个侧面描述了当时空难发生的过程和场景，记者把这些碎片化的描述拼接在一起就能完整地反映事实的全貌。这些素材对文章都是极具价值的材料，所以记者在安排文章结构的时候就采用了横向结构，这样能更详细地描写过程，更好地利用材料。

不同的题材，其主题和主要报道内容也不相同。人物特稿侧重于表现人物神采；事件特稿重在叙述事件过程及其本质内涵；问题类特稿要弄清楚问题的前因后果、来龙去脉。因此，记者要根据不同的题材需要选择不同的结构类型。结构特稿就是一个对材料进行加工制作的过程，是一个把材料重新组合、重新排列，最大限度地发挥材料的作用，深入挖掘材料的内涵的过程。总之，结构要服务于题材和材料的需要。

（二）根据主题的需要安排结构

主题是特稿的灵魂，是记者通过报道事实表达出的基本观念或中心思想。主题不是无本之木，而是来源于新闻事实，通过对素材的梳理提炼出来的。主题的提炼过程就是记者选择素材、形成思路的过程。特稿的主题能否鲜明、集中、深刻，除了与选材有关系外，还取决于能否采用一个最佳结构来安排材料。

何谓最佳结构？最佳结构就是最能表现主题的结构方式。结构是特稿的表现形式，是对新闻材料进行总体安排或布局的方式，如何安排材料取决于主题的需要，谋篇布局也需要围绕主题来理顺材料间的关系。

所以，记者在安排结构时，一定要服从表现主题的需要，以表现主题为目的。否则，即使记者安排了最巧妙的结构，也仅仅停留在技巧层面，而缺乏其灵魂。

（三）结构完整，层次清晰

特稿的结构安排首先要做到有头有尾，内容完整。无论是写一个事件的过程，还是写一个人物的经历；无论是写目击现场，还是写新闻背景，都要保证真实、客观、信息全面，不要给读者留下疑问和迷惑，也不能拖沓冗长。同时，特稿一般篇幅较长，在层次方面，长文本身具备的复杂性要求文章内部必须具备清晰的层次和明确的逻辑，否则，将会增加读者阅读的困难。具体要求有以下几点：

1. 段落意义清晰

特稿报道往往会涉及诸多的内容要素，包含错综复杂的因果关系，因此在写作的过程中要特别注意不能给读者设置障碍，要尽量保证文章写作的清晰和易懂。特稿的每个段落要有自己的重点，表现出内容的转折、递进、强调等关系，清晰地反映文章的内在层次和文章的结构逻辑。总之，段落要明确表达作者的意图。

2. 前后层次的逻辑关系要明确

特稿多报道具有重大影响力的事件，这些事件本身在逻辑上就具有一定的复杂性。在写作的过程中就更要准确地解释个中复杂的逻辑关系。一切复杂的因果关系都应该通过事实的描述进行展现与说明，记者要判断出哪些事实能够说明事件的真相和意义，进一步决定这些事实在报道中如何排列、展开，以便使读者能够更清晰地明白事件的来龙去脉。

3. 长文宜用小标题“导航”

面对长达万字的新闻特稿，为了减少读者的阅读障碍，记者应把长文分成几个层次，然后加上简短的小标题，使得长文层次清晰，阅读起来更易懂，这是为了适应读者的阅读需求。新媒体时代，习惯碎片化、非线性阅读的读者，面对长文确实存在阅读困难，小标题可以成为他们阅读的“导航”者。

小标题按照结构形式安排，有并列式、承接式和层进式等；按照叙述内容有时间类、人物类和事件类等。各种类型小标题的安排要灵活，如安排人物类的小标题，可以用人物性格特征作小标题，也可以用人物外貌特征作小标题，还可以用文中人物典型的语言作小标题。

《新京报》2013 年 7 月 22 日刊发的《隐秘“大师”王林的金钱王国》[①] 一文，就在一篇篇幅较长的特稿中用了若干个小标题。

案例精选

《隐秘“大师”王林的金钱王国》节选

王林

20 世纪 80 年代末 90 年代初成名的气功师。

他一直以来的低调被马云的一次拜访所打破。网友的质疑让他重回公众视野。在江西

① 张寒：《隐秘“大师”王林的金钱王国》，《新京报》，2013 年 7 月 22 日。

萍乡，他一直延续着自己“大师”的神话。他用变蛇的绝活和为元首治病的传说，加上对人心理的精于琢磨，保持着他的神秘感和对外界的吸引力。

……

气功还是杂耍?

“你司马南吃几碗饭，敢和我叫板？我用气功隔几十米都能戳死你。”王林说

王林扣好盆子，让马云点燃了纸巾。

这是个仪式性的步骤，纸巾燃烧完，蛇就会出现在倒扣的空盆里。王林从盆里抓出蛇，满屋子甩，引起不断地尖叫。

……

营造治病传奇

他的秘书雷帆提到“大师”的艰辛：用气功给脑瘤患者治病，因为太过用心，7个脑瘤侵入“大师”的脑子，闭关很久才把脑瘤治好。

“气功‘大师’，萍乡首富。”在萍乡，几乎每个人都能说出王林的故事。

关于他治愈印度尼西亚第二任总统苏哈托的事，是议论他传奇最好的凭证。“治好总统能是假的？”

被修改的人生

黄招君说，王林在牢里常常因为说大话被揍得鼻青脸肿。“他会把子虚乌有的事说得天花乱坠，听得我脸上都挂不住了。”

“大师”的人生经历也是他营造传奇的一部分。

他的个人简介的官方版本这样叙述：7岁离家，前往峨眉山拜道士学艺。学艺回来上山下乡，因破坏农业学大寨，“文革”时被关进了监狱。中间为了救两个不该死的杀人犯，越狱一次被抓回后加刑。平反后出狱，在深圳开公司，拿到香港身份后回到家乡。

……

掮客?

商人邹勇说当时在铁道部确实见到了刘志军，两人看起来很熟悉。当着邹勇的面，王林对刘志军说要帮他的办公室弄一块靠山石，保刘志军一辈子不倒。

除了三辆悍马和一辆劳斯莱斯，王林还有辆保时捷，在深圳、南昌和香港等地都有房产。但现在手中没有实业了。

……

放高利贷的秘诀

王林还描述了如何能够避开高利贷的法律法规，他说国家要求借钱的利息不能超过一分二。想要放高利贷除了利息之外，可以设立其他名目，比如保管费、罚款费等，这样就能保证不犯法了。

黄姓企业家否认了这一点。他说所谓的威胁都是无稽之谈。他确实带人去了王林家，不过是带着自己的亲属，希望能要回点钱。最终王林给了他 1 000 多万人民币，还了他的房子。

……

“师徒”纠纷

邹勇记得，王林曾经说自己是他的关门弟子。交钱后，王林给了他几本练功心法。其中一本是线装书，上面写着“万法归宗”四个字，里面画了各种符号和口诀。

最近，一场官司让王林感觉到世间险恶、人心难测。

身为江西省人大代表的邹勇认为，王林以收徒为名骗他钱财。王林则提起诉讼，要求邹勇归还他的房款。

……

慈善家王林

《新京报》记者到王林家里，王林找出那些贫困户的名单，拿在手里拍得很响，“有钱人多了，谁能像我坚持这么多年？我不放高利贷，哪里来几千万人民币给老百姓？”

王林和芦溪县的普通人很少来往。

他更多的是和官员、明星打交道。但他过年会给贫困户捐米、油、肉和鱼。

……

光环渐褪

曾经有很多人希望在王林身上能获取些东西，后来发现，也只能孝敬一些红包给他，而王林并没有真正帮他们改变命运。

王林意识到自己老了，他的光环也不再那么耀眼了。芦溪县公安局的一位负责人说，他和现任领导的关系不像与前几届领导那么好了，现任领导能不去他的家里都尽量不去了。

这篇文章就设置了多个小标题来分割文章，提示文章的重要内容，并且减少读者对于长文的厌烦心理。当新媒体阅读成为趋势之后，快节奏、高压力下的人们正在逐渐丧失对长文的耐心，有时候，他们甚至只有一行标题的耐心，特稿在阅读环节也在渐渐变成一种奢侈品。媒体写作者不得不调适自己的写作方式来适应读者阅读心理的变化，在不放弃深度的前提下，缩短句子，减少关联词语，提炼夺人眼球的导语或小标题，增加段落和分行，争取每过 5 分钟就设置一个阅读的高潮点。

4. 段落、层次之间的互异、互补

段落是组成文章的一个基本元素，之所以要分段，是因为一个意思表达完了。特稿的段落和段落之间要注意其意思的互补性。简练精确的语言是特稿的一大特色，其表现在结构方面就是要利索干净。段落之间切忌重复表述，但是要在含义上互补，互相照应。

第二节　特稿的结构方式

特稿是一种非常有记者个人特色的新闻文体，具有很强的创造性，所以在结构方式上也非常自由灵活，体现出作者的个人风格。但是总体而言，还是可以粗略地划分成两种较常见的结构方式，即纵式结构和横式结构。在这两种大的结构框架下，根据题材不同和材料安排方式的不同，每一种都还可以细分为很多种结构方式，这些结构方式适用范围较广。

一、纵式结构

纵式结构是指按照新闻事实发生、发展的时间顺序组合和编排事实材料的一种结构形式，根据新闻事件本身的特点和叙事线索的不同，又可以划分为以下四种不同的结构方式：

（一）根据新闻事件的发生、发展、结束过程，按时间顺序叙述

在报道故事性较强的单一的新闻事件时，记者可以按照事件发展的时间顺序组织报道的内容，我们可以将这种结构视为“时间进程演进结构”。在这种结构中，新闻事件发展的时间顺序成为叙事的线索，报道按照事件的客观演变进程叙述新闻事件的全貌，从而揭示事件的意义。

时间顺序结构的优点是叙事线索清晰，讲故事的方式与人们认识事物的习惯相吻合；其弱点是新闻的核心部分不在文章开头，而在其中部甚至结尾，读者往往要通读全文才能了解基本内容，抓住重点。具体来说，其特点包括：

1. 最接近原始事件的结构

新闻事件总是在某个空间的某一时间点上发生，并伴随着时间的发展而发展。以时间顺序叙述新闻事件，最接近事物的原始客观形态，也符合特稿写作的客观性要求。

2. 符合受众认识事件的习惯

现实中的新闻事件随时间的发展而发展，人们也习惯于按时间发展顺序认识世界，时间顺序结构的特稿最能适应读者的阅读习惯。即使是其他结构形式的新闻，也不能从逻辑上破坏时间顺序，因而时间顺序结构的新闻是读者阅读最为省力的结构。

3. 平铺直叙容易显得拖沓冗长

按时间顺序写作的特稿，为了保证事件的完整性，一般篇幅较长，新闻的核心部分有时候不在文章开头，而在其中部甚至结尾，读者往往要通读全文才能了解其基本内容，因

而容易显得拖沓冗长，让读者失去耐心。所以特稿记者在按时间顺序结构写作的时候，一定要锤炼语言，精心筛选素材，捕捉事件发展各阶段的关键性材料，即关键性的冲突、关键人物及其言行和关键场面，确保新闻特稿生动感人。同时也可以适当采用插叙、倒叙、补叙等写作手法，增加特稿对读者的吸引力。

（二）纵切面报道非事件性题材

采用这种结构方式的特稿，通常为非事件性的题材，如对某种社会现象或某种事物存在状态的报道。记者可以按照时间顺序切出一个纵向剖面，展示这种现象或者状态中蕴含的传播价值。这类特稿通常涉及的主题比较宏大，时间跨度也较大。当记者没有办法从头到尾叙述整个历史过程的时候，就从中选取某个纵切面进行详细描述，这个时候可以采取时间顺序来结构所选取的切面。

以《北京日报》2011年9月29日刊发的《同仁一日》① 为例，这篇特稿展现了一家医院一天忙碌的工作状态。由于内容比较庞杂，记者选择了医院的一天为切入点，描写了各个部门的工作状态和医生们繁忙紧张的工作、生活状态。文章的结构方式则按照时间顺序展开，以时间为线索使文章的结构清晰明了。

案例精选

《同仁一日》写作分析

时间跨度：从清晨6时至深夜11时50分

小标题：

场景一　清晨、紧张有序

（6时半、7时整、7时半、8时整）

场景二　诊疗、尽心竭力

场景三　就餐、叹为观止

场景四　救治、攻坚克难

场景五：看护、今夜无眠

文章内容：

8时整，喉科副主任王军带着七八名医生准时查房，与此同时，全院共有三四百名医

① 梅宁华、李学梅、方芳：《同仁一日》，《北京日报》，2011年9月29日。

生在病房交班、查看住院病人的病情；8 时整，眼科主治医师周海英在诊室中迎来了第一个病人，与此同时，数十间诊室 200 多名大夫同时出诊；8 时整，眼整形科主任李冬梅当天的第一台手术准时“刀碰皮”，与此同时，东西两区的 33 个手术室门口同时亮起了“手术进行中”的红灯。

这篇文章的结构特点是以时间为经线，串联挂号、门诊、手术、病房等不同的岗位，把时间顺序和空间延展结合在了一起。

（三）将多线条事实“编织”成单线条纵向结构

有些复杂事实的发生是多线条、多场面、重叠穿插的。为了便于理清事实头绪，让事实一目了然，记者有时采取简化为一根时间主线的结构方式。一般情况下，这类特稿所涉及的事件比较复杂，这样的结构有助于帮助读者更方便、更容易地理解新闻事实。

二、横式结构

横式结构是指记者按照新闻事实的内在联系，以多侧面拼接的形式来安排新闻素材的结构方式，报道各部分间的联系是从事物的各个侧面并列展开的。记者从不同的侧面和不同的角度了解新闻事实，并通过调查采访取得素材，以主题为圆心串联起多侧面、多角度的新闻事实。

横式结构总体而言，类似用“板块”并列的结构，充分地多角度地表现人物、记叙事件、表现主题。横式结构最大的优点就是特稿的主体内容让人一目了然，容易让人抓住重点和核心内容。在特稿写作中运用横式结构的结构方式，最重要的一点就是要掌握若干种“组合”素材的方法。以下为种不同“组合”方式的横式结构。

（一）同时异空结构

围绕特稿主题，以某个时间点（或时间段）作为平台，将发生在不同空间、不同方位上的新闻事实串联起来，形成一个整体。

以特稿《北京零点后》① 为例，这篇特稿的主要新闻事实就是发生在某一个北京的深夜，同一时间、不同空间的事情。

① 王天挺：《北京零点后》，《人物》，2013 年第 2 期。

案例精选

《北京零点后》节选

在北京的深夜，大多数即将临盆的孕妇都要拨打急救电话，然后搭乘呼啸而来的急救车前往医院，接受助产士们的帮助。急救车上的标准人员配置是一个医生、一个司机、一个担架工。

……

在夜间的灯光卫星图上，北京城会呈现出一个类似于神龟的图案。组成这幅图案的是存在于公共建筑物里的约1 000万个灯泡和分布在全市区的18万余盏路灯，这些路灯由一个叫做北京市路灯管理处的部门负责。从1906年北京第一次出现电路灯开始，北京的路灯维修人员已经在深夜里穿梭了一百多年。

……

北京几家都市报热线部门的工作人员，通常是这座城市里最先知道深夜发生的偷窃、命案与火灾的一批人。

位于朝阳区建国路71号的《法制晚报》热线部，这个团队包括一个接热线电话的实习生、一个摄影记者和三个文字记者，他们的工作内容除了记者的本行外，有时会在凌晨两点救助一只受伤的猴子，或是在内河中帮助警察打捞刚刚发现的无名尸体。

……

每天零点后，降落在北京的航班有100多个，旅客超过15 000人，乘坐火车、长途大巴抵达的旅客更是不计其数。他们当中有无数来此寻梦的人，但很少有人能清醒地意识到，眼前这片被辉煌灯火照亮的夜幕，既收获着生命，也迎接着死亡；它有着与生俱来的混乱，也有着与之抗衡的秩序；它成批量地生产繁华与梦想，也制造同等规模的欲望与颓丧；它冷眼旁观失败者的挣扎，也不吝于分享实现梦想者的喜悦。

当太阳升起，地铁开动，人们出门上班，深夜的一切仿佛从来不曾出现过。但如果你用心，也许会发现，饭店门外摆着一箱箱等待清洗的肮脏碗筷，马路上还留有些许渣土，刚刚出街的报纸上登着夜里的新闻，医院门口，一对夫妻抱着刚出生的孩子回家，露出欣喜而略带疲惫的面庞。这些便是它深刻存在且不容忽视的证明。

这篇文章是典型的横向结构，以夜晚的北京为背景，写了即将临盆的孕妇、值夜班的交警、北京油气调控中心的工作人员、北京的路灯、消防队员、宾馆、酒吧、派对、电台、出租车司机、飞机场……无数毫不相关的部门、人物。他们的职业不同，生活状态也不同，在夜里做着不同的事儿。看似散乱的素材，通过记者的观察描述，聚集在一起，表现出同一片夜空下的众生百态，展示了一个真实的北京。

（二）多侧面拼接结构

任何事物都有许多侧面，有些事物各个侧面具有相等的重要性，它们之间是一种并列的关系而不是承接或递进的关系。在特稿的写作中，当新闻事实所涉及到的各个侧面也是这种并列的关系时，就可以用多侧面拼接的结构组织材料。

以 2002 年的中国新闻奖获奖作品《情切切，意绵绵 —— 亲人眼中的郑培民》[①] 为例，此文从不同的侧面来描述郑培民的形象。记者先后深入采访了郑培民同志身边的工作人员、家属及其生前好友，收集了丰富的第一手材料。记者把每个人眼中的郑培民形象进行拼接，从而展现了更为丰富的人物形象。本文刊登于《湖南日报》2002 年 10 月 12 日。

案例精选

《情切切，意绵绵——亲人眼中的郑培民》节选

月光如水，花影摇曳。

今年 1 月的一个深夜，郑培民同志的夫人杨力求挽着郑培民的手，幸福地漫步在花间小径。刚刚处理完手头一大堆事情的郑培民一身轻松。兴之所至，他赋诗一首：“手拉手，户外走；说说话，散散心；情切切，意绵绵；身体好，永相伴。”

杨力求在心中默默地念着，甜蜜的感觉弥漫了她的全身。

……

在杨力求的记忆中，他们这个温馨美满的家，是郑培民最引以为豪的。他曾经不止一次地对朋友们说：“在我的家里，有一样东西最没有，那就是钱；而有一样东西却是最多的，那就是爱。”一张和杨力求 1973 年 3 月拍的结婚照，已经伴随郑培民走过了千山万水。每次出差前，他都会用一个手掌大小的镜框将照片细心地装好，小心翼翼地放在行李箱中。回来后，又取出照片，端端正正地摆到书柜里。他曾开玩笑地对杨力求说：“你虽然没有出过国，但是你看，你的照片跟着我不是已经漂洋过海了吗？”

在杨力求的心目中，郑培民是个坚强的人。每次下农村，他不愿意到高级宾馆、酒店

---

① 蒙志军:《情切切，意绵绵——亲人眼中的郑培民》,《湖南日报》, 2002 年 10 月 12 日。

吃饭，而是经常到路边寻一家小店，一碟小菜也吃得很香。身边的工作人员都知道，郑书记把这一行为当作了既了解民情、又不惊扰当地政府的两得之举。那还是郑培民在湘西土家族苗族自治州任州委书记的时候，有一次在路边店吃饭，由于饭煮得太硬，司机、秘书都不愿吃，郑培民却不嫌弃，吃了好几碗。当晚，郑培民觉得身体不舒服，一个通晚都没睡好觉。他以为自己感冒了，第二天一早找了几粒感冒药吃了。然而没想到，服了一个星期的药，病情依旧不见好转。秘书提醒他，很可能是那天在路边店吃了太硬的东西导致胃痛了吧。于是又连续吃了两天胃药，病情这才好转。那晚，郑培民在电话中的一句“我好想家”，让电话那端的杨力求哭成了一个泪人儿。杨力求知道，丈夫绝不愿意因为自己的身体而影响工作，只有实在顶不住的时候，才会对最亲密的妻子表露出压在内心深处的这种思想啊！

妻子眼中的郑培民，是个好丈夫，在儿子郑海龙的眼中，郑培民则是一盏明亮的灯，照亮他人生成长的道路。如今已获得博士学位、刚刚走上工作岗位的郑海龙说：“我有一个好父亲，他总是在我彷徨的时候给我引导，在我动摇的时候给我信念，在我骄傲的时候给我鞭策，在我失落的时候给我鼓励。”在郑海龙的心中，父亲没能亲眼看到他的博士论文答辩，成了他一辈子的遗憾。

（三）双线索、多层次

在小说、戏剧、电影等作品的文学叙事中，经常采用多线索结构法。这样的叙事方式使文章更丰富，更有动感。特稿中两条以上的线索很少见，大多是双线索。所谓双线索结构，就是两条叙事线索贯穿于特稿的全篇，并且相互交错。

双线索结构的优势在于：能够增加现场感。“单线索过程”的方法基本上是一种事后的叙述法，即使是描写正在进行的事情，它也多半是类似英语动词的“过去进行时”时态。“单线索还容易产生的问题是单薄。多线索会更好，不仅能让故事结构得到补充，更稳固，还可以让叙事节奏丰富，有复调的韵味。”①

“双线索过程”组接的方法基本上是一种现场描述法，其用文字提供给读者的场面是正在进行时。除此之外，这样写作的另一个好处是使文章富有变化感。两条线索变化叙事，形成叙事的节奏和波澜，这样读者阅读时自然会有一种紧张感和新鲜感。

《世界最佳急诊室》②是美国记者乔恩·富兰克林和阿伦·多尔夫（Alan Dorff）合作撰写的一篇新闻特稿，原载于美国《读者文摘》1981年6月号。这篇报道讲述了马里兰州巴尔的摩市马里兰急救医药服务机构的背景和工作状态，通常大家称这家机构为创伤休克

---

① 卫毅：《特稿的精神》，《南方传媒研究（第42辑）》，南方日报出版社，2013年版，第59页。

②〔美〕乔恩·富兰克林、〔美〕阿伦·多尔夫：《世界最佳急诊室》，《读者文摘》，1981年6月。

中心。这篇特稿最显著的特色是结构新颖，采用了双线索布局的方法：第一条线索是描述这个创伤休克中心的一次抢救活动的过程；第二条线索是介绍这个创伤休克中心的现实情况和背景材料。这两条线索交叉并进，互为补充。

文章一开头直接引述了考莱医生的话，强调抑制休克的重要性以及疾病中突发休克才是死亡的真凶。接着在介绍考莱医生所定义的黄金一小时概念时，为了让读者明白黄金一小时的重要性，记者在后文分次适时地插入了一次医生们抢救病人的做法。

案例精选

《世界最佳急诊室》节选

“大多数的人并不死于意外或心脏病猝发，”考莱医生道，“意外或心脏病猝发会产生休克，也就是血液循环迟缓或停顿，而休克才是导致死亡的真凶。”

考莱医生是马里兰州巴尔的摩市马里兰急救医药服务的创办人，通常大家称这机构为创伤休克中心。他和他的同事在这全世界最先进的急诊室里和休克英勇作战。考莱说：“人在生命最终的时刻是非常忙的，必须发生许多事然后才会死。虽然如此，我们还是要尽快抢救。假使有人发生了意外，而我能在一小时之内为他止住流血，恢复血压，大概便能保住他的性命。这一小时我称之为黄金小时。”

这就是这篇文章的第一条线索。第一条线索中作者首先用两段文字进行描述，让人们知道黄金一小时的起始时间点。之后转入第二条线索，此次转入旨在交代创伤休克中心根据他们的急救理念进行急救所取得成就——死亡率从百分之八十降到了百分之十八。

距创伤休克中心不远，在巴尔的摩环城公路上，有个年轻妇人驾着一辆蓝色跑车紧随在一辆送面包的货车后。她座位上的安全带松垂在下面，但她那7个月的儿子却稳坐在安全座中。突然她转进快车道，准备超越前面的货车。不料快车道上停着一辆抛锚的汽车，她看见时，已相距太近。她的跑车在路上只留下了3米长的刹车印，就撞上了那辆抛锚的老爷轿车。

那时是4时37分，黄金一小时开始计时。

在美国大多数地区，因车祸而受重伤的人，有百分之八十死亡。但是在附属巴尔的摩市马里兰大学的创伤休克中心，医疗人员已将死亡率降至百分之十八，其中包括被大多数急诊室曾列为到院时已经死亡的伤者。

在环城公路上，一名州警设法从车中救出那失去知觉的妇人，一个路人把啼哭的婴儿抱了过去。州警伸手到妇人颈部摸她的脉搏，喷出的血溅污了他的制服。

州警终于摸到了妇人的脉搏，跳得快而微弱，死亡的过程已开始扰乱她的代谢机能，她深陷于休克之中。

文章在接下来的部分多次转换线索进行叙事，而且线索转化得十分频繁。作者这样写的目的是为了显示出抢救病人的紧张情绪。这两种线索相互交错，螺旋式地推动事件向前发展。这种写法不仅介绍了抢救的过程，还介绍了这个机构的背景资料，一举两得。

文章的背景材料主要在于支撑文中所叙述的抢救伤员的一些做法的原因，此文的结尾引人深思，它再次告诉我们创伤休克中心确实是世界上最佳的急诊室，起到了升华主题的作用。

（四）递进式结构

这种结构方式往往从故事、现象入手，层层挖掘新闻事实背后的原因，揭示问题的实质。按照事物发展的顺序或记者对所报道事物认识的递进顺序来安排层次。这种结构具有理性思维的特征。它需要正确把握各种材料在表达主题思想时的地位，如主次、深浅、因果等，使文章层次呈递进式，一层比一层深。

《天价医疗黑洞吞噬社保基金》[①] 原载于《南方周末》，这篇特稿讲述了深圳市第二人民医院烧伤科原主任朱志祥，从两个烧伤病人身上，多收了 161 万元医疗费，而且这些费用全部来自社保基金的事情。这篇特稿就采取了递进式的结构方式，层层深入，揭露了事件的内幕。

案例精选

《天价医疗黑洞吞噬社保基金》节选

2006 年 11 月初，记者来到深圳。

但信中所指的两名病人，半年前就已经出院了，举报者也不清楚他们的联系方式。给医疗界各专家打了几十个电话后记者得知：重度烧伤者出院后，一般还要再经过半年至一年的康复治疗。因此，目标最终锁定在广东省最专业的康复医院——省工伤康复中心。

---

① 傅剑锋：《天价医疗黑洞吞噬社保基金》，《南方周末》，2006 年 12 月 7 日。

果然，刘建雄就在那里，他的烧伤面积超过一半。面对记者，这个年轻人不停地笑——由于在火灾中严重损伤了大脑，他现在只有3岁小孩的智力。刘建雄曾于深圳某厂打工，去年5月在一次作业中身受重伤。另一名病人符有良病情更重——大火夺走了他的耳朵、鼻子，烧伤面积达90%。

对曾被深圳二院多收60万元治疗费，刘建雄的妻子自称“知道”。符妻同样清楚她的丈夫被多收了100多万元，“幸亏钱是国家出的，要是我们自己，打十辈子工也拿不出来这么多钱。”

……

那么，乱收费是如何制造的？

在40天的调查中，那位从未现身的神秘举报人，指引记者找到了曾举报此案的另一名医务人员以及朱志祥的多位同事。这些人冒着风险提供证据、分析病历，惊人的秘密被逐一揭开。

重伤之下的刘建雄、符有良，均在深圳二院烧伤科重症监护室的翻身床上被抢救过。“上了翻身床就是开了印钞机。从此，翻身、换药、清创3项收费将滚滚而来，仅这3项费用，每天就可能超过万元。”一位烧伤科医务人员介绍。

……

随后是清创。所谓清创，就是烧伤病人到医院急救时，为其清洗伤口、剪掉坏死的痂皮。通过使用同样的手法———多计次数、多算烧伤面积，两个病例中被多收的“清创费”亦达数十万元。

多名医务人员揭示，这些巨额收费背后的部分服务，根本不存在。

把这篇特稿的结构列在下面，可以更清楚的看出文章的行文顺序：

（1）两名病人多收上百万

（2）原因

“上了翻身床就是开了印钞机”

滥用药品

分解收费

异体皮交易乱收费

（3）乱收费黑洞有多大

（4）查处与整改

（5）警惕医院骗保

医院骗保，不仅数额巨大，而且组织严密、手法专业，隐蔽性强，难以查处。查处后，由于往往是“法人骗保”，落到个人头上的处罚并不是很重。

这就是递进式的结构方式。随着事件发展和调查的进展来结构文章，层层递进，最终一步步揭露被掩盖的事实。

三、组合式结构

组合式结构即纵横交错式结构，是一种将横式结构和纵式结构交错使用，使报道更加丰富多彩的结构。这种结构，一般以纵式结构为主，横式结构为辅，衍生出纵横交错的叙事结构。通过这两种结构的有机结合，将复杂的层次和多场景、多线索的故事，表述得井然有序，从而更加有力地表现作品的主题。这是一种处理时空跨度均比较大且新闻事实错综复杂的题材时所采取的结构形式。

《飓风过后的华人世界》[①]刊载于2005年9月19日的《新京报》，这篇文章就是采用的纵横交错式的结构。文章整体是以时间为顺序，介绍飓风过后受灾华人的生活和被救助的过程。文章分为若干个小标题，但是每个小标题下就以横式结构为主，横向介绍不同的个人和团体的状况。

案例精选

《飓风过后的华人世界》节选

8月28日，上午，休斯敦唐人街上出现了不少陌生的面孔，他们中许多人衣衫凌乱，在香港超市门前广场上三两成堆地聚集，神情慌乱。

……

投奔唐人街

8月29日，凌晨，飓风撕开了新奥尔良的临海堤坝，然后向着东北的密西西比州刮去，与休斯敦擦肩而过。

……

避难者的需求

9月3日，天空阴霾，休斯敦的空气因为飓风过后变得冰冷而湿润。王裕炎向爱心组织求助。

……

分散的个人救助

事实上，救助一直在以个人的形式进行着。

① 闾宏：《飓风过后的华人世界》，《新京报》，2005年9月19日。

阳光公寓的老板庄丽香将每月的房租降到了600美元。原本洽租公寓是要有证件、预付月租、签支票作押金的，而现在只要驾驶执照显示是来自新奥尔良，即使身上没有支票、没有足够现金，也能租房。

休斯敦市华裔议员关振鹏发起了协助灾民的活动，为灾民办理住房登记手续，并将各界捐来的家具分配给申请者使用。

有些中餐馆看到饥饿的灾民会送上一大盘包子。

“但是这样不行，灾民数量实在太多。城里每天都有陌生的面孔出现。”谢家凤说。个体救助对于那么多灾民而言，犹如杯水车薪。“灾民的需要不停地在增多，他们的要求每天都会变。”

谢家凤说自己当时陷入了一种无能为力的恐慌，对于当地华人，救助几乎等同于慈善捐款。

中华文化中心虽是当地最大的华人社团，但它也只是一个松散的志愿者组织。中华文化中心每年做一个主题，要么是关于智障儿童，要么是关于艾滋病患者。然后将募集来的资金交给美国红十字会。而关于直面灾民的救助，他们毫无经验。

“我们不能再将募集来的资金交给红十字会了。灾民们等不及，他们要更快速、更直接的帮助。”谢家凤意识到，他们需要一个组织，将分散于四处的华人力量整合起来，系统地运作一个援助体系。

临时搭建救助体系

9月4日，最后一批灾民被撤离新奥尔良，这座空城几乎成了“坟墓”。美国一名负责灾后重建的官员称，要“晾干”这座城市，需要9个月的时间。

文章当中有很多时间标注，这些时间就是文章的发展脉络，整篇文章以纵式的结构发展。具体到“分散的个人救助”这一小标题下，文章就开始以横式结构发展。文章分别列举了阳光公寓的老板庄丽香、休斯敦市华裔议员关振鹏、中餐馆、中华文化中心等组织或个人救助灾民的行为。这就是典型的纵横式结构。

第三节　特稿结构的主要环节

特稿分为开头、正文、结尾三个环节，这三个环节一起构成了特稿的整体内容。从逻辑上看，这三个部分有紧密的承接关系，但在整体结构中，又分别承担了不同的任务，有着不同的结构要求。本节将围绕开头、正文、结尾这三个环节谈谈特稿不同的结构方式。

一、开篇要找好切入点

新闻特稿的开篇或开门见山或设置悬念，目的是能迅速地吸引住读者，诱发其阅读兴趣，让其一气呵成读完整个故事。因此，特稿记者要善于精选材料，将最新鲜、最重要、最富有戏剧性和冲突感的材料放在开头。

特稿的开头除了要比较生动和能够吸引读者外，同时这个开头还是报道展开的一个最佳契机，是报道的思维起点。只要记者能把握这两点，就可以采用任何方式的开头，可以从采访到的材料中最重要或最吸引人的场景、细节或者引语入手，切入报道的核心，引导读者进行阅读。

（一）开门见山式

这是写作中常用的开头方式，指的是文章开篇便切入正题的写法。很多新闻特稿也采用了这样的写作手法，特稿一开始，就把要写的主要人物、事件或者问题直截了当地摆出来。这样能让人在接触特稿的第一时间，就大致了解了特稿要表现的内容和主题，很多优秀的特稿常用有震撼力的核心事实开篇。

以《南方周末》2010 年 8 月 26 日发表的《催命营救》[①] 为例，这是一篇事件性特稿，讲述了在菲律宾发生的香港人质事件。2010 年 8 月 23 日，一辆装载 25 名（包括 22 名香港乘客）乘客的旅游车在菲律宾马尼拉市中心基里诺大看台附近被菲律宾前警察劫持，经过谈判，6 名香港游客于中午前获释。23 日晚 7 时 40 分左右，菲警方实施突击解救行动，导致香港游客中 8 人死亡，6 人受伤。

案例精选

《催命营救》节选

“对不起，你们现在是我的人质了。”

8 月 23 日，当地时间上午 9 时，在菲律宾马尼拉市帕西格河畔西班牙殖民时代古迹“市中市”外的一辆旅游大巴上，1 名中年男子向全车人宣布。他刚刚尾随参观完毕的游客们登上大巴。此人身材中等，面目和善，在宣布车上的 21 名游客与 1 名司机和 1 名当地翻译成为他的人质时，甚至用了“对不起”一词。但车上所有的人都同时注意到，他身着迷彩服，腰里别着一把匕首，最重要的是，手持一柄 M16 军用突击步枪。这个谦逊有礼的绑架者并

① 方可成、胡贲：《催命营救》，《南方周末》，2010 年 8 月 26 日。

没有一开始就展露杀气，但他的右手食指一直紧紧地扣在步枪扳机上。这是香港康泰旅行社组织的一个旅行团——马尼拉 4 天旅程的最后 1 天，团员包括来自 6 个香港家庭的 8 男 12 女（其中有 3 名 14 岁以下儿童），旅行社还派出 1 名香港领队，他们原定当晚返港。

这是《催命营救》的开篇，这个开篇非常吸引读者，因为在开篇作者把最有震撼力的事实放在了最前面。那么，这些被绑架的香港游客的命运如何呢？想要了解事件发展和最终结果的读者自然会继续阅读下文。

（二）“特写镜头”式开篇

“特写镜头”是影视艺术中的一种创作手法，用近距离拍摄的方法把人或物的局部加以放大、强调，以营造强烈的艺术效果。特稿运用“特写镜头”式开篇，指用类似电影的“特写镜头”的手法，一开篇即集中笔墨去着力刻画新闻事实中富有特征的片断，生动地再现现场的情景和气氛。细节或者局部的描写既能表现人物的内心活动，刻画人物的性格特征，又能借细节的近距离“聚焦”，为主题的揭示渲染氛围，增强文章的感染力。因此，“特写镜头”式开篇虽然展示给读者的是细节描写，是某一个局部，但却是表现某个主题或突出某种目的的关键所在。

同时，“特写镜头”也可以强化读者的主观感受。由于“视距”的缩短，人物或事件的细节成为开头着力展现的内容，人物的表情、动作及事件的细微变化在被放大之后更能在瞬间吸引读者的注意力，带给读者强烈的视觉冲击力，强化读者的感性认知与情感共鸣。

“特写镜头”式开篇可以用于报道具有历史意义的重大事件或活动，或故事性较强或情节较紧张的新闻事件，以及一些突发事件或灾难性事件。

1985 年获普利策特稿写作奖的名篇《一个视力过人的男孩》，记者是艾丽斯·斯坦巴切（Alice Steinbach）。这篇文章讲的是一个失明的小男孩是怎么生活的，是怎么获得一种明朗的、快乐的生活态度的，整篇文章全部讲述这个孩子的个人情感故事。

案例精选

《一个视力过人的男孩》写作分析

文章以电影特写镜头的方式开篇：

首先是眼睛，那是一双又大又蓝的眼睛，是一种淡淡的发暗的蓝，像知更鸟卵一样的颜色。如果是在阳光灿烂的春日，你直视着这双不能回视你的眼睛，刺眼的阳光会使它们变得苍白，就像高处无云的天空中那种淡淡的蓝。

特写镜头直接切入眼睛，使人仿佛看到了一双漂亮的蓝眼睛，给人以震撼的、难忘的印象之后，作者笔锋一转，接下来：

10 岁的喀达尔·斯坦利，这双眼睛的主人，这个打生下来就失明的男孩……

原来这是一双盲人的眼睛。这时，读者全部的注意力已经被作者抓住了。

“特写镜头”式开篇能抓住人或事物最为突出的特征，以一种先声夺人的姿态加以描述或渲染，巧妙地将读者带入作者所设置的情境中。

（三）冲突式开篇

冲突是特稿写作追求的一个重要元素，强烈的冲突能带来强烈的戏剧感，激发读者的阅读兴趣。因此，很多特稿记者努力在开篇中便展现冲突：人与人的冲突、人与社会的冲突、人与环境的冲突、人物内心的自我冲突等等。

冲突式开篇要求记者在事件中提炼出最尖锐、最本质的矛盾冲突，并在开头即展示给读者，以牢牢抓住读者的好奇心。类似暴力、死亡、疾病、战争等类型的题材有着丰富的冲突元素，比较适合使用冲突式导语。

许多优秀的特稿作品常常使用设置悬念式导语的写作方法，在文章开篇就设置冲突，在不交代事件背景的情况下直接展现事件最具冲突和矛盾的情节，从而引发读者的疑问，事情为什么是这样的？为了解开心中的疑团，读者只能跟随记者预先设置的叙事路线，去弄清事件的来龙去脉。如普利策奖特稿作品《跟踪克里斯汀》的文章开头：

案例精选

《跟踪克里斯汀》节选

那是 5 月 30 日，一个星期六的早晨。在波士顿，克里斯汀当过艺术系学生的地方，警察正在隔离一所公寓。这所公寓距离那个交通繁忙、阳光灿烂的人行道有两个街区，克里斯汀就在那个人行道上遭遇到了杀害，头部和脸部都挨了枪，这还是 90 分钟以前的事情。开枪的是她前男友，法院曾经判令他离克里斯汀远点。当警察闯进他的寓所时，发现他已经四肢张开躺在床上，他自恋自悯，最后采取行动结束了自己的生命。

通过上文的描述，读者能够得到的信息是：一个女孩被她的前男友杀害并且她的前男友也因此自杀了。但是，读者一定会有疑问，女孩的前男友为什么要对女孩这么狠心？他们俩之间发生了什么？事发当时周围环境是怎么样的，有没有人进行阻止？这个女孩是谁，有什么样的背景，是什么样的性格？她的前男友为什么自杀，仅仅是因为害怕承担罪行吗，还是有其他的原因……一个充满悬念的导语轻而易举地就勾起了读者的好奇心，几十个问题一下子冒了出来，这就是记者的写作技巧所在。他没有对事件进行任何背景交代，特稿开篇就展现了一幅血淋淋的凶杀现场。事件的关键点在开篇被略去，这成功引起了读者强烈的“求知欲”。

（四）归纳式开篇

这种开篇是在特稿的开头，把特稿的主要内容用高度凝练的语言表述出来，既要交待主要事实，又要突出吸引读者阅读的新闻点。这类导语一般适合于故事性、冲突性较强的报道，即便开头就展示出事件发展的全过程，但依旧能令读者关注，甚至引起读者更强烈的阅读欲望。

《数百人持猎枪钩刀袭击定州村民夺6命》① 一文刊发于《新京报》2005年6月13日。文章报道的是一起官黑勾结的血案。2005年6月11日，为帮助国华电厂征地，在定州市委领导默许下，一群“黑社会”对拒绝搬迁、拒绝离开自己土地的农民展开杀戮，造成6名村民死亡、48人重伤的惨案。

案例精选

《数百人持猎枪钩刀袭击定州村民夺6命》节选

前日凌晨四点半，河北省定州市南部绳油村外一块荒地上，二三百名头戴安全帽，穿着迷彩服的青年男子手持猎枪、钩刀、棍棒、灭火器，向居住在荒地窝棚里的村民发动了袭击。事后据绳油村村民统计，此次袭击至少造成6人死亡，另有48名村民受伤送院，其中8人尚有生命危险。

昨日下午，亲历袭击事件的10余名绳油村村民对记者讲述了事件经过。定州市委宣传部有关负责人就此表示，6月11日当天，保定市已成立了专案小组，由市政法委书记亲任组长，介入协调和调查此案。

---

① 刘炳路：《数百人持猎枪钩刀袭击定州村民夺6命》，《新京报》，2005年6月11日。

这篇文章的开头就直接概括了已经发生的事实，给读者一个全面的介绍，让读者对事件有了全面大概的了解，接下来再描述细节。这就是归纳式开篇。

（五）以反差、对比引出悬念

这种结构在特稿一开头即展示出事物矛盾对立的两个方面，并使之形成鲜明的对比和强烈的反差，给受众留下深刻的印象。人们对悬念和疑惑都有一个急于了解的心理。记者在特稿的开篇中设置悬念，引发读者的好奇心，使其读完全文，这是特稿最常使用的一种方式。

1983年普利策特稿写作奖名篇《中毒性休克》主要讲述了“我”从中毒性休克综合征中死里逃生的悲切故事，而叙事者“我”正是记者南·罗伯逊（Nan Robertson）。“我”本身就是所述故事中的主人公，即故事是记者亲身经历的。这篇特稿正是通过“我”的视角，将所观察、体验到的一切描述出来，包括发病前的状态、发病时的状态、医生的反应、朋友的探望以及后期的恢复情况等等。这些不仅包括外面的世界，也包括主人公内心的感受。这篇文章的开头是这样的：

案例精选

《中毒性休克》节选

出事的前一夜，我穿着一件巴黎式黑天鹅绒晚礼服去参加了一个充满纽约风情的舞会。凌晨3点，我心满意足地睡着了。

24小时之后，我躺着快要死了。手指和腿随着坏疽变黑，我几乎休克了，没有脉搏，血压低得要命。通过急救室的门我可以看见医生：“他们跑来跑去，打电话求援，因为他们知道遇到了无法应付的罕见的病症”。

究竟是什么病症？让一个人在24小时之内从生机勃勃到奄奄一息？作者在导语中省略了这种致命病症的名称，而这恰是读者关心的。这也是制造悬念通常的操作手法：省略掉一些重要元素，如事件起因、重要的过程、关键的例证，从而引发读者的疑问，激发其好奇心。制造悬念还经常性地采用设问的手法，把事件最令人关注的部分设置成悬念，抓取读者眼球。悬念式开篇的提问，应该是受众关心的或感兴趣的，亦或是大家不了解却渴望了解的事物。

（六）以细节引出悬念

《中国青年报》的特稿中很多都是以细节展示一个宏大的主题。《冰点》中故事的特点就是寻找大时代下的小人物，《冰点》的叙述是故事的、克制的、见微知著的，且善于捕捉鲜活的细节，对真实地表现主题具备强有力的说服力。《中国青年报》2011年7月27日刊发的文章《永不抵达的列车》[①]，以细节开头，十分生动地描写了女生朱平的样貌和动作等。

案例精选

《永不抵达的列车》节选

在北京这个晴朗的早晨，梳着马尾辫的朱平和成千上万名旅客一样，前往北京南站。如果一切顺利的话，这个中国传媒大学动画学院的大一女生，将在当天晚上19时42分回到她的故乡——温州。

对于在离家将近2 000公里外上学的朱平来说，“回家”也许就是她7月份的关键词。不久前，父亲因骨折住院，所以这次朱平特意买了动车车票，以前她是坐28个小时的普快回家的。

12个小时后，她就该到家了。在新浪微博上，她曾经羡慕过早就放假回家的中学同学，而她自己“还有两周啊”，写到这儿，她干脆一口气用了5个感叹号。

“你就在温州好好吃好好睡好好玩吹空调等我吧。”她对同学这样说。

就在出发前一天，这个“超级爱睡觉，电话绝对叫不醒”的姑娘生怕自己误了火车。在调好闹钟后，她还特意拜托一个朋友“明早6点打电话叫醒我”。

23日一早，20岁的朱平穿上浅色的T恤，背上红色的书包，兴冲冲地踏上了回家的路。临行前，这个在同学们看来“风格有点小清新”的女孩更新了自己在人人网上的状态：“近乡情更怯是否只是不知即将所见之景是否还是记忆中的模样。”

① 赵涵漠：《永不抵达的列车》，《中国青年报》，2011年7月27日。

二、正文

特稿的正文是最重要的部分，它展现了全部事件的详细过程，素材的组织体现了作者的思路和要表现的主题思想。特稿的正文篇幅较长，可以给作者很大的自由发挥的空间，展现其写作技巧和文学功力，同时也要求作者认真构思与细心雕琢，安排材料力求疏密有致、跌宕起伏。

（一）疏密得当、穿插灵活

特稿是一种文学性、故事性比较强的新闻文体，在写作过程中自然会使用一些文学手法，例如疏密法。疏密的主要意思是简与繁、略与详。疏密法是一种使文章简繁得体、详略得当的写作手法。这里的“疏”，即略写、简写，用高度概括、凝练的语言交代文章的次要内容；“密”，即详写、繁写，对能够展现人物性格、刻画人物形象、突出故事情节的相关内容进行详细的描写。

在特稿写作中，哪些内容需要浓墨重彩地加以叙写，哪些内容只要稍作交代或一笔带过，这不是由材料的多少决定的，也不是凭个人喜好随意安排的，而是取决于主题的需要。一般来说，详写的内容与主题紧密相关，应该是从“点”上突破的内容，如细节描写、人物对话等对表现人物特征、揭示事件本质有重要作用的内容；略写则重在用“面”上的内容渲染气氛，交代背景，起到“绿叶衬红花”的效果。

（二）跌宕起伏

“文似看山不喜平。”特稿报道要能够从始至终吸引读者，就要有波澜、有高潮、有冲突、有悬念。适当设置悬念可以激发受众的好奇心和阅读兴趣。因此，在安排结构的时候，可以将有故事性、现场感强的材料或者悬疑性较强的内容，适当错落地安排到全篇各个段落，务求各部分有起有伏，增强文章整体的可读性。

如何做到内容的跌宕起伏？主要通过结构方式的变化和材料的独特组织方式，将最能够吸引读者的报道素材精心挑选出来，将最能够引起读者关注的故事、细节、引语、材料放在报道展开的各个关键环节上，让报道波澜起伏，峰回路转。

以2007年12月1日《南方人物周刊》刊发的《少年杀母事件》[①]一文为例，这篇特稿的题材本身就很具有悬念，一个16岁的少年竟然凶残地杀害了自己的母亲，究竟是为什么？为了与这样的题材相适应，特稿在结构上也通过制造悬念和揭开悬念，营造出紧张的气氛，使读者在阅读中欲罢不能。特稿开篇第一句便是主人公做出了杀掉母亲的决定，是什么让这个16岁少年做出这一决定？导语写的短促有力，一下子就激起了读者的阅读兴趣，另一方面这个开篇也为全文奠定了基调。

---

① 林珊珊：《少年杀母事件》，《南方人物周刊》，2007年12月1日。

案例精选

《少年杀母事件》节选

张明明决定杀掉他的父母。

这个想法在他脑中盘旋了差不多两个月。

"我想，只有杀了我的父母，才能让我多年积累的仇恨得到释放，让我真正地过着无拘无束的生活。"

1991年11月25日，陈菊生下了他；2007年6月12日，他将陈菊打晕、掐死，然后割喉。

其间，陈菊打开大门惨叫一声，但门很快又被关上。那就像荒林里一声绝望的鸦叫，一切又恢复了寂静。

这幽暗的小巷深处有一个拐角，几栋四层高的楼房围成一口天井，张明明的家就在这儿。抬起头，天空依旧是一条狭长的线，被错综复杂的电线切割得支离破碎。一米多宽的小巷两边房门紧闭，垂吊的女人内衣透着湿气，牛仔裤则似乎长年挂在一边，一动也不动。还有一个个小口子，连接更小的巷子。有时候，一个安静的小孩跟着一个女人拐进去，或者，一个谢顶的中年矮男人藏在巷里，睁大眼睛瞪着过往行人。声音从远处隐约传来，光亮在100米外的巷口。

那天下午，张明明的父亲张柱良就从这个巷口逃了出来。

三、特稿的结尾

文章的结尾是作者思路的终点，是内容发展的自然结束。结尾一般有这样两个作用：一个是内容的结束，使篇章完整严谨；另一个是以适当的方式给读者留有回味的余地，强化读者的印象或使读者产生一定的思考。

新闻特稿的结尾也是如此，一方面是新闻事实的自然结束，使特稿结构完整；另一方面，记者通过精心设计的结尾，或者进一步深化主题，引发读者对新闻事实进行更深入的思考，或者对新闻事实的意义进行点化，揭示复杂事实的本质。

特稿的结尾有以下几种：

（一）归纳式结尾

归纳式结尾是特稿中最常见的一种结尾方式，就是将特稿中的所有叙事线索或新闻事实归结到一起，通过简要的回述与总结来重现主题，或者让开篇出现的人物或场景再度亮相，使结尾与导语产生某种呼应和共鸣，进而达到叙事上的完整和平衡，读者也随着作者的思路自然地理解了特稿的主题。

结尾的归纳与呼应是一种情感上和观点上的再度强化，而不是简单的重复导语中的文字信息。

（二）高潮式结尾

这种结尾方式在纵式结构的特稿中比较常见，它同文学作品的传统结尾方式颇为相像——将最精彩、最打动人心的内容或片段放置在文章的结尾。在新闻特稿中，记者将事件最精彩的部分或者最能表现人物的场景、细节放在结尾，当读者在阅读过程中渐入佳境的时候，作者嘎然而止。

（三）悬念式结尾

这种类型的结尾在报道高潮到来之前突然停笔，留下一个关键的问题或疑惑不予回答，让受众无法确定所报道人物的最终命运或报道事件的最终走向。一般来说，这样的结尾在两种情况下使用，一种是事件本身的结果还不明确，需要等待结果；另一种是记者为了达到某种效果故意为之，让读者自己去思考。

（四）意外式结尾

“情理之中，意料之外”是此类结尾最大的魅力，这是一种非常典型的文学化处理方式，就是在结尾处出现了让读者感到意外的结果。例如主人公命运的反转，或者事件发展走向相反的方向等等。结尾处的故事会和前文的事件走向形成强烈的对比和反差，让读者感到意外。

以 2014 年 11 月 12 日在《中国青年报》刊登的《奖牌少年》[①] 为例，文章讲述了一个为了父辈的梦想而学习钢琴的少年刘泽锴的故事。为了学习钢琴他必须保护双手，不能学习骑自行车，因而“学会骑自行车”就成了少年的一个梦想。在文章的结尾处，作者描述了他学习骑自行车的场景，出人意料又令人深思。

案例精选

《奖牌少年》节选

说起来，父亲刘大海的梦想是“在老泪纵横中为儿子鼓掌”。但儿子刘泽锴多年来的

① 秦珍子:《奖牌少年》,《中国青年报》, 2014 年 11 月 12 日。

梦想，仅仅是学会骑自行车。因为需要保护双手，他从没机会学，直到前不久一家电视台来采访，他才赶紧趁机说出了这个愿望。

至于他最想要当的科学家，“如果真的没机会，那就算了。”他迅速地说。

在深圳一个秋天的夜晚，刘泽锴游完泳，顶着湿漉漉的头发，蹬上自行车。他刚学会骑车，动作还有些笨拙。陈喆开着轿车跟在他身后，眼睛一秒也不敢放松。

在经过一个十字路口时，黄灯亮了。就在陈喆不得不停下来的几秒钟内，刘泽锴突然加速踩动脚蹬，消失在母亲的视线中。

（五）补叙事实作为结尾

有些特稿也会在结尾部分补充一些新闻事实，而这些事实可能不是主要事实，所以没有在正文中提到。但是作者为了让读者了解到事件的全貌，就在结尾处补充一些次要事实。还有一种情况是正文中提到了某些事实，但是没有详细描述，因此，在结尾处可能也会再提及一下，补充解释上文中提到的事实。

（六）以典型形象、场景结尾，意味深长

特稿结尾还可以以典型的形象和场景来结尾。这些形象或者场景一定是对表现主题有直接作用的，或者在文中出现过的，把这样的形象或场景放在结尾处，就是要再次强调和深化文章的主题，表达情感，给读者留下深刻的印象。

2010年6月23日《中国青年报》刊登的《兄弟》[①]一文，以令人动容的场景作为结尾，但是只是展现了这一场景，作者并没有用过多的笔墨再去渲染情绪，而是留下了很多思考的余地，意味深长。

案例精选

《兄弟》节选

所以在6月8日的这天下午，他一考完试就飞奔出教室，直接坐车来到1.5公里以外的临湘一中。

“我真不知道，这会不会是最后一次。”那天还下着雨，王理和他共撑一把红色的阳

① 杨芳：《兄弟》，《中国青年报》，2010年6月23日。

伞，看似悠闲地走在他们曾经走了3年的小路上。

如果是往常，王理可能会高兴地揪起他的耳朵，或者撮一撮他背上的“肥肉”，或者头一甩把汗擦在他的白衬衣上。但这一天，如同6年前那天中午一样，兄弟俩都没有说太多的话。

（七）提问式结尾，引发思考

提问式结尾是一种比较独特的结尾方式，作者为避免平铺直叙的结尾而采取疑问句式。这样不仅让结尾不再平淡，而且通过提问的方式突出新闻主题，会使读者产生回味和思考。

思考与研讨题

1. 结构特稿的原则有哪些？
2. 特稿的结构特点是什么？
3. 纵式结构和横式结构中又分别包含哪些具体的结构？
4. 特稿的开篇和结尾需要注意什么？
5. 试论述细节和情感对于特稿的重要性。

延伸阅读

《“五毒书记”和他的官场逻辑》——《南方周末》（2002年3月21日）
《天津“扎针”事件调查》——《南方周末》（2002年1月24日）
《举重冠军之死》——《南方周末》（2003年6月19日）
《大学生抢劫者黎力的秘密》——《南方周末》（2009年8月20日）

参考文献

白贵、彭焕萍：《当代新闻写作》，中国人民大学出版社，2013.
邓科主编：《南方周末：后台（第一辑）》，南方日报出版社，2006.
李大同：《冰点故事》，广西师范大学出版社，2005.
喻季欣、张晋升：《中国传媒激荡与拐点》，南方日报出版社，2008.
曾庆香：《新闻叙事学》，中国广播电视出版社，2005.

第五章　特稿写作的基本环节（四）：语言

本章内容

- 特稿语言的特点
- 特稿的节奏
- 特稿的表达——用形象展现主题

新闻特稿是指带有一定文学性的非虚构的新闻作品，所以相对于一般新闻语言来说，特稿写作对语言有更高的要求。特稿语言不仅要有新闻语言客观、真实、准确的特点，还要带有一定的文学性，通过精巧的构思和具体可感的形象来展现主题，通过具体修辞手法的运用和对节奏的把握，达到一定的文学高度。有些特稿记者的特稿写作，具有一些个性化的语言特色，通过字里行间对意境的营造，呼唤读者对新闻事件、新闻人物、社会现象和社会问题进行思考，更体现出特稿语言的魅力。

第一节　特稿语言的特点

与消息语言相比，新闻特稿语言具有自己的特点。特稿语言的表达，兼具新闻和文学的特点。特稿首先是新闻，它主题鲜明、新闻事实丰富，因此，特稿语言首先要有新闻的客观、真实、准确等特点，要用事实说话；同时，特稿通过为受众讲故事的方式对客观事实进行深度报道，其文学性、人情味的特色又使之具备文学语言细腻、优美、富含韵味等特点。为了加强作品的表现力。特稿作者常常用视觉化的镜头式语言来为受众还原事实真相，用形象来展现主题。

特稿的语言风格可以具有很强的个性，打上记者个人的烙印。有读者评价特稿记者南香红的文风，“那是用诗一般的语言写就的新闻稿”①。事实上，从2000年前后特稿在媒体上出现以后，10多年来，已经出现了一批颇具个人风格的特稿记者，丰富了我国特稿写作的类型和方法。

一、新闻性是特稿写作的前提

新闻特稿虽然是带有文学特征的非虚构作品，但它的本质依然是新闻。所以在谈特稿写作的文学性之前，我们一定要记住，新闻性是特稿写作的前提。

（一）真实是新闻的本质

“用事实说话”是新闻写作的基本原则和主要方法，新闻写作必须忠于事实，还原真相。特稿写作同样需要遵循这一基本要求，因为事实是新闻的本源，只有坚持“用事实说话”，并将作者的情怀赋予事实之中，才能够达到新闻传播的目的，让更多的人了解新闻事实，了解特稿要表达的主题，并得到人生的启迪。

1. 基本事实真实准确

新闻写作的客观真实原则，要求特稿写作的每一个要素都是真实准确的，基本的场

---

① 张超：《用诗般的语言写就的新闻稿——南香红新闻特稿研究》，《大众文艺》，2013年第15期，第176—177页。

景、数据、人物的美丑善恶等都不能偏离基本事实。这就要求记者采访时做忠实的记录者，尤其要把握细节，不对事实做联想式的描写。具体而言，要在以下几个方面做到真实准确。

第一，构成新闻的基本要素必须准确无误。所谓基本要素是指时间、地点、人物、事件、结果、原因。即西方新闻学所强调的 5 个 W（WHAT、WHO、WHERE、WHEN、WHY）加一个 H（HOW）。如果任何一个要素有失实的地方，都会使读者对整个新闻事实产生怀疑。

第二，新闻中引用的各种资料必须准确无误。这里所说的引用的资料，主要是指数据、背景资料等等。它们是新闻中的重要内容，如果引用的资料出现差错，也会使读者对整个新闻存疑。

第三，新闻所反映事实的环境、过程、细节，人物的语言、动作以及心理活动等必须真实。无论是消息写作还是特稿写作，都不能虚构情节、主观想象、添枝加叶，这是它与文学创作的重要区别。依靠主观想象，在行文写作时增加一些不真实的东西，是错误、主观的新闻观的反映。

因此，新闻中出现的人物的引语，一定是人物说过的；人物的动作，一定是人物做过的；人物的心理活动，也必须是人物主动说出来的。任何细节的描写，都应该是准确无误的。虚构和假设是新闻的陷阱，是新闻真实性的敌人。

2. 现象真实与本质真实、微观真实与宏观真实相结合

基本新闻事实的真实准确，是新闻真实性要求的第一层次。新闻特稿旨在生动、详细、深入地报道新闻人物、事件或对社会问题进行调查分析，是一种深入揭示事物本质、有深度的新闻报道，因此，特稿要对涉及某一事件的大量相关事实进行整体的综合、概括与分析。这个概括与分析要符合客观实际，除了事实层面的真实以外，这是在更高的层次上对特稿写作的真实性提出的要求：做到现象真实与本质真实、微观真实与宏观真实相结合。

在很多情况下，单就某一事实而言是绝对真实的，但这一现象可能只是阶段性的，或者在不断发展变化的，并不能准确地反映事物的发展规律和本质特征。或者，把这一现象放到全局、大背景下进行考察，就失去了原来意义上的真实性。以点代面、片面性、绝对化等都会造成新闻的“总体失实”。做深度报道，需要交代事情发生的因果关系，这就要求处理好现象真实与本质真实、微观真实与宏观真实的关系。因为如果做不到整体概括和判断的正确，那么无论它在新闻的要素、具体的事实乃至细节上如何准确，都将从本质上丧失报道的真实性。

所以，新闻特稿对真实性的要求层次更多，必须将现象真实与本质真实、微观真实与宏观真实有机地结合起来进行报道。

3. 表达准确规范

新闻语言的准确，指的是准确地表达和描述新闻事实。也就是说记者要正确掌握和应

用语言文字，尽量不用模糊不清、模棱两可、容易引起歧义的词语来描述具体事实。注意语意、语境的细微差别，表意明确、不产生歧义、合乎分寸、没有偏差、符合实际、不虚假。比如，谈到时间时，不要用“日前”“不久以前”“最近”“多年以来”等来代替具体时间；谈到数量时，不要用“广大群众”“极少数人”“许多”“难以胜数”等代替具体数量；谈到程度时，不要用“几乎”“差不多”“大概”“可能”等代替具体程度。

（二）情感与观点的表达

“假如需要的话，他们会毫不犹豫地在叙事中注入他们的强烈情感。”① 诚如戴维·加洛克（David Garlock）所说，好的特稿其魅力还在于以浓郁的情感来感染读者。不同于普通的新闻写作，特稿写作倾向于一种个性化的表达方式，特稿记者写作时主体意识较强，可以适当表达自己的情绪和观点，将自我感受注入到作品中，与读者分享自己的感受和体验。

《中国青年报》的《冰点》特稿的一个特点“就是记者主体意识的介入，他（她）在文中时而不动声色地观察、忠实地记录，又时而和要表现的主体一起流泪、叹息，偶而还会站出来发几句议论”②。在普利策新闻奖的特稿作品中，甚至多篇作品都是运用了第一人称的写作方式，例如瑞恩斯的《格雷迪的礼物》③ 和罗伯逊的《中毒性休克》④。

或许有人要怀疑这种报道的真实性和客观性，但只要特稿记者坚持科学严谨的写作态度，注意把握分寸，以基本的事实为依据，适度表达自己的情感和观点；那么，记者主体意识的介入非但没有影响报道的真实性和客观性，反而可以增强特稿的可信度和感染力。

我们选取了特稿《格雷迪的礼物》的一个段落，看看作者是如何表达自己的情感的：

案例精选

《格雷迪的礼物》节选

那一天格雷迪出现在我家里——伯明翰第五大道西1409号，这之后没多久她就改变了我对这个世界的看法。当我7岁的时候，她就为每周挣18美元来我家又是熨衣服，又是擦地板，又是做饭，一呆就是7年。在那段日子里，我们家里的每一个人都开始接受我

① 〔美〕戴维·加洛克：《普利策新闻奖：特稿卷》，新华出版社，1999年版，第5页。
② 樊水科：《中青报“冰点”研究述评》，《传媒观察》，2009年第8期，第42页。
③ 〔美〕豪威尔·瑞恩斯：《格雷迪的礼物》，《纽约时报杂志》，1991年12月1日。
④ 〔美〕南·罗伯特：《中毒性休克》，《纽约时报杂志》，1982年9月19日。

父亲称之为“那些伟大的长谈”，其在亚拉巴马州许许多多个下午静寂的时光里占据了格雷迪和我的心灵。在我们之间发生的事情可以用许多方式来表达，但是其中的精髓却被格林抓住了，他写道：在任何一个人的孩提时代，都有一段时光，大门敞开着，让未来走进。所以，这是关于一个人打开了一扇门，另一个人走了进来的故事。

引文讲述了作者回忆起7岁时开始与黑人女佣格雷迪相处，在7年的时间里与黑人女佣所建立起的友谊。引文运用第一人称写作，立足于客观事实，同时也更自然地表达了作者内心的情感，做到了两者的统一。

二、文学性是特稿写作的特色

文无定法，特稿写作是颇具个性和风格的写作，不同的特稿记者会形成自己独特的风格。有学者认为：“特稿在写作上凸显了传播信息的艺术独创性，它所青睐的文学性叙事手法，如精巧的构思，辗转的悬念，饱和的情理冲突，出神入化的细节等，都在一定程度上丰富了新闻报道的技巧，开创了多元的新闻写作模式。”[①]

文学性是新闻特稿区别于其他新闻体裁的主要特征。受众阅读新闻特稿的目的，不仅仅是深入了解新闻事实，还希望从新闻特稿中获得阅读的快感，得到情感的共鸣。尤其是在汉语这一特殊的语言系统基础上，我国新闻特稿写作与西方特稿相比，更多了一份“言有尽而意无穷”的意境之美。

当然，新闻的叙事和文学的叙事是存在很大差异的，如何将文学的手段运用到新闻特稿的写作中，是特稿记者需要深入思考的问题。我们可以从以下几个方面进行探讨：

（一）故事化

面对一个新闻人物、一个新闻事件或者某个社会现象，其他新闻记者可能重在分析、解读、调查，而特稿记者首先要寻找到一个好的故事，“故事是特稿的核心，特稿就是故事本身，让故事自己讲述自己，呈现意义”[②]。特稿记者采用故事化的叙述来报道新闻事实，即采用对话、描写和场景设置等，细致入微地展现事件中的情节和细节，实现事件中隐含的能够让人产生兴奋感、富于戏剧性的故事。例如，在“汶川地震”这样的重大新闻事件中，记者讲述了一个背着死去的儿子回家的普通父亲的故事（特稿《回家》），摒弃了宏大背景，关注个体命运；在2011年温州动车事故发生后，记者记录了两个永远无法抵达终

① 徐国源：《“特稿”新论》，《新闻研究导刊》，2005年第4期，第28—30页。
② 包丽敏：《特稿的魅力》，《南方传媒研究（第42辑）》，南方日报出版社，2013年版，第35页。

点的普通大学生的故事（特稿《永不抵达的列车》），用一个个鲜活的故事来逼问事故背后的责任和原因。

在故事化的写作方式中，特稿更加注重对人物的描写和对细节的刻画，从人物出发，为读者讲述一个个充满人情味的故事。

1. 以人物为中心的写作方式

不论是事件特稿的写作还是人物特稿的写作，故事化的写作方式通常将线索聚焦到某个或几个人物身上，以人物为中心，以人物带事件，将无温度的新闻事件赋予人的情怀和温度，引发读者情感上的共鸣，即“主题事件化，事件故事化，故事人物化，人物性格化”。

以特稿《人工盲童》[①]为例，这篇特稿聚焦于早产儿视网膜病变这种病症，这是一种因经验不足、训练匮乏或者人心冷漠而被忽视的疾病。记者没有把报道的重点放在医院的失责上，也没有过多的谴责，他只是客观地描述着这些早产儿的命运、父母为此做出的千百种努力以及面对“要生命就不能要眼睛”时的无奈。

特稿开头，记者将视点放在一位叫杨德山的人工盲童的父亲身上。杨德山是一位普通的患病孩子的父亲，他的出场带着一种焦虑和压抑，这也是每一个患病孩子的父亲、母亲的心情。

案例精选

《人工盲童》节选

杨德山在深夜里钻进洗手间，关上灯旋转了两圈儿，失去了方向感。这位父亲试图猜想，如果自己身边的黑暗像笼罩着女儿的那样永不散去，那么自己会体验到什么。这种恐怖的感受，如今已经被许多与杨德山一样的盲童的父亲所深刻了解，用心理学专业描述，它包括：对残损的存在的差别意识导致的极度压抑、焦躁，失去大多数信息来源的痛苦，没有前途的绝望。

接下来，作者的笔触转向了杨德山女儿，重点描述了一个人工盲童从出生到发现病症的经过。

---

① 李海鹏:《人工盲童》,《南方周末》, 2004 年 2 月 19 日。

2001 年 11 月 15 日，杨德山的女儿杨蔚依早产出生于这家医院，是三胞胎中最小的一个，孕龄 7 个半月即 32 周，体重 1 400 克。与其他早产儿一样，她存在着生命危险，因此立即被送到了新生儿科重症监护室（NICU）进行抢救。新生儿科的医生把一份“抢救告知单”交给杨德山，上面详细地列举了抢救过程中可能出现的问题，比如窒息、脑瘫等等，但没有任何涉及可能导致视网膜病变的字句。在出生记录上，杨蔚依被描述为“双眼等大、等圆，状况良好”。

此后 6 天，透过新生儿科重症监护室的玻璃门，杨德山看到女儿像小猫一样安静，一直戴着吸氧头罩。第 7 天，妻子郝云丽出院，女儿则办了转住院手续，继续住院抢救。事后，按照收费清单记录计算，杨蔚依共吸氧 13 天，有间断。

2001 年 12 月 5 日，杨蔚依出院了，眼睛大而明亮，随物转动，杨德山夫妇很幸福。但是这段幸福的时光只持续了 3 个月，他们不知道，这也是永远地失去救助机会的 3 个月。

3 个月后他们突然发现，孩子的瞳孔在夜间会变得很小，不正常地亮，像猫的眼睛似的，而且在灯光下会反射出一个白点。杨德山咨询了附近的一些医生，他们也不懂是怎么回事。到杨蔚依快 4 个月大时，白点的直径已经扩展到 5 毫米，通过它，杨德山可以看到女儿的眼底白茫茫的一片。在恐惧中，他和妻子带杨蔚依去了天津医科大学医院眼科中心，专家张虹看了看孩子，第一句话就问：“吸氧了没有？”

早产儿视网膜病变，一种因经验不足、训练匮乏或者人心冷漠而被忽视的疾病，到此时已经永久地、不可逆转地伤害了杨蔚依。

与杨德山一样，刘东江、李永成都经历了这样的悲剧，他们的孩子都是在天津市中心妇产医院患病的。从 2001 年 11 月到 2002 年 7 月，仅 9 个月的时间里，这家医院的这个科室，就出现至少 6 个早产儿失明。特稿以杨德山为核心人物，引出几位孩子的故事，残忍的事实被剖开，摆在了读者的面前，让读者看到了几个不同家庭遭遇的共同的悲剧。

记者最后以一个普通人的身份不着痕迹地表达出自己的情感：

他们将成为家人的负担和痛苦，生活在永远陌生而黑暗的空间中，眼球则会像干苹果一样萎缩下去——直到他们死去，也许 70 年，也许 80 年，这些人工盲童的存在，都意味着对我们这个时代的爱的能力、责任感和职业素质进行责问。

这篇特稿是典型的故事化的写作方式，将新闻事件聚焦到人物身上，以人物为主线勾画出事件的概貌，并通过细腻的情感表达，打动人心，引人深思。

2. 注重细节描写

细节是故事重要的组成部分，故事离不开细节。很多优秀的特稿被人记忆至今，正是因为有大量丰富的细节打动人心，让读者记忆深刻。细节是细腻地描绘人物性格、事件发展、场景和自然景物的最小组成单位。在新闻报道中，细节是指对新闻事件、新闻人物、新闻场景、新闻背景中出现的最有特点、独具特色的事物和人物的具体描写。细节不能游离于特稿主题之外，而要为充盈故事、深化主题服务。

记者写作时要精心筛选细节，通过鲜活的细节反映出深刻的主题。如何选择呢？

首先，在选择细节的时候，要注意那些具有较强的纪实性、能增强新闻的真实性和新闻叙事的客观性的细节，从而达到增强新闻感染力的作用。例如，在《人工盲童》中，记者就是用细节还原了杨德山的女儿从出生到被发现患病的过程。

较强的写实性是新闻细节在叙事上表现出的最典型特征。从“双眼等大、等圆”到“眼底白茫茫的一片”，仅仅4个月，孩子眼睛变化的细节真实地记录了一个人工盲童的产生，让读者感同身受。

我们还可以来看看1996年普利策特稿写作奖获奖作品《她把所有的15万美元都捐给了一所大学》，报道一位靠洗衣为生的黑人独身老妇，将终生的积蓄捐献给家乡的一所大学。

她过的是什么样的生活呢？

案例精选

《她把所有的15万美元都捐给了一所大学》节选

她三年前才买了第一台空调，直到有人来她才打开；她毫不在意她的小黑白电视只能收到一个频道，因为她很少看电视；她还常常抱怨电费太高，也从不订报纸，因为她觉得太贵了。

她只有5英尺高，如果口袋里放块石头的话，可能重100磅。

她的《圣经》已经破烂不堪，她就用透明胶将它粘住，以防《哥林多书》掉出来。

通过对她日常生活的节俭和弱小身躯的细节描写，反衬出她人格的高尚和精神境界的崇高。

其次，选择那些形象感比较强的细节，可以带给人们较强的视觉化体验。细节描写就如同是特写镜头，它放大了人的外貌、行动、心理、语言或环境的细微特征，带给人们一种真实可感的形象，让受众有一种亲临现场的感觉。例如，在特稿《盲艺人的乐与路》[①] 中，记者对其中一位盲艺人药成江表演结束后收钱的动作进行了描写。

① 南香红：《盲艺人的乐与路》，《南方周末》，2003年11月27日。

案例精选

《盲艺人的乐和路》节选

药成江把几张纸币对着太阳贴在眼前仔仔细细看了个遍，又把它递到张林庆的手里，张林庆一张一张地摸过，又传到陈玉文手里摸个遍再递回来，药成江解开棉衣的扣子，把他们揣进贴肉的口袋里。

记者对动作细节的描写十分传神，既描写出了收钱时的场景，又抓住了盲人的特征，通过细节的描写让读者看到了盲艺人的辛苦和不易。

最后，注意选择那些能够突出人物心理活动的细节，感染读者。例如：特稿《金钟响在大山里》[①]有这样一个细节描写：

案例精选

《金钟响在大山里》节选

阳光从格子窗新糊的白纸透进来，照在他的脸上，有亮闪闪的东西在他的眼窝里晃动，我等待着某种积郁多年的东西从他心里流出来，当眼泪在他眼窝里打了几个转儿后，很快就消失了。

此处细节的描写并没有夹杂记者的任何评论，而是场景的真实写照，形象地展示了艰苦生存条件下人们的生活状态，那种酸楚和挣扎让读者为之动容。

（二）重视营造意境

在我国的文学作品中，运用情景交融、虚实相生的手法开拓的审美想象空间造就了独特的意境之美。一些特稿记者在新闻特稿的写作中，也善于将情与景、意与境、主观与客

---

① 董月玲：《金钟响在大山里》，《中国贫困地区》，1996年第2期，第53—54页。

观事物相联系，塑造出独特的意境之美。例如特稿《一个兵团的传奇——新疆生产建设兵团》① 中的文字，就显示出了中国文人的作品特有的磅礴大气的意境之美。

案例精选

《一个兵团的传奇——新疆生产建设兵团》节选

10 万铸剑为犁的兵，10 万大上海的知青，250 万五湖四海的人，在新疆，在天山的两侧，在昆仑山、阿勒泰山造就的塔里木和准噶尔盆地里，在 2 000 多公里的边境线上，他们组合成一个特殊的群体———新疆生产建设兵团。

前三句以数据开头，短句迤逦展开；后面几句以“在”字开头，描述了支疆部队的盛况。文章通过排比句和长短句的结合，造就了节奏和韵律。行文流畅，颇具中国文学作品的意境之美。

在兵团团场，都有一个 13 连编制。这是一个特殊的连队，只有兵团人才会心照不宣地懂得它的含义，那是为死去的兵团职工保留的“连队”。塔里木盆地边缘 29 团的 13 连，是一块 100 亩的墓地，偌大的墓地，没有几座墓是有墓碑的，很多就是一堆土，插着一些木桩为记，上面写着籍贯、姓名、生卒年月。

……

文章平实地叙述了兵团为死去的职工建立的墓地的情况，最后一句“芦苇骆驼刺稀稀拉拉地摇曳着”，将情与景相融，赋予了读者广阔的想象空间。历史沉重、岁月沧桑，在新疆这块广袤的大地上，有多少生命付出了自己的青春与热血。文字背后蕴含的情感是特稿呈现出的直击人心的力量，也是中国式人文情怀所具有的独特魅力。

第二节　特稿的表达——用形象展现主题

用事实说话体现了特稿写作的基础——新闻性；而用形象展现主题则体现了特稿写作的特色——文学性。特稿记者尽可能发挥自己的文学功底，在文章的表现力上大显神通。很多特稿记者擅长运用镜头式的写作方式，为受众呈现出电影一样的场景，直观、形象，

① 南香红：《一个兵团的传奇——新疆生产建设兵团》，《南方周末》，2004 年 10 月 14 日。

强化阅读感受和传播效果。

所谓镜头式语言就是指用语言还原新闻现场，将新闻事件的某些场景以画面式的语言展现在受众面前。镜头式语言既包括全景式镜头，用来展现事件场景的概貌；又包括特写式镜头，记者将“摄像机”对准某个具体的人物、事物或细节，如孩子挂着泪珠的双眼、老汉粗糙的双手、父亲和女儿对话时的表情，用这些特写式镜头来渲染情绪，感染读者。

除了全景式镜头和特写式镜头，多维立体式镜头也是非常重要的镜头语言。多维度强调的是嗅觉、味觉、视觉等人体各个器官同时运用的方法，运用多个维度同时表现镜头中事物的特征，使之具体可感，塑造出更加立体化的形象。下面分别举例分析这三种写作手法。

一、全景式镜头和特写式镜头的结合

全景式镜头和特写式镜头的结合，既能展现事件的全貌，又能够具体地聚焦于某事、某物或某个细节上。全景与特写相结合，是特稿写作中描绘生动形象场面的主要写作方法，两种镜头语言的结合即是点与面的结合，从而达到层次鲜明、重点突出的效果。其中，全景式镜头一般用于交代特稿写作背景或对新闻现场的整体进行描述；特写式镜头一般用于特稿的中间段落，在叙述事实时着重渲染细节；点与面相结合，通过叙述事实带出某个特殊场景，使新闻场景更加完整，更有表现力。

例如特稿《7·18 济南黑色 3 小时》[①] 中的此段场景描写就是运用了点面结合的方法。

案例精选

《7·18 济南黑色 3 小时》节选

此时正值下班高峰，在橄榄型的济南市区，处在正中心的泉城广场周围是交通枢纽所在，路过的人们习惯性地跑进护城河边的银座地下超市，在那里避雨或是顺便购物。

拾荒老汉封利安站在超市东侧门旁的回廊式楼梯里清点这一天的收获，超市营业员张文（化名）则在侧门内的柜台后，觉得今天应该可以多做几笔生意；在广场南侧，济南警官学校 25 岁的射击教官孙佟和未婚妻李佳（化名）正在等待表姐和姐夫来跟自己会合，他们约好今天一同去为即将到来的婚礼挑选婚纱。

① 曹筠武：《7·18 济南黑色 3 小时》，《南方周末》，2007 年 7 月 26 日。

上文主要描述了暴雨来临前济南市区中心泉城广场几位普通人的情况。首段用全景式镜头向读者描述了暴雨来临，人们纷纷跑进银座商场躲雨的画面。记者的笔仿佛是一个全景航拍镜头，远远地看到事情的发生经过。全景式镜头让读者了解了事发当时的概况，寥寥数笔但是非常形象。第二段中，作者的“镜头”对准了超市里三个不同身份、不同职业的人，他们有着各自不同的故事，唯一相同的是都在那个时间段出现在了同一空间。全景与特写相结合，读者如同看到了那一刻发生在这个超市的场景，并被激发想象，此后会发生什么，这三个人物的命运会如何演变?

二、多维立体式镜头的运用

不管是全景式镜头、特写式镜头还是多维立体式镜头，记者的写作目的都是为读者展现一个具体形象的画面，从而表现新闻的主题。尤其是多维立体式镜头的使用，它能够强烈地刺激读者的各种感觉器官，激发读者的联想和想象。在阅读的过程中，读者的形象思维会大于抽象思维，如同身处新闻现场一样，视觉、听觉、味觉、嗅觉各种感官的体验非常丰富，从而形成多层次、立体化的感受。

特稿记者蒯乐昊认为:“特稿的文学性，体现在它必须最大程度地调动读者的感官。为什么好的特稿往往呈现出电影的风貌，不光因为题材相似，还因为特稿实现了用最单一的文字形态，达到了多媒体般的效果。”我们来看看她对特稿《两个矿工的生还奇迹》[①]的分析。

故事背景是：北京市房山区一非法采煤点发生塌方事故，孟宪臣、孟宪有两兄弟被困井下。七名矿工连夜自发挖掘搜寻，第二天，搜救小组到达现场开始救援。一天半之后，营救现场指挥部就认为,“被困人员已不具备生存条件”，决定停止救援。救援停止后 4 天，孟氏兄弟从塌方位置上方奇迹般自救逃生。开头是这样的：

案例精选

《两个矿工的生还奇迹》节选

赤峰市宁城县卢家店村。

初秋的中午，还是那么闷热，风从路两边的玉米地吹过来，也是热的，玉米叶子扑簌

① 马金瑜:《两个矿工的生还奇迹》,《南方人物周刊》, 2008 年 6 月 6 日。

簌地响，像是很多人在说话一样，仔细听，却什么也听不见，只有秋虫在起劲地叫着。67岁的贾文举磕磕绊绊地走在通往镇上的土路上，正是中午太阳最毒的时候，路上没什么人，他也没有叫车，12里的路，转眼就走到了，还花那个钱干啥？

他在镇上买了8挂鞭炮，两盘“21响”，又挑了糖和烟，别人家结婚也没买这么多鞭炮，顶多也就放两挂，他一下花了两百多块钱。老板问他：“要给孙子办喜事啦？”贾文举说：“姑爷本来死啦，头七的纸都烧了，人又活啦！”

这个开头并没有传统的新闻五要素，而是包含着很多悬念，记者在刻意延迟着主要人物和主要事件的出场，同时，“人的视觉、听觉、触觉，想像力和好奇心，统统被唤起。热，风，正午灼人又刺眼的毒太阳，玉米地里的声音，先听，再听……这是一场全感官的调度。不用修改，这个开头完全就是一部电影的分镜头剧本：第一行地点是黑屏上的白色字幕；然后是悠长缓慢摇晃的长镜头；到了买鞭炮那个桥段，变成细节：小镇杂货店，店老板，贾大爷挑选香烟、糖果的手，数钱，黑色幽默般紧凑轻快的剪辑，残酷又俏皮”①。

三、蒙太奇的镜头组接

蒙太奇是指将几个没有直接关联的镜头组接到一起，形成一组有意义的画面。当不同的镜头拼接在一起时，往往会产生各个镜头单独存在时所不具有的特定含义。在新闻特稿写作中，记者常常采用这种场景组接的蒙太奇手段，增强文章的视觉效果，从而激发读者的联想和想象，提升和丰富特稿所表达的意义和价值。

下面我们来看看特稿《让野马野去吧》②中的部分段落。

案例精选

《让野马野去吧》节选

这里没有地名，唯一的标志是216国道311公里处。这片广阔无垠的荒漠，是卡拉麦

① 蒯乐昊：《奢侈的特稿》，《南方传媒研究（第42辑）》，南方日报出版社，2013年版，第29页。
② 南香红：《让野马野去吧》，《南方周末》，2001年8月30日。

里山自然保护区的一部分。

关了整整一百年的大门洞开了。门里是27匹世界上为数极少的野马——新疆普氏野马；门外是荒草连天一望无际的原野。

人们引颈盼望的情景没有出现，野马远远躲着这意味着自由又充满危险的门。

人们用饲草引诱。野马在接近大门时放弃了美食，返身而去。

人们围成半圆形驱赶野马，它们被一步步逼向大门，开始奔跑起来。但就在接近大门的一刻，领头的公马突然折身，箭一样地冲向人墙，人们慌不择路地躲避，马群洪水般地泻出人墙。尘土腾空而起，弥漫在马圈的上空，蹄声震颤着空寂的戈壁。马群狂奔着和人群打着转，但就是不肯接近那大门。

当人们举着飘飘的彩旗组成一面墙时，马群炸了。受惊的野马不顾一切地狂奔起来，向着唯一的出路———大门奔去。

像一支箭，野马群射向了大漠深处，也就是五六秒钟，它们棕黄色的身影就融入了同样是棕黄色的大漠中。

引文描绘了在卡拉麦里山自然保护区野马被放归大自然时候的场景。引文中每一个段落都是一个镜头，段落短小布局相似，将无紧密逻辑联系的片段连接在一起，就形成了层次分明的画面。“记者通过镜头的拼接不断向主题靠近，层层推进手法使读者如见野马、如闻野马、如临野马放野之处，从而对野马的放野历史和生存的现状产生了强烈的关注欲望，并和记者一起忧虑野马放野后的后续发展。”①

第三节　特稿的节奏

节奏的概念多用于音乐之中，指音响、节拍轻重缓急的重复和变化，作用于人的听觉器官后，人们会产生一定的审美感受。在阅读新闻作品的时候，人们同样会感受到作品营造出的节奏带来的韵律感。

新闻特稿大多篇幅较长，如果只采用叙述的方法，对事件内容做概貌式的阐述，会给读者留下抽象晦涩的阅读感受。特稿记者往往需要通过一些写作技巧的使用营造鲜明的节奏感，使庞杂的内容层次清晰、重点突出。包含着律动之美的新闻特稿，不仅饱含文采，并且抑扬顿挫、舒缓自如，能够增强文字的表现力，给读者非常直观的感受和形象的体验。

本节将从以下几个方面探讨如何营造特稿的节奏感：

① 占自华:《南香红新闻特稿断裂行文之美》,《河北理工大学学报（社会科学版）》, 2009年第3期。

一、内容布局上详略得当

新闻特稿具有篇幅长、材料多的特点，并且线索复杂，人物关系较多。所以，特稿记者必须精心布局文章结构，既阐明基本的新闻事实，又做到结构严谨、叙述流畅，最重要的是张驰有度、详略得当，通过合理的布局安排营造出节奏感，从而给读者带来一种荡气回肠的阅读感受。

把握节奏也就是要把握读者的心理：如何让读者内心波动，被故事情节吸引的同时又产生强烈的好奇心，急切地想知道事件的发展和结果，这需要记者反复斟酌。开头、结尾、过渡、悬念、冲突等内容要素都需合理布局。

而构成一篇稿子的素材通常有四种类型：叙述、描写、背景资料、直接引语。从可读性的角度来说，一篇好稿子是有节奏的，它是通过叙述、描写、直接引语、背景资料这四者有机的结合，不断地来回转换，把故事写得跌宕起伏。

二、场景跳跃的节奏美

新闻记者常使用变换事件场景的手段来形成文章的节奏感。场景的变换为读者展现了事件的外部环境变化，场景之间本身就存在着一定的对比，这样才能形成一种相互冲突的感受。例如《凯利太太的妖怪》的开篇，就是用了场景跳跃的写作手法。

案例精选

《凯利太太的妖怪》节选

冬天，一个寒冷的早晨，大学附属医院高级脑外科专家托马斯·巴比·达克尔医生天没亮就起床了。妻子只给他端上了华夫饼干，没有咖啡。咖啡会使他的手发抖。

市里，附属医院第 12 层楼上，埃德娜·凯利的丈夫在和她告别。

57 年来，妖怪一直躲藏在凯利夫人的头颅里，这种情形决不能继续下去了。今天她胆战心惊，却横下了一条心。

时针指向上午的 6 时 50 分。

随着手术日期一天天临近，她说："死，我倒是不怕。我的视力已受到影响，发生过多次脑溢血。早在几年前我就丧失了嗅觉和味觉，并且频繁发病。每次发病时，我闻到一股奇怪的气味，然后就喘不过气来。病已影响到腿，我已半身不遂。”

“3年前，大夫对我说，等在我面前的是失明、偏瘫，最终是死。我患有动脉瘤，是妖怪引起的。我吓得要死……没有一天不是在疼痛中度过的，我精疲力竭。我实在疼得受不了，我再也不愿这样的活下去了。”

达克尔教授临上班时，夫人递给他一个纸袋，里面装有一块夹有花生酱的三明治，一只香蕉和两块甜饼。

市里，麻醉剂对凯利夫人的头起了作用。凯利夫人后脑先天长有畸形血管缠结，开始并不大，由于逐渐发展，在头颅内压迫了健康的脑组织。

引文讲述了凯利太太受动脉瘤的病痛折磨了数年的情形，同时也描述了达克尔医生为凯利太太做手术前的场景。上文四个部分叙述了两个转场，第一次转场是从达克尔医生的家中转到医院凯利太太和丈夫告别的场景；第二次转场实现了从医院到医生出门的场景转换：夫人递给他一个装有食物的纸袋。通过两次场景的跳跃，作者交代了事件的背景和人物，并通过“温馨的家”和“冰冷的医院”之间的对比强化了冲突。通过陈述凯利太太在手术过程中随时可能死亡这一情况，营造出一种紧张的气氛，引发了读者的阅读兴趣。

三、排比句式加强节奏感

节奏不仅体现在文章的整体布局和段落的场景变化之中，它更细致入微地体现在文章的语言之中。无论何种形式的文章，遣词造句是否富于变化，语言句式是否灵活多样，句子是否错落有致都是衡量文章语言优劣的重要标准。语言的句式之美通常是通过动与静相结合体现出来的。其中，排比句和疑问句是最能加强节奏的句式，这两种句式能够加强语言的气势，增强文章的说服力和感染力，并起到强调、突出的作用，给读者留下深刻的阅读感受。

以特稿《审判》① 的开篇部分为例。2010年10月，西安音乐学院学生药家鑫将打工者张妙撞倒并连刺数刀致受害人死亡的事件引发舆论热议；2011年4月，西安市中级人民法院对此案做出一审判决，以故意杀人罪判处药家鑫死刑；2011年6月7日，药家鑫被依法执行注射死刑。

---

① 蔡崇达：《审判》，《智族GQ》，2011年9月。

案例精选

《审判》节选

你以为你知道这个故事，其实你知道的只是结局—— 2011 年 6 月 7 日，万众期待中，药家鑫被执行了死刑。

然而，这个激起公愤，被公众舆论呼吁处决的人，究竟是怎样的人？那天晚上到底发生了什么？他究竟是惊慌之间的犯罪，还是冷血残杀？是否真有一股隐秘的力量试图保住他？这真是场庶民与权贵的司法决斗？

这些追问似乎还没有得到确切的答案，但一条生命却在仓皇之间被剥夺了。置药家鑫于死地的，仅仅是他的罪，还是隐含了我们对阴谋的想象？审判他的，确实是法律，还是被道德情绪绑架的人群？最后，正义真的获胜了吗？

张平选是死者张妙的父亲，其代理律师许涛说，这其实是个非常简单的案件，他不理解为什么会被赋予那么多的命题。因为全民参与，这已经注定成为载入史册的判决，然而这判决本身，又是否经的起历史的审视？

引文讲述了药家鑫被判死刑后，记者的思考和追问。上文中排比句与问句的结合，句句击中人心，营造出了有节奏的紧张感，仿佛记者对案件的叩问变成了读者的叩问。药家鑫究竟为什么而死，为什么一个普通的刑事案件竟引起了全民的关注和轩然大波，药家鑫被判死刑是正义的获胜还是舆论的推波助澜。这一系列排比和问句用在文章的开篇大大增强了文章的气势，强烈的情绪渗透的文字引起了读者心灵的震撼和深入的思考，对药家鑫的判决是否能经得起历史的审视？

当然，除了排比句与问句结合这种展示强烈节奏的方式，通过短句的不断重复、或者长短句的间隔也可以达到一种节奏的韵律之美。比如在特稿《车陷紫禁城》中：

案例精选

《车陷紫禁城》节选

陶然亭的芦花，钓鱼台的柳影，西山的虫唱，玉泉的夜月，潭柘寺的钟声。在《故都的秋》中，郁达夫最怀念这些记忆。但这些闲情逸致对于今日的北京人来说是非常奢侈的，如果崔钢林在交通高峰期到这些地点去，那么他花费的时间将分别为两个小时、两个小时、两个小时、两个小时、两个小时——去任何地方都需要两个小时。

这一段的开头出现了5个短句，重复使用产生的韵律之美是属于老北京的。这一段结束的地方，出现了5个“两个小时”，短语的5次重复表达了一种强烈的对比和情感，这是今天的北京。读者自然会对这样的反差留下深刻的印象，并进一步思考反差背后的原因。

四、借助某个有特点的事物的变化营造节奏

新闻事件的写作可以聚焦到某个有特点的线索上，通过这个线索富有节奏的变化，为读者展开事件的发展。如在《凯利太太的妖怪》一文中，记者以时间和凯利太太的心跳这两个线索制造出紧张的节奏：

案例精选

《凯利太太的妖怪》节选

怦，怦，怦……怦……怦……

钳子抽出。

这次神经外科医生不无抱怨，“我们已经碰到它了，我们知道它的位置。但是怎么也夹不住它。我们离它这么近，却……”沮丧使他的声音变得生硬起来。

达克尔医生的另一个助手，一位住院医生，一屁股坐在凳子上，眼睛直勾勾地瞪着前面，目光呆滞无神。

“迈克尔，消毒，”达克尔医生对萨克曼医生说，“你来做，我浑身直发僵。”

护士在一旁按摩达克尔医生的肩膀，萨克曼设法用夹子去够那个瘤。

怦，怦，怦，怦…怦…怦……

夹子撤回。

“肿瘤就在那里，”达克尔医生又站到显微镜旁，说：“到底是怎么回事，我们就是够不到它呢？我们试了有10次。”

上午 12 时 53 分，又一次接近。

怦，怦，怦，怦…怦…怦……

又一次尝试。

时间已是下午 1 时 6 分。

一次，又一次，再一次。

怦……怦……怦，怦，怦……怦

怦……怦……怦……

麻醉师警觉地猛一抬头，瞪着仪表上的数字。一个护士倒吸一口凉气，呆若木鸡。

引文讲述了达克尔医生为凯利太太做手术时的具体场景。首先，事件的进程是在时间中展开的，文章不断重复时间的变化："上午 12 时 53 分，又一次接近""时间已是下午 1 时 6 分"。随着时间的推移，读者仿佛为医生和凯利太太捏了一把汗，时间不断推进，手术还是没有突破，这之间的冲突造成的紧张感牢牢抓住了读者的心。此外，象声词不断重复"怦……怦……怦……"，不断地出现在读者的面前。这是凯利太太的心跳，是医生的心跳，也是读者的心跳。上文结束时，读者似乎和达克尔大夫一样精疲力竭，似乎经历了一场惊心动魄的文字旅行。

五、精用动词

在新闻写作中，精用动词是一种能够迅速营造动感的方法。从客观方面来说，事物本身就是不断发展和变化的，所以要通过动词的使用恰到好处地反映这种变化，让读者生动地感受到事件的动态。

在特稿《盲艺人的乐与路》中，我们看看太行山区的盲艺人们是怎样出场的。首先是环境描写：雪"落"太行山，"扑"向人脸，远远的小路弯曲"上升"，而在山腰上，一个村庄"悬挂"着。着墨不多，但几个动词的使用一下子把读者带进了那条雪中的山间小路。

案例精选

《盲艺人的乐与路》节选

太行山的雪突然就落了下来，密密地扑向人的脸。很大的山，很深的河谷，乱石丛中很少的一点田地。小路随着山势弯曲上升，一个村庄悬挂在高高的山腰上。

接下来，盲艺人们出现了：

前面两个挑着担子，后面两个背着捆成方形的行李，一根棍子牵起两个人，另外的手搭着前面人的肩膀，串成一个长串。他们仰头向天，脚尖轻轻地颤抖着试探之后，身体的重量才落下来，细长的导盲棍碰在乱石上发出清脆的响声。

“挑”“背”“牵”“搭”“串”这几个动词的使用，栩栩如生，勾勒出盲人们在山间小路行走时的小心翼翼。读者似乎可以听到导盲棍清脆的响声，文章充满了动感和张力。

从主观方面讲，动词可以反映出人物的心理变化，这种心理变化往往也会映射到读者的感受中。因此要精用动词，通过恰当的筛选，使用最能够反映主客观变化的词语。这样，就能在外在的运动和内在的运动之间搭起桥梁，在新闻人物、作者和读者之间搭起桥梁。

在特稿《凯利太太的妖怪》中，每当凯利太太的病情开始恶化时，记者都会在叙事中改变用词，从而暗示读者此处将会出现变化。例如，在文章中，凯利太太开始被“盖”着，后来她被“裹”了起来，一个动词的变化，就预示了手术结果不祥的弦外之音。

思考与研讨题

1. 特稿的语言有哪些特点？
2. 如何用镜头式语言加强特稿的表现力？
3. 如何营造特稿的节奏？

延伸阅读

《格雷迪的礼物》——《纽约时报杂志》（1991 年 12 月 1 日）

《中毒性休克》——《纽约时报杂志》（1982 年 9 月 19 日）

《盲艺人的乐与路》——《南方周末》（2003 年 11 月 27 日）

《金钟响在大山里》——《中国贫困地区》（1996 年第 2 期）

《一个兵团的传奇——新疆生产建设兵团》——《南方周末》（2004 年 10 月 14 日）

《审判》——《智族GQ》（2011年9月）

参考文献

徐国源：《“特稿”新论》，《新闻导刊》，2005（4）.

占自华：《南香红新闻特稿断裂行文之美》，《河北理工大学学报（社会科学版）》，2009（3）.

〔美〕戴维·加洛克：《普利策新闻奖：特稿卷》，新华出版社，1999.

李良荣：《西方新闻事业概论》，复旦大学出版社，2006.

第六章　人物类新闻特稿的写作

本章内容

- 人物类新闻特稿的选题类型
- 人物类新闻特稿的写作技巧
- 人物类新闻特稿的写作要求
- 人物专访

人物特稿是新闻特稿中常见的一种类型。这类特稿以人物为报道核心，可以是个体人物也可以是某个特定人群，包括成功的人，显要的人，有奇特职业的人以及其他有特点、具有新闻性而足以构成话题的人，反映他们的人生际遇、生存状态与精神境界。人物特稿通过讲述人物故事来报道社会各类人物，反映社会大众的生活状态，让读者体会到生活的悲喜和生命的尊严。

本章主要分析人物特稿的选题类型、写作要求和写作技巧，并针对人物专访这一文体的写作进行专门的讲述。

第一节　人物类新闻特稿的选题类型

一、从人物通讯到人物特稿

在我们传统的新闻体裁中，通常由人物通讯来对人物进行深度报道，反映人物的精神风貌。从人物通讯到人物特稿，报道对象、选材、写作手法等方面都经历了深刻的变化，我们以新华社的长篇通讯《领导干部的楷模——孔繁森》[①]和《中国青年报》创办的《冰点》专刊的开山之作《北京最后的粪桶》[②]为例，通过对这两篇文章的比较和分析，着重谈谈报道对象的拓展、报道理念和报道手法的变化等。

（一）报道对象的拓展

人物通讯所选择的人物多为社会上的典型人物或者模范人物，侧重于先进人物的事迹和精神风貌，是一种宣传价值与新闻价值并重的典型人物报道体裁。发表于 1995 年的通讯《领导干部的楷模——孔繁森》，就是一个鲜明的例子，稿件围绕孔繁森[③]的共产主义理想和信念，集中表现了孔繁森全心全意为人民服务的精神和对藏族群众无私奉献的情怀。

这类人物通讯的长处是思想性、指导性强，弊端是选材过于严肃，报道面窄小，不能全面反映社会生活中各类人群的生存状态。随着改革开放的进一步深化，新闻理念得到逐步革新，这样的人物报道方式不能全面反映社会转型期的各类人物和人物故事背后的各种问题和矛盾，因而逐渐不能满足受众的需求。

20 世纪 90 年代，随着《中国青年报》创办了《冰点》栏目，一种新的人物报道类

---

① 何平、朱幼棣、陈雁、陈维伟：《领导干部的楷模——孔繁森》，《人民日报》，1995 年 4 月 7 日。

② 王伟群：《北京最后的粪桶》，《中国青年报》，1995 年 1 月 6 日。

③ 孔繁森，1944 年出生，山东聊城人。1979 年，国家要从内地抽调一批干部到西藏工作，时任聊城地委宣传部副部长的孔繁森主动报名，并两次进藏，历时十载。

型——人物特稿出现了。人物特稿与人物通讯的不同，首先表现在选题对象的拓展和丰富上。那些过去不被大众媒介注意的“小人物”的生存状态，作为普通人的不普通的命运，开始被关注。《冰点》的开山之作《北京最后的粪桶》，发表于 1994 年。我们今天重温这篇报道，看到了北京返城知青掏粪工人鲜活的生存状态，看到了历经岁月变迁后数量庞大的知青们千差万别的命运。

该文章撇开传统新闻的重负，开始讲述普通老百姓的故事，在社会上得到了极大反响，人物特稿从此逐步发展起来。正如《冰点》前主编李大同所说，“我们栏目不靠明星大款，不靠奇闻异闻，靠的是普通人的命运……”李大同认为，“(那之前)真正普通人的生活从来不在中国新闻的视野当中。《冰点》的第一篇报道如果说它有什么意义的话，就在于让中国普通民众的喜怒哀乐真正作为新闻主体的素材出现，他们没有什么英雄业绩，甚至谈不上崇高情操，但是就是这样的报道，深深地感动了那么多读者。”

此后《南方周末》《新京报》等媒体也开始人物特稿的写作，其报道对象逐步扩展到社会生活的各个方面，通过对不同类型人物的故事和命运的报道，展现了当下中国的现实和各种利益群体之间错综复杂的关系。

(二)报道理念的变化

从人物通讯到人物特稿，带来的不仅仅是选题对象的拓展，更重要的是报道理念的变化。

20 世纪 80 年代后，“信息”观念传入中国，打破了长期以来只把新闻媒介当作宣传工具的局面。强调教育功能和思想启迪作用的通讯，其可读性和接近性方面表现较差，尤其是人物通讯，基本以先进模范人物的宣传报道为主。人物特稿从《冰点》起步后，报道对象逐渐从“神”向“人”回归，带来了人物报道理念上的变化。

一切新闻归根到底都是关于“人”的新闻，新闻报道应关注身边的人、身边的事，而不是高高在上，只关注先进模范人物。因此，强化受众意识、体现人文关怀等新闻理念开始在人物特稿中体现。人物特稿除了对平民大众衣食住行的日常生活给予关注，还应该关注新闻事件中人的命运和人的价值，反映人与人之间、人与社会之间的种种矛盾冲突、喜怒哀乐与酸甜苦辣。此后，新闻报道的平民视角和人文关怀意识逐渐进入到其他新闻体裁的写作和报道中。

(三)报道手法的变化

报道理念的变化带来了表达方式和报道手法的变化。从报道的表现手法来看，通讯较多运用议论和抒情，意见的表达比较直接，主观意识的介入也较多。例如，特稿《领导干部的楷模——孔繁森》中的段落。

案例精选

《领导干部的楷模——孔繁森》节选

没人能说得清，像这样的事孔繁森做了多少件。有人说，他做的好事就像盛开的邦锦花，洒满草原。也许在有些人看来，这些事太普通、太平凡了。然而，就像那奔腾浩荡的雅鲁藏布江，最初的源头不过是阿里高原上的一条小溪，正是这点点滴滴的平凡小事，铸就了一个共产党员品格的崇高和伟大。

"冰山愈冷情愈热，耿耿忠心照雪山。"正如孔繁森在一首诗中所写，他把自己一颗火热的心献给了西藏高原，献给了党的事业。他对藏族同胞的爱、对祖国人民的爱，就像高原上的蓝天一样，那样的纯洁，那样的深沉，那样的博大。他始终在努力践行着自己最喜爱的那句名言："一个人爱的最高境界是爱别人，一个共产党员爱的最高境界是爱人民。"也许，时间会冲淡记忆，但人们绝不会忘记，20世纪90年代，有这样一位共产党员，他的理想，他的信念，他的人格，他的情操，使千万人的心灵为之震撼。

特稿主张用事实说话，主要通过叙述与描写的手法来展现人物，通过写人物的言行、动作而不是通过"合理想象"来表现人物心理。叙述重在概括事实，描写则通过补充细节来增加新闻的表现力和感染力，这样既具有文学性，又不违背新闻的真实性。例如，《北京最后的粪桶》中的段落。

案例精选

《北京最后的粪桶》节选

清洁车停在街沿上，边上停着几辆奥迪、蓝鸟、桑塔纳什么的，闪着缎子般的光。几个人从车上卸下粪桶，那粪桶上宽下窄，差不多有一米高，木桶四周用铁片箍得紧紧的，瓷瓷实实。谁也没有理会周围人诧异的目光，他们一人背一桶穿过窄道进楼群里去了。

化粪池的盖子冻上了，樊班长用石头砸了半天，再用铁杆把井盖挑开，上面一层是黑色的硬块，用铁杆捅半天，把硬块捣碎，然后用粪勺把它们舀到粪桶里，背桶的人下蹲，把背带背上肩，右脚一使劲站起来，桶就上肩了。

每个人背了十几桶后，第一车装满了，司机马师傅去卸粪。樊班长就带我到附近的大杂院看看那里的公共厕所。每进一个院就跟走迷宫似的，绕过各种煤堆、板房，到了院子尽头，对着一个铁皮钉上的破门，樊班长大喊一声："里面有人吗？"没人答应，他就径直推开门，让我进去瞧瞧。

我已经做好了各种思想准备，甚至准备好了要屏住呼吸。但无论如何也想不到在繁华现代的北京城，居然还有这样落后的厕所，地面上只有一个浅浅的坑，坑里的粪便快溢出来了，没有下水道，坑外一滩滩说不清是什么东西，四周是一个到处透风的简易房。樊班长和他的背班每星期必须来清扫一次，否则那院里十几户人家几十口人简直没法过日子。那天，我走了五六个院子。樊班长告诉我，这条街上，差不多有十几个院子都有这样的厕所。

这篇特稿中很少使用形容词、副词等感情色彩较强的词汇，而是大量使用动词，真实地反映这些掏粪工人的工作情况，并通过对动作和场景的细节描写，产生了打动人心的力量。其中记者作为亲历者，偶尔会表达自己的感受，这种感受是实实在在、"接地气"的，可以让读者产生情感上的共鸣，这样的写作手法对通讯写作中的"宣传腔"进行了革新。摒弃了对人物心理的"合理想象"，使得特稿具备了对抗时间的流逝和新闻易碎性的力量。

二、人物特稿的选题类型

人物特稿的选题领域十分广泛，可以是先进人物、公众人物、有奇特职业的人以及其他有特点、具有新闻性而足以构成话题的普通人，我们将其分为以下几种类型：

（一）典型人物

典型人物是指在一定时期或一定地区，其事迹和思想观念能够代表时代潮流、反映时代精神的新闻人物或人物群体。对典型人物的报道，能够给大众树立一种精神寄托，这样的典型人物不胜枚举。例如获得2005年感动中国人物的歌手丛飞，倒在工作岗位上的村官沈浩，带村民致富的好村长何小川等等。

《新京报》的人物特稿《14万百姓痛别女公安局长》[①]，就是一篇以典型人物为报道对象的特稿。2004年4月14日，河南登封市公安局局长任长霞遇车祸去世。当地十多万人民群众自发地参加她的葬礼，为她恸哭，给她送行。这篇文章运用了大量具体详实的细节和

① 胡杰：《14万百姓痛别女公安局长》，《新京报》，2004年6月3日。

例子，其真实可感的细腻笔触，将一个“正面宣传”的典型模范人物还原为一个真真切切、具有生活气息的人物，而不是简单停留在平面描写与宣传的层面上。

特稿以 14 万百姓痛别女公安局局长的场景为着眼点，通过葬礼现场的交通拥堵体现出群众对任长霞的不舍。

案例精选

《14 万百姓痛别女公安局长》节选

李民庆发火了。

4 月 17 日上午 8 时，当河南省公安厅副厅长，郑州市委常委兼公安局局长李民庆乘车来到登封市少林大道路口，车再也走不动了。60 米宽的路上都是拿着花圈、挽幛的人。

“怎么搞的，赶快把交通恢复了。”李民庆给登封市公安局政委刘丛德打电话下令。

电话里，刘丛德的声音很无奈：“局长，人太多了，我们没有办法呀。”

挤出人群，站到登封市公安局 5 楼的楼顶上，李民庆才发现交通确实是无法恢复了。满街都是人，看不到边。

“直到那个时候，我才意识到人们是自发的，要是组织，根本不可能组织那么多人。”李民庆事后说。

和满街的人一样，李民庆当天也是来参加最后一场追悼会的。4 月 14 日，登封市公安局局长任长霞遇车祸牺牲，17 日，是这位女局长出殡的日子。

上午 9 时，灵车缓缓开出，人群里爆发出一片哭声，许多人跟在灵车后面跑，还有人骑着摩托车追。

“我确实被震撼到了。从来没参加过这样的丧礼！”李民庆说。

有人做了这样的统计：4 月 17 日这天，共有 14 万人参加了任长霞的丧礼。而从 4 月 14 日到 17 日，则有 20 余万人次前往这位女公安局局长灵前吊唁。

特稿通过对河南省公安厅副厅长李民庆当天在现场的所见、所闻、所感的描述，体现出当地百姓对任长霞的感情，一方面真实可信，另一方面也给读者提出了问题：为什么这个女公安局局长这么受人欢迎？接下来，特稿通过讲故事的方式，描述了任长霞尽职尽责地工作，更加深刻地反映作为局长的她为人民服务的决心和定力。

2002 年春天的一个星期天，登封市君召乡海渚村里来了一个收兔毛的女人。她拿着一杆秤，一个大塑料袋，走村串户地收购兔毛。80 多岁的崔奶奶把女人叫进家，女人一边麻利地剪着兔毛，一边打听说："听说村里有点乱，老百姓都怕什么似的，怎么回事呢？"崔奶奶脸色变了，忙说："闺女，你是外地来的吧，出门在外可不敢乱说乱讲，要惹祸的。"收兔毛的女人和善地笑笑说："好，我不打听。"

这个女人收了 1 斤 8 两兔毛，本来是 35 元一斤的兔毛，她却给了崔奶奶 100 元。还说不用找了，兔毛现在涨价了值这个钱。

又过了 10 来天，警察冲进村子，把一伙号称"砍刀帮"的坏人抓走了。

一个月过后，公安局在村里召开了公捕大会，崔奶奶一下愣住了：主席台上坐着的那个公安局局长，不就是几天前来收兔毛的女人吗？

任长霞是公安局局长，但也是妻子、女儿、姐姐。

案例精选

《手记：泪泉和墨写长霞》节选

任长霞与丈夫的最后一次通话是在她出事的前三天。"我打通妻子的手机，里面就说了一句，'别说了，正开会呢。'电话就挂断了。"这句"正开会呢。"也就成了夫妻间最后的通话。

女儿牺牲前，任长霞的父母已经 1 个多月没见过女儿了。女儿牺牲后，母亲就紧紧抱着那张全家唯一的"全家福"不住眼地看。

这张"全家福"是 2003 年春节时在登封市拍的。照片上，任长霞穿着一件红色的上衣，幸福地笑着。妹妹任丽娟说："姐姐以前常忌讳人家说她长得黑，其实在我们眼里，她一直是那么美丽清秀。"

任长霞的父亲 1998 年患"脑溢血"，常年卧床。任丽娟说，姐姐牺牲的消息，全家人一直瞒着父亲。"父亲问起来，我们就说姐姐参加了国际刑警，派到国外执行任务了。"

长霞火化那天，母亲一定要任丽娟给姐姐捎去一部手机，说你姐离不开手机，回到家里总是不停地接电话、打电话，不能临走连个手机都没有。"我答应了老人，可最终没有让姐姐把手机带走。姐姐以前太累了，难道到了天国还让人打电话吵扰吗？她该好好休息了。”任丽娟说。

写该文的记者胡杰在自己的采访手记中写道：“写以情感人的人物，比较好的境界是让读者读完文章，眼泪噙在眼眶而不滴落。”[①]与人物通讯相比，这篇特稿将典型人物还原为“人”，通过讲故事、细节描写等手法拉近了读者与典型人物之间的距离，提高了报道的可读性和接近性。而且写作手法也以叙述为主，很少使用抒情和议论等传统、典型的报道常用的手法。

通过分析这篇特稿，我们看到，典型人物也可以成为人物特稿的报道对象，但一定要注意报道手法。很多时候记者只把英雄人物的成绩罗列出来，他们采访了很多故事，但找不到这些故事和这个人的个性有何关联。我们不能让典型人物活在社论中，而要用事实说话、用细节说话，注重塑造典型人物的性格，给读者讲叙一个活生生的“人”的故事。很多时候，“英雄”之所以成为“英雄”，正是因为他的个性中有那些常人没有的东西，而这些东西使得他成功。

（二）新闻人物

这类特稿的报道对象不是从宣传角度树立起来的典型人物，而是新闻事件中的新闻人物。报道新近出现的具有新闻价值的人物，注重时效性和新闻性，这也是人物特稿的一种选题方向。新闻人物可能会涉及到社会生活的方方面面，涉及的领域极为广泛。

不同行业的新闻人物具有各自不同的特点，在进行新闻人物的特稿写作时，要注意新闻事件和人物的联系，通过事件来展现不同人的人生际遇和社会现实，并以人物来解读新闻事件以及背后的时代内涵和时代变迁。

2008年8月，中国举办了第29届夏季奥林匹克运动会。作为主办城市的首都北京，吸引了204个参赛国家及地区，11 438名参赛运动员。而最吸引人的，当然是那些金牌获得者的精彩表现。

“8场决赛8块金牌，菲尔普斯仅凭一人之力，就在奥运金牌榜上排进了前10位。”2008年8月19日《三联生活周刊》的记者袁越在《“菲鱼”是怎样练成的？》一文中这样描述，“2008年北京奥运会将会以‘普斯的奥运会’为名载入史册。”

在2008年北京奥运会上，美国游泳名将迈克尔·菲尔普斯（Michael Phelps）共获得8枚金牌，成为单届奥运会夺取金牌最多的选手，这也使他成为众多新闻报道中的主角。《“菲鱼”是怎样练成的？》作为一篇人物特稿，选择了本届奥运会新闻价值最大的运动员进行报道，发表时间是8月。正如火如荼进行的奥运比赛，使得这篇特

① 胡杰：《手记：泪泉和墨写长霞》，《新特写：新京报特稿精选阅读》，南方日报出版社，2006年版。

稿既具有新闻性，又具有时效性。

案例精选

《“菲鱼”是怎样练成的？》

本届奥运会压力最大的运动员是谁？答案不是刘翔，而是美国游泳运动员迈克尔·菲尔普斯。刘翔只要挺过一场为时 13 秒钟的决赛就行了，菲尔普斯则需要挺过 8 场决赛，只要失手一次，就会前功尽弃。

“迈克尔最大的长处就是专心。”菲尔普斯的教练鲍勃·鲍曼（Bob Bowman）在评价爱徒时说，“他非常善于化解外界加在他身上的压力，奥运赛场的紧张气氛对他也没什么影响。他的这种专心致志的本领是他夺取 8 金的最可靠的法宝。”

……

鲍曼第一次见到菲尔普斯的时候就怀疑这孩子患上了一种罕见的遗传病——马凡氏综合征（Marfan Syndrome）。这种病大约每 5 000 个人中才有 1 个患者，病人的 FBN1 基因发生变异，因此该基因编码蛋白质 Fibrillin-1 出现异常。这是一种结缔组织蛋白质，病人身体内所有的结缔组织都会受到不同程度的影响。

马凡氏综合征病人最显著的特征就是四肢修长、手指细长。

马凡氏综合征目前无药可治，病人必须经常进行体检，如果出现异常就必须立即动手术。但是，这种病如果不严重的话，却能让病人在某些方面获得异于常人的优势。比如，美国传奇布鲁斯吉他手罗伯特·约翰逊就是马凡氏综合征患者，他的手指特别长，能弹出正常人无法弹出的音色，被后人誉为“魔鬼吉他手”。

体育界患有这种病的人更是屡见不鲜。本届奥运会美国男篮“梦八”队的防守专家“王子”普林斯（Tayshaun Prince）就是其一；中国排球元老郎平，当年也是因为怀疑得了这种病而被迫在 25 岁的时候提前退休；而郎平的对手、美国女排主攻手海曼则一直坚持打球，最后因主动脉破裂死在了球场上，死时才 32 岁。

在奥运会正在举办的盛况下，记者对奥运新闻人物的深度报道能够满足大家对讲叙奥运冠军成长过程的热切渴求。同时，这篇特稿深度剖析了菲尔普斯众多不为人知的秘密，他成功背后的努力付出和辛酸，自身拥有的先天身体条件优势，以及这个优势带来的健康隐患等。这些兼具时效性和新鲜性的深度信息让大家更具体、全面地了解到“冠军是怎样炼成的”。

（三）揭露性报道中的负面形象

揭露性报道是一种以揭示真相为宗旨的报道，是新闻工作者针对被掩盖或者被忽视的损害公众利益的行为以及社会问题，通过独立、系统、科学、有针对性的调查，并以此为基础而完成的一种特稿。揭露性报道能够揭示社会上不为人知的事件和问题，对人们起到警示的作用，如特稿《“五毒书记”的官场逻辑》（摘自《南方周末》）、《隐秘“大师”王林的金钱王国》（摘自《新京报》）等。

下面我们来具体分析一下《新京报》刊发的特稿《张悟本：13年折腾成“神医”》[①]，看看揭露性人物特稿写作中需要注意的问题。

养生是时下热门的话题，随着国内老龄化人群的逐步扩大，养生进入了千家万户。所谓的中医“大师”张悟本出现在媒体养生节目的大潮中，曾红极一时。这篇特稿用事实还原了张悟本的“神医”之路——开讲座积累人脉，被策划包装出书，上电视做节目成名人，最后这个没有任何从医经历的工人，成了15分钟坐诊费2 000元的“神医”。就是说，所谓“神医”，其实是许多人经过多年的策划而造就的，他最终成功地被包装成为一个靠行医骗取老百姓钱财的“吸金”机器。

读者对这个故事充满疑问，为什么张悟本会成为“神医”？为什么他会火起来？为什么有“贵人”要包装他？记者写作的过程就是回答这些问题的过程，而问题的答案是通过调查采访得来的，因而真实可信。

案例精选

《张悟本：13年折腾成“神医”》节选

从一个纺织厂下岗工人，到大红大紫的中医“大师”，张悟本经历了13年。

在这13年间，张悟本没停止过“折腾”，他口才好，卖商品、保健品，上函授班。

最重要的是他遇到了几个“贵人”。

2007年，他遇到一个做养生产品、熟知市场的“贵人”后，其命运就变了。

他后来成了“神医”。

张悟本是怎么成为“神医”的？“贵人”又为什么“帮助”他？

张悟本下岗是13年前的事了。

高中毕业后没考上大学，1981年张悟本进纺织厂做了名工人。这样的生活，持续了十

① 黄玉浩、陈宁脚：《张悟本：13年折腾成“神医”》，《新京报》，2010年5月28日。

多年，直到1997年下岗。

下岗后，张悟本折腾过很多事。卖过小商品，卖过安利的产品，后来又卖钙片。

直到2010年，张悟本突然火了，成了“神医”。

他能“治”很多病。按他自己说的，能“治”近百种疑难杂症。糖尿病、心脑血管病不说，还能“治”癌症，肝癌、肾癌……他说癌一点都不可怕，是让医生宣传得神乎其神。

总之，世界医学界的难题，张悟本解决了。

方法？吃绿豆，茄子和白萝卜等。

火了的张悟本，称自己是中医世家。

四代中医世家，6岁从父学医，前天，他还是这样说。

不过，5月24日，他的父亲说，他不知道儿子跟谁学的医。他跟儿子一样，都曾是纺织厂的工人，目前他还从原厂里领着退休金。

张悟本怎么学的医，又是怎么突然火起来的？

这是特稿的开头部分，先把读者想了解的问题提了出来，然后用事实说话。这个事实是那些对张悟本着迷的老百姓不了解或者半信半疑的。因此，在揭露性报道中，一定要对事件和细节进行调查和反复核实，确保事件的真实、准确和客观，这样才能有理有据，对人们起到警示作用。

例如，下面的段落集中叙述了张悟本成名的第一步：开讲座积累人脉。其中的时间、地点、专业名称、单位名称、讲座名称等都必须准确无误，一点点的失实都会影响整篇特稿的真实性，进而影响传播效果。

张悟本学过“医”。

调查显示，在他下岗后，开始了辅助推销保健品的事业，2000年，张悟本到北师大继续教育学院参加了一个函授班，专业名为“中医药”。

这是个自学班，开卷考试。

另有据可查的是，他还学过看手相治病。

一名接触过张悟本的知情者说，在销售钙片时，张悟本已以“中医养生专家”和“高级营养师”自居。

而张悟本真正以“专家”形象出现，是在2007年6月，中国中医科学院下面的一个事业单位———中医药科技合作中心（下称合作中心），组织了一次活动。

正是这个活动，开启了张悟本的“食疗第一人”之路。

据中国中医科学院一负责人介绍，合作中心属独立法人，自收自支，除总经理鄢良为中国中医科学院在编人员外，其余均为外聘人员。

中国中医科学院一内部人士则称，合作中心其实就是一个卖保健品生产技术的公司。

2007 年 6 月，该中心要组织“普及中医知识、治未病”的社区讲座，其职员王小雨是张悟本的朋友，王小雨向鄢良推荐聘请张悟本主讲该次讲座。

5 月 25 日，鄢良接受采访时说，当时聘请中医大家不现实，报酬也高，而张悟本表达能力强，能“深入浅出”。

（四）知名人物

知名人物，指的是具有很大知名度、在媒体上出现几率很高、老百姓比较熟悉的人物，如政治人物、影视明星、作家、学者等。作为公众人物，他们的心路历程、工作情况等集中了思想的精髓和生活的经验，对普通大众有较强的影响力。

以《南方人物周刊》为例，这本杂志以各式各样的人物为报道对象，其封面人物的选择首先是那些对人类的进步和我们的生活产生重要影响的人，他们是政治家、思想家、科学家、企业家、艺术家，他们是民间英雄、公众领袖、人民代表、芸芸众生，他们参与变革，他们影响时代。记录他们，就是记录历史，记录我们的时代。吴仪、曾阴权、李敖、陈丹青、张曼玉、周星驰等都曾成为《南方人物周刊》的封面人物，他们都是知名人物，都曾是处在风口浪尖的人物，记者通过讲述他们的故事，对读者产生巨大的精神上的影响力。

在对知名人物进行报道的时候，要注意人的性格往往是多面的。明星、政治家、公众人物在公开场合的表现并不一定是他们真实的性格，或者说不能完全地反映出他们的真实面貌。也许他们在公开场合是热情、积极、富有感召力的，但私底下可能性格沉静、不喜言谈。因此，通过采访别人，特别是他身边的人并使用这些人的评价、看法，会让读者感到更真实，因而会怀着更大的兴趣去阅读。记者邓郁在《南方人物周刊》上发表的《过客王小帅》[①] 中这样引用了别人对王小帅的介绍：

案例精选

《过客王小帅》节选

“不知怎么地，他把户口、档案那些都拿出来了。在北京，有好长一段时间，我老见他身上别着一个小腰包。那薄薄几页的纸放在里面，到哪儿都揣着。那是他的身份啊！”王小帅多年的合作摄影师、近乎发小的好友邬迪一直记得那个画面。

① 邓郁：《过客王小帅》，《南方人物周刊》，2015 年第 15 期。

（五）凡人奇事

这类特稿的报道对象是社会生活中的平凡人，但他们的所作所为具有区别于普通大众的新奇性，报道价值主要在于其新鲜性满足了读者的好奇心。

在这类特稿中，可能主人公做了一件新鲜的事情，具有一种轰动效应。例如特稿《八旬老人，九次高考，十分 trouble》[①]讲的就是南京 80 岁的老人汪侠，9 次参加高考，前 4 次高考是在年轻时参加的，后 5 次高考是在高考制度改革取消考生年龄限制之后参加的。汪侠连着当了 5 次名副其实的年纪最大的考生。

也可能主人公奇特的故事足以引起受众的好奇心，如特稿《你不会懂得我伤悲——杨丽娟事件观察》，女主角杨丽娟是香港明星刘德华的铁杆粉丝，杨丽娟的父亲因女儿没能单独见上刘德华而跳海自尽。在这个不可思议的事实背后，到底有一个什么样的充满敏感、固执与绝望的故事？这个问题会吸引读者去阅读、去思考。

或者可能人物从事的活动、创造的业绩鲜为人知，人们很有兴趣去了解。例如特稿《抠门谢老太》[②]。一位独居的退休老人省吃俭用，抠到一个常人无法想像的地步，直到死，大家才发现她的“不抠”体现在给希望工程的捐款上，她捐出了“烫手烫心的 18.7 万元”。

此类特稿大多“人因事显”，在写作中，要突出人物与众不同的某个侧面，要注意挖掘人物的个性特征与新奇的事件背后的动因联系，通过表现这些普通人身上具有的非同寻常的品格，彰显人性的魅力和力量。

（六）“冰点”人物

这是从《中国青年报》的《冰点》专栏创办开始的一种人物特稿类型。报道“冰点”人物，并非因其事迹先进，目的也不一定是弘扬他们的精神，而是因为他们的命运、他们的生存状态反映了当下我国转型期社会中某个利益群体的状况。他们同样也是我们正在发生巨大变化的宏大历史中的一份子，具有相应的社会价值，值得我们关注。

第二节 人物类新闻特稿的写作要求

人物特稿容量较大，可以用丰富的笔墨，详尽、生动地讲述人物故事；也可以用叙述、描写、议论、抒情等多种写作方法并举的方式挖掘人物的内心世界、表现人物的性格特征。我们对人物特稿的写作要求有这样几点：首先，我们通过前期的资料准备和采访，认识到人物的报道价值，确定报道重心；其次，要注意展现人物的内心世界，让读者从情感上理解人物或产生共鸣；最后，要让人物鲜活起来，可以通过人物的言行和细节表现人

① 鞠靖：《八旬老人，九次高考，十分 trouble》，《南方周末》，2009 年 6 月 18 日。
② 从玉华：《抠门谢老太》，《中国青年报》，2004 年 6 月 16 日。

物的性格特征，要注意把人物放在具体的“矛盾”“冲突”中凸显人物性格，这样人物才更真实，更具张力。

一、认识人物的新闻价值，确定报道主题

一篇优秀的人物特稿，必须建立在对新闻价值的判断和对报道主题的确认之上。人物特稿的选题类型很多，不同类型人物的报道价值当然有所不同。我们在进行人物特稿的写作之前，必须先对以下两个问题做出明确的回答：

第一，为什么要写这个人？对这个问题的回答关系到对所报道人物的新闻价值的判断。面对不同的采访对象，首先要有充分的资料准备，对人物要有一个全面的了解，然后进行报道价值的分析。比如我们需要分析报道的人物所处的社会环境，所选人物的命运和故事特色是什么？是否具有一定的社会意义？是否能引起读者广泛的情感共鸣，使人们通过阅读得到激励或警示的力量，唤起人们对人生意义的思考？如果能达到这样的传播效果，那么报道价值就基本上可以确定了。

第二，报道的主要内容和重点分别是什么？这个问题关系到对人物特稿报道主题的思考。当确认了人物的新闻价值之后，就要考虑怎样从这个人物的人生经历中找到一个最能打动受众的报道主题。这个报道主题应该是最具有新闻价值的，这个人物的所有精彩的阅历、故事、语言都应该紧紧围绕这个报道的主题进行编织。确定报道主题后，我们还需要判断报道的主要内容是从人物的人生经历中找到一个最能打动受众的主题，还是写人物的某个人生片段？这将决定人物特稿的写作内容和写作范围。

以获得《南方人物周刊》2007 年年度特稿奖的《少年杀母事件》[①] 为例，当时广州一起 16 岁少年弑母事件引起了极大轰动。故事本身充满了人性的冲突，他为什么要杀害自己的母亲？他的人生轨迹是怎样的？这个家庭有着怎样的故事？记者林珊珊在采访手记中写道：“尽管此前关于这个事件的报道有很多，但这也只是千百万宗少年暴力事件中的一则，这个少年，这个悲惨的一家，曾经被媒体写成一个干巴巴的符号，然后不留痕迹地消失在大众的视野中。”她认为，新闻记录的人，应该是有情感的、丰满的人，而不是机器人。

谁也不知道这个 16 岁少年的真正动机，事实上他曾经有过渴望坦白动机的瞬间。杀死母亲后，他挥刀砍向父亲，在父亲的肩膀上、脖子上砍下四刀，他喊：“爸，我没得回头了！”“爸，你听我解释！”但是血喷出 2 米远的父亲根本不敢逗留，捂着伤口跌跌撞撞向外逃生。这个可能的告解成了永远的缄默和谜团。[②]

因此，记者在和编辑商量选题的操作时，将落点放在了少年杀人的确切动机上，也就

---

① 林珊珊：《少年杀母事件》，《南方人物周刊》，2007 年第 30 期。

② 蒯乐昊：《奢侈的特稿》，《南方传媒研究（第 42 辑）》，南方日报出版社，2013 年版，第 29 页。

是少年的心理世界究竟是怎样的。任何悲剧的产生总是离不开两个因素，环境及人物性格。“主要操作模式是通过讲故事的方式，展现悲剧产生的环境，悲剧人物的性格，以及这两者发生的反应。”①

二、展示人物的内心世界

人类最神秘、最不可测的就是内心世界，正因如此，更引发人们探寻人物内心世界的欲望。人物特稿的写作离不开写人物身上的故事，但特稿不是为写故事而写故事，而要从故事和事实中再现人物的内心世界和精神状态。能够让读者对人物产生兴趣的，是人物的思想感情和精神世界。因为人们的情感可以相互感染，人们的思想可以相互交流，引起共鸣。

写人要写内心世界，并不是要求单纯地描写人物的内心活动，而强调更多的是通过写一个人的故事和事实，来反映他的精神世界或者人生态度和人生追求，通过深入挖掘主导人物行动的思想轴线，来展示人物的内心世界。所以，在人物特稿报道中，我们不仅仅要讲故事，还要摆脱对事实的流程式叙述，进而追踪人物随着环境的更改、年龄的变化体现出来的思想、心理的发展变化并找到其根源。这样的人物特稿才具有灵魂。

以《少年杀母事件》为例，记者未能见到已经被收押的少年张明明，为了探寻少年杀母的动机，记者展开了大量的外围采访，采访对象是张明明72个网友中的十多人，包括张的父亲、堂兄、以前卖烧烤的伙伴，并多次来到事件的发生地，也就是张明明的家——广州的一个城中村瑶台。张明明一家做烧烤排档生意，记者顺着张家在瑶台的出租屋到烧烤排档这条路线来回走，那是张明明由家到烧烤摊的必经之路，晚上，这里漆黑寂静，时而有大老鼠蹿过。记者在采访手记里写道：“站在阴暗的巷子，我似乎突然感受到了张明明的想法。”那一刻，记者觉得很压抑，想到一个人就要这么过一生，会产生一种绝望感。

张明明在他的日记中写道：“广州很繁华，但我很孤独。”他的梦想是成为一名小说家，能拍电视剧并和明星合作。所有人都知道他想写小说，不止一个消息源——他的父亲、烧烤店老板、网友都知道，甚至他真的跑到报社楼下对他的朋友说自己一定会成名。起初张明明开始认真写小说时，父亲也在鼓励他，他一度相信能靠写小说改变自己的人生。但后来，他周围的人都开始奚落他。于是有一天，他放弃了。

记者通过对少年成长历程的回顾、对人物生活环境的描述和对其与父母关系的剖析，展示了张明明“幻想强大，其实幼稚”的内心世界，折射出这一代留守儿童与父母的隔

① 蒯乐昊：《奢侈的特稿》，《南方传媒研究（第42辑）》，南方日报出版社，2013年版，第29页。

阂、矛盾和进入城市生活后的孤独与失落等问题。

这里要注意的是，人物的内心世界可以通过其行为、环境的变化来展示，也可以通过文学手法对人物的心理活动进行描述。但是展示人物的内心世界并不意味着要对人物心理进行合理推测和主观想象，这会容易使特稿落入从客观到虚构的危险中。特稿可以描写人物的心理活动，但心理活动的内容必须得到主人公和其他知情消息源的证实。

三、再现人物行为，表现人物个性

人的个性是千差万别的，写人物就是写其个性，通过个性表现出人物的独特性。正是这种独特性，使得人物变得鲜活起来，从而对读者产生强烈的吸引力。

人物特稿写作中的一个问题就是我们采访到很多故事，但找不到这些故事和这个人的个性有何关联；我们了解到很多人物的成就，但却没有表现出人物的个性。这样的特稿给人的感觉是罗列了很多成就和事迹，但人物依然是平面化的、面目模糊的。我们之所以决定写这个人物，往往是因为这个人身上的某种个性吸引我们。成功也罢，失败也罢，或者这个人做出某种非同寻常的事也罢，都和这个人的个性有关。一个人一生做很多事情，而决定一个人的人生走向的事并不是很多，一个人在重大关口所做出的选择最能体现出这个人的个性。

怎样表现人物个性呢？

1. 再现人物的语言、行为、细节等

人物个性不是靠记者贴标签式的叙述说出来的，如说这个人物勇敢，那个人物冷漠；而是要让人物通过自己的语言、行为告诉读者自己的性格特征。

讲述人物故事时，恰当引用人物有代表性的语言，可以帮助表现人物性格，深化主题。

行为和动作的描写也是表现人物性格特征的具体方法和主要手段之一，只有用生动形象的语言，把人物的动作具体地描绘出来，人物才能站立起来，才是一个栩栩如生的人。在具体情节描述中，要善于发现和捕捉细节，着力描述细微点。“有时候，一个细节比千言万语生动得多，深刻得多，有力得多。”①

以特稿《少年杀母事件》为例，一个在广州市区卖烧烤的普通家庭，每天凌晨，张明明去进货；下午，他父母开始准备烧烤；晚上，出摊做生意，卖到凌晨，周而复始。这个家庭的日常氛围究竟是怎样的？每个人有着怎样不同的个性呢？

---

① 穆青：《关于新闻改革的一点设想》，《新闻业务》，1982 年第 2 期。

案例精选

《少年杀母事件》节选

下午五点半是家庭的晚饭时间。张柱良坐在床上，老婆和儿子则坐着小短凳，他俯视着他们，他喜欢这种感觉。

张柱良吃饭很快，两大碗一下就吃完了，然后坐在床边看电视，这时他们都还端着饭碗。张明明注意着父亲的一举一动，父亲一走开，上个厕所或洗个手，他就趁机溜了出去。有时父亲躺着，哪也没去。时针慢慢摆到六点，他等不及了，网友在等着他呢。

在网上，他可以和好友聊天，在他的QQ上，有72个好友。和网友聊天让他可以找到在孤独之前的那种快乐。这种孤独在他来广州后就已经像爬山虎一样死死缠住了他，无法摆脱。他还可以在游戏中做另一个自己，他不再是一个卖烧烤的，而是一个除暴安良的警察或者是一个拉风的卡丁车车手。这两种快乐让他在这种令人厌烦的生活里有一点放松。

“我去打个电话给朋友”“我去买东西”……他低着头等张柱良回话，张柱良没吱声，只半闭着眼看着他。他慢慢抬起头瞅瞅父亲，又低下头。

有时父亲就直接说“不行”，他就咬着嘴唇，扯着衣角，站在门口不时扭动身子，犹如毒瘾发作。父亲五指轻轻一扬，他立刻弹了出去。

总之，父亲的“俯视感”，作为一家之主对儿子的管制，儿子的压抑和反抗，在一个简单的场景 —— 晚饭和饭后时间的安排上，通过人物的动作和语言鲜活地表现出来。

2. 在“矛盾”和“冲突”中表现人物

人们在生活和工作中会遇到很多矛盾。表现一个人物，选取在有矛盾和冲突的场合下，他（她）如何做出了别人难以做出的选择，如何突破人物自身的种种局限，如何进行思想斗争，可以显示出人物个性、观念的差异。

例如《三联生活周刊》2012 年 9 月 26 日刊发的记者吴琪采写的文章《对一个肿瘤科医生的观察笔记》，开篇就展现了人物的特殊性和矛盾。

案例精选

《对一个肿瘤科医生的观察笔记》节选

他是见证病人死亡最多的医生之一，他说这个科室的医生护士容易郁闷，因为大多数病人都是活着进来却没能活着出去。

但是他依旧觉得自己的工作有极大的意义。“我总是给病人打这么一个比喻，我说上帝准备了一些子弹，那些上了他名录的人，他会一枪一个击毙他们。上帝是个神枪手，子弹百发百中。我没法去抢走他的枪，但是能从他那里偷出几发子弹，多救活几个人。可是谁会成为被老天眷顾的那几个人，谁都不知道。如果你配合我去治，你就有可能成为那个幸运者。”

从一个比喻中，我们就看到了这个肿瘤医生的性格和他的无可奈何。他并没有把自己当作是百发百中的“神枪手”，相反只是能力有限地从上帝那里“偷出几发子弹，多救活几个人”而已。而看到那句“他是见证病人死亡最多的医生之一”，我们也就可以理解为什么肿瘤医生会有这样的一个比喻，进而更深刻地理解了这个人物对自己职业的热爱和他的无奈。

第三节　人物类新闻特稿的写作技巧

明确了对人物特稿的写作要求后，现在让我们来看看人物特稿写作的具体技巧有哪些。

一、文中适当设置悬念

悬念，是故事中经常用来吸引人的手段，是吸引读者将文章看完的动力。曾经只出现在故事中的悬念，如今在媒体中大行其道，依靠其来讲述新闻故事。获得首届普利策特稿写作奖的记者乔恩·富兰克林在文章《为故事而写作》中提出“特稿是一种非虚构的短故事形式”的观点，说明特稿的写作也是需要讲故事的，而在故事中设置悬念的写作手法，在特稿中得到广泛应用。开篇就充满神秘色彩，能够给文章增添一份悬念感，一旦读者看到，便不能够轻易离开撇下，这在第一时间就吸引了大多数读者，引发了读者的好奇心。

以《少年杀母事件》为例，特稿开头简短有力，迅速进入核心新闻事件。记者通过对残酷的事实与场景的描述，营造了强烈的戏剧效果。一个年仅16岁的少年，他为什么要杀害自己的母亲？这个悬念极大地调动了读者的阅读兴趣。

案例精选

《少年杀母事件》节选

张明明决定杀掉他的父母。

这个想法在他脑中盘旋了差不多两个月。

“我想，只有杀了我的父母，才能让我多年积累的仇恨得到释放，让我真正地过着无拘无束的生活。”

1991年11月25日，陈菊生下了他；2007年6月12日，他将陈菊打晕、掐死，然后割喉。

其间，陈菊打开大门惨叫了一声，但门很快又被关上了。那就像荒林里一声绝望的鸦叫，一切又恢复了寂静。

《三联生活周刊》在2012年第39期刊发的文章《廖丹：救妻之道》中，讲述了丈夫为了拯救身患尿毒症的妻子，在家里经济无法承担医疗费用的情况下，私刻公章开医院的收费单据来继续支撑妻子做透析的经济费用。

案例精选

《廖丹：救妻之道》节选

廖丹41年的人生一路向下。他在北京府学胡同长大，但是没赶上皇城根下房价的飞涨。他进入北京市内燃机总厂工作时，已经是厂里衰败前最后的喘息。工厂倒闭的时候，先他进厂的同事在朝阳区的双井分到了房还拿了一笔买断工龄的钱，合同工的廖丹只多给了几个月的工资。爷爷随后去世，他从东三环边的金台西路爷爷家一直搬到了东南五环之外。他被家务缠身，没有再找工作，全家只靠妻子杜金领打工维生。2007年夏天，杜金领被查出患有尿毒症，不但不能再工作了，每月还要花费将近6 000块钱的透析费。医疗费把这个家庭拖进了灾难的深渊，成了压垮廖丹的最后一根稻草。

通过几个对比，廖丹日渐潦倒的生活就勾勒出来了。经济状况一日更比一日差，屋漏偏逢连夜雨，就连家里的经济支柱——妻子也患病倒下了。在这样的情况下，主人公廖丹以后的日子是怎么过的？为什么他的命运就那么背呢？看到这里，读者在好奇心的驱使下会逐渐开始往下继续阅读。

二、通过他人来描写人物

人的性格往往是多面的，仅仅通过一两次的采访很难形成对人物深刻和全面的认识。要想把人物写得鲜活生动，除了要有丰富的资料积累、深入的采访和观察外，还可以通过对人物身边的人进行采访，形成对人物全面的观察与评价，增加报道的丰富性。因此，通过采访人物身边的人来写新闻人物是人物类新闻特稿写作的一种方式。事实上，如果写一个人物，不采访他身边的人，不知道周围的人如何看待他、评价他，很难把人物写得全面和深刻。

以曾获得首届“非虚构写作大奖”①时代表情奖的特稿《中国制造：欲望时代的干露露②们》③为例，在这篇特稿的采访和写作中，“当时整个编辑部有一个共同认可的常识：任何奇葩都是有土壤的。写干露露，剑之锋芒，应该指向整个社会。”④因此，记者李宗陶为了这组特稿，不但去了干露露的老家，采访了她的父母、姥爷和邻居，还采访了她的幕后推手，采访了播出母女对骂等爆红桥段的电视台嘉宾、这档电视台栏目的创办者和编导。这还不够，记者还想方设法找到了她的表妹、她的前男友、她的小学校长、中学校长和班主任。

因此，在这篇特稿中，读者跟干露露一起赴局，现场“观摩”了包括当地黑道在内的男人们设宴局、拉皮条、谈价钱的嘴脸。读者不仅近距离看到了干露露的现在，看到了她舞台上下的不同面目，还了解到了她的过去、她的家庭、她的成长背景和生

① “非虚构写作大奖”由南方报业传媒集团、人民文学杂志社、《智族GQ》杂志中文版联合主办，评奖范围是2012年1月1日至2013年6月30日首次在中国内地正式出版或发表的非虚构作品。

② 干露露：1985年11月1日出生于河南省信阳市商城县。2011年2月14日情人节当天，一段名为《母亲冲进澡堂给女儿拍视频征婚》的视频传出，主角正是干露露和她的母亲，干露露借此出名。

③ 李宗陶：《中国制造：欲望时代的干露露们》，《南方人物周刊》，2013年第339期。

④ 蒯乐昊：《奢侈的特稿》，《南方传媒研究（第42辑）》，南方日报出版社，2013年版，第29页。

活经历。

比如，她的父亲干德轩什么家务都不让闺女做。小时候，干露露在院子里刚拿起笤帚，干德轩就会一把接过去：这不是你干的活，赶紧学习去。到了今天，干露露的内衣仍然是母亲洗。而干露露所在中学河南商城一中的肖风华校长，“极不愿意跟这位校友沾上边”，在记者第一次拜访时避而不见。干露露的班主任张忠成老师则说，“这是一个热情、乐于帮助别人的同学。”“不爱学习是肯定的。她喜欢画画、舞蹈、表演，但没有施展空间。”而前男友则认为，“她有暴露癖，看见男的，就往下拉领口。”

不同的人对这位网络红人有不同的看法，或是好奇，或是疑惑，或是鄙视。当读者“看过她童年模样、听过她不少纯真往事”后，当她身边各色人等次第登场后，“她是谁，她从哪儿来，她为什么这么干”的问题慢慢解开，读者自然会从思考“人”进入到思考“制造人的土壤”，也就是记者和编辑为这篇报道拟定的题目——“中国制造”。

三、注意直接引语和间接引语的使用

特稿的写作离不开引语的使用，什么是引语呢？就是在写作中直接或者间接引述采访对象的话。使用引语是新闻写作中基本的写作方法，但却经常被用得非常不恰当，不利于深化新闻主题、体现人物个性。

那么引语的使用有什么作用呢？首先，在人物特稿中，人物自己的语言最具有人物的个人烙印，最能体现人物个性。其次，引语还有非常重要的功能，即转场和完善文章的起承转合。引语的使用可以避免让文章从头到尾一陈到底，恰当使用被采访人自己的话，可以使整个文章发生节奏上的变化，衔接起上下两段。最后，新闻写作忌讳记者自己发表观点，忌讳主观色彩浓厚的语言和论断，但引语可以鲜明地陈述和表达观点。因此，记者可以借他人之口来表达观点。

那么，什么样的语言可以用在特稿中成为引语？绝不是这个人说了什么话都能成为引语。首先，能作为引语的必须是这个人说的最具有个性化的话，只有他才会说这话；其次，一定要短小精悍，将采访对象所说的话中最画龙点睛的一句话找出来，千万不能一引几百字。

在特稿《中国制造：欲望时代的干露露们》中，记者引用干露露本人的话都非常简洁有力。比如，夜店载歌载舞之后，回房间卸装时，她说：“我冷。”换装去宵夜，她对母亲飘出两个字：“袜子。”拉皮条的Z哥询价不成离去后，她说：“老娘不挣这钱。”和记者聊天时，脱口而出的话：“媒体都是婊子。”简短的几处直接引语，是她面对自己的母亲或者卸下伪装时的话语，是舞台下不设防的干露露，是更为真实的干露露。

四、把人物放到特殊环境中去表现

导演贾樟柯的电影《小武》塑造了一个20世纪90年代我国中部小县城里混日子的小偷的形象。这个形象的塑造离不开这些场景：落后的县城街头、国营工厂的荒废澡堂、闪着劣质魅惑的粉红色灯光的KTV。在这些典型环境里，故事的主人公生活着，讲述着自己的故事，给观众留下了真实、深刻的印象。

人物和环境融为一体，特殊环境成就特殊的人。人物特稿的写作也是如此，一个人的成长离不开自身的环境，把人物的语言和行为放到其所处的环境和专门的场景中来写，才可以精准地刻画出人物的性格和经历，读者才可以深刻地理解这个人物。

例如前面提到的特稿《少年杀母事件》中，记者在开头简短直接地陈述了少年杀母的过程后，立刻直接进入了对少年成长环境的白描中：

案例精选

《少年杀母事件》节选

这幽暗的小巷深处，有一个拐角，几栋四层高的楼房围成一口天井，张明明的家在这儿。抬起头，天空依旧是一条狭长的线，被错综复杂的电线切割得支离破碎。一米多宽的小巷两边房门紧闭，垂吊的女人内衣透着湿气，牛仔裤则似乎长年挂在一边，一动也不动。还有一个个小口子，连接更小的巷子，有时候，一个安静的小孩跟着一个女人拐进去，或者，一个谢顶的中年矮男人藏在巷里，睁大眼睛瞪着过往行人。声音从远处隐约传来，光亮在100米外的巷口。

那天下午，父亲张柱良就从这个巷口逃了出来。

在最初几行讲述了少年杀母最残酷的事实之后，在读者被逼到死角之后，节奏变了。事实罗列变成了悲情描写，原本无比节制的形容词到这里不再吝啬，生发出一串："幽暗""狭长""错综复杂""支离破碎"……这就是少年张明明的生活环境，都市里局促的城中村，外来人口密集的贫民窟。[①]

另外举个例子，《中国青年报》记者包丽敏曾经采写过一篇名为《通往公民之路》的

① 蒯乐昊：《奢侈的特稿》，《南方传媒研究（第42辑）》，南方日报出版社，2013年版，第29页。

文章。主人公李柏光是一个北大的研究法律的人，他常年在民众中普及公民意识和法律知识。他利用7天假期去贵州山区普及法律常识，此举很有象征意义。记者以他贵州之行作为整篇文章的重轴，把他平常做的大量的事情作为背景。在叙述贵州之行时，记者不时插入李柏光平常做的事情，这样既有新闻意义又使他这一行为不那么孤立。

第四节　人物专访

专访本来是一种采访方法，是针对某人某事进行的专门的采访，是一种获取新闻的手段。

随着新闻事业的发展，专访的内涵发生了变化，它虽然仍是一种专门的采访，但也形成了一种相对独立的文体。“1839年，《纽约先驱论坛报》创办者詹姆士·戈登·贝内特（James Gordon Bennett），首开记者专访总统的先例，并创立了问答式的记者访问体。我国人物专访的先锋是民国时期的通讯名家黄远生。”①

近年来，人物专访这种形式被广泛地运用在媒体之中，甚至出现了很多人物类期刊或者人物专访类电视节目。人物专访，指的是记者针对某些问题对新闻人物进行专门的采访，主要采用问答体来结构全文或节目。在人物专访中，记者和被采访对象的对话成为稿件的主体。这一方面十分直观地体现出二者之间面对面的交流和交锋，另一方面通过对话可以反映人物的心态、想法以及再现现场气氛。这种方式给人的感觉比较真实可信，人们可以通过被采访者的语气、措词等来理解人物的性格。很多读者喜欢这种“原汁原味”的人物报道。

国内外都出现了一些以人物专访著称的记者，例如意大利女记者奥莉娅娜·法拉奇（Oriana Fallaci）。她先后采访了包括我国第二代领导人邓小平在内的一系列世界政坛人物，并结集出版了《风云人物采访记》一书。她思维敏捷，善于观察，提问尖锐。她的采访以深入挖掘对方的内心世界而闻名。法拉奇习惯用录音机录下访问中的全部问答，然后一字不漏地以原对话形式加以发表，避免断章取义。其采访手记，更是用不多的篇幅就把那些风云人物的性格刻画得栩栩如生。

一、人物专访的文体特征

人物专访集人物访问传记、人物特写等几种文体为一体，其特点一个在“专”字，一个在“访”字。具体而言，可以从三个方面分析其文体特征：

---

① 刘明华、徐弘、张征：《新闻写作教程》，中国人民大学出版社，2002年版。

（一）强调“专”：访专人、谈专题，针对性强

人物专访比较强调新闻性与现实针对性。人物专访的采访对象，应是当前具有新闻价值的人物，是“特定的被访问者”“专门的采访对象”。一般来说，是人们关注的新闻人物、重要问题的知情人或某方面的权威人士等。专访的内容往往集中于一点，突出专题性，突出新闻人物身上最具新闻价值的一点或人们当前最关心的问题。因其灵活、快捷、针对性强，人物专访能够迅速吸引到受众的目光。

人物专访《谢东：不是犯人，但还是病人》①一文，是歌手谢东因吸毒被曝光后的第一篇专访。专访除了简短的引言和记者的手记外，全篇都是记者和谢东的对话实录。采用采访实录的方式，体现出记者对此事进行报道的客观态度，既不带批判，也没有赞赏。

因吸毒而被拘留的谢东在那段时间成了焦点人物。对于其染毒瘾的缘由、自《笑脸》一曲走红后这9年来的动向甚至生父是谁等问题，社会上流传着各种说法。因此，专访的话题非常集中，就是针对这些读者关心的问题。这篇专访发表后因文中体现出的对人的命运的关怀、对社会热点的探讨而引发读者热议。

（二）与其他文体相比，人物专访更强调“访”这一手段与过程

记者到采访现场之前，要有充分的准备，明确采访目的。多数采访是按预先准备好的方案或计划进行的。到达采访现场后，记者要抓住时机，迅速及时地对采访对象进行采访，按既定思路展开话题，在保证质和量的情况下完成访问。

在对谢东的采访中，记者和谢东建立了相互信任的关系，因此，谢东对一些敏感问题不避讳、不逃避，这些问题在谢东敞开心扉的倾诉中一一获解。

案例精选

《谢东：不是犯人，但还是病人》节选

《新京报》记者：报道说你吸毒历史有两年了。

谢东：确切说是去年看世界杯倒时差染上的，断断续续一年多，中间我没持续“玩”，要不就没这身材了。缉毒警察告诉我，从我的生理状态、头脑反应、思维状况等各方面看，我是比较轻的患者。如果严重的话，我就被直接送进戒毒所了，甚至还有量刑。我现在能坐在你对面，起码代表官方的惩处都结束了，这是最有说服力的。

---

① 勾伊娜：《谢东：不是犯人，但还是病人》，《新京报》，2007年6月22日。

《新京报》记者：后来吸毒是为了寻找创作上的灵感吗？

谢东：我还没到靠吸毒来寻找灵感的地步。我挺有才华的，用不着那种方式。如果靠吸毒来找寻灵感，我等于在自己贬低自己，我等于在告诉别人我不行。这就像是说你泡妞，你非要给人家下春药才能搞定，这等于你告诉她我用正常手段不能泡你一样。我说吸毒减肥，排遣空虚，这都是借口，跑步还能减肥呢！没有什么特别的原因，错了就是错了。

这是采访的前两个问题。记者的思路很清晰，就是直面吸毒这个事件——吸了多长时间、为什么吸毒？而从谢东的回答中，也可以看出谢东勇于正视吸毒一事的积极态度。在这篇人物专访中我们可以看到一个并没有颓废的谢东，也可以看到记者的真诚。

（三）现场感强

人物专访的主要内容以记者与被采访者的谈话为主，再穿插现场采访情况、背景资料等，连缀成篇。

人物专访大多使用问答体结构，一方面可以使谈话内容更加真实可信，另一方面保留了谈话风格，可以体现被采访者的个性特征。

现场采访活动的记录包括访问时的环境、氛围、细节、记者与被采访者的交流状态等。文章通过再现访问的过程和现场情景，给人以亲临其境之感。

例如意大利记者法拉奇在采访邓小平的《采访记》中写道：任何一个问题，即便是最棘手和最蛮横的问题，他都能从容而坦诚甚至是直率地加以应对。他常常微笑着，有时大笑着来回答，用才思横溢而又坚毅刚强的目光时而扫我一眼，并竖起耳朵对我说："身体方面，我有点耳背。"

这段文字中有观察、细节、直接引语，很好地表现了邓小平睿智、从容的风采。读者通过阅读这段文字，对现场采访的氛围和采访对象的个性会有一个感性的认识。再加上之后以问答体呈现出来的《采访记》，读者就能对邓小平的个性和精神风采有深刻和全面的了解。

人物专访的记者想要真实再现采访现场，就必须善于观察现场。既要观察现场环境，又要观察人物的动作、表情、神态。

二、人物专访的类型

人物专访的采写类型有以下三种：

（一）以记人为主的人物专访

以记人为主的人物专访属于"因人而访"，因此，人物的选择对采写成败有决定性意义。选题上强调被采访者的新闻性——新闻人物，属于新闻事件或热点问题中的关键人物或者知名人物，内容上则强调具有人情味，强调对人物个性特征的展示。

人物专访《葛优：我就是赶上了》[①]一文，写于2010年末葛优一人兼任3部贺岁大片主演的特殊时期，葛优无疑正是风口浪尖上的风云人物。记者通过细致观察和深入采访，生动形象地展现了这位著名演员的性格特点。

案例精选

《葛优：我就是赶上了》节选

在一次关机宴上，饭桌上各路人士纷纷表达对葛优的景仰之情。他微笑起身，用手提着对虾须子放到诸位盘中，口中说着“牵须，牵须（谦虚）”。德艺双馨，德排在首位。葛优能够20多年红在浪尖上，绝非像他所说的，是因为“赶上了”。

今年葛优一人兼起了《赵氏孤儿》《让子弹飞》《非诚勿扰2》3部贺岁大片的主演重任，而且表演风格截然不同。这事要是搁在别的演员身上，肯定美得屁颠屁颠的，但搁葛优这儿，他却说了好几次“不见得是什么好事”，而且认为这事以后不应该再出现了，“否则这人真的就烂了”。不过现在这3部影片均未公映，大家还无从评价他的表现，只好围绕他最喜欢其中哪一部的话题来发问，这事让他颇为头疼，“不能说”，再问就开始打太极了，“陈凯歌拍了一个古装戏，姜文拍了一个年代戏，冯小刚拍了一个现代戏……”其实葛大爷心里明镜着呢，哪能分不出喜欢啥？但宁可别人说他狡猾，他也不愿意伤人。

（二）以记事为主的人物专访

以记事为主的人物专访属于“因事而访”。采访对象一般为新闻事件的当事人、参与者、目击者或者知情者，记者通过人物专访来“复原”与剖析新闻事件。这样做能够通过被采访者之口来表现事件，记述某些新闻事件的特殊意义、内幕情况或者澄清事实真相。

例如2010年9月25日，中央电视台一套《看见》栏目播出了对“疯狂英语”创始人李阳家暴事件的专访。这次专访的起因是8月31日李阳的美籍妻子Kim在微博中声称遭到家庭暴力并发布了几张受伤照片。由于李阳的名人身份，这一家庭暴力事件迅速引起了众多网友的关注和谴责，人们用“疯狂”来形容这次家暴事件。

---

① 孙琳琳：《葛优：我就是赶上了》，《新京报》，2010年11月10日。

随后，李阳频频高调接受采访，而他的妻子 Kim 则一直保持沉默。《看见》栏目组与 Kim 沟通之后，她才同意接受采访。在这期专访中，主持人柴静对事件的双方当事人都进行了采访，进而剖析社会上屡见不鲜的家庭暴力事件。

（三）以记言为主的人物采访

以记言为主的人物采访可以称之为因观点而访。这类人物专访现实针对性很强，是为了获得观点性的信息或者某方面的意见而进行的人物专访。采访对象不一定是新闻人物，但需要是某方面的权威人士、在某些问题上有发言权的代表人物或在受众中有影响力的人士。这样的访问注重访问内容，采访的问题具有较强的针对性，不需要特意刻画或表现被采访者本人，采访的重点在于记录与传达被采访者的见解、意见、观点、主张等。

三、人物专访的写作方法

人物专访的写作方法分为三种，一是问答整理式，二是隐性问答体，三是口述实录。

（一）问答整理式

问答整理式的人物专访读起来思路清晰、条理清楚，适合于对重要人物、重要事件或者阐述重要观点的专访，显得正式而条理清楚。另外，一些比较复杂的、有争议的问题或事件的专访也同样适用于问答整理式，其间可以穿插对人物、事件或者问题的背景介绍及必要的现场描写。

但是问答整理式也具有一定的劣势。人物专访篇幅较长，若仅提供一问一答，有可能影响可读性，信息量也可能不是很充分。缺乏有关人物、事件或问题的背景介绍以及必要的现场描写，也可能影响可读性。因此，在运用问答整理式写作人物专访的时候，一般来说，在记者与被采访者的问答实录之外，都要加上“导读”。“导读”有的是被采访者的履历，用来交代人物背景，如他的家庭出身、个人经历以及与人物有关的事件梗概等。有的是采访者的手记，记录现场采访中的细节、氛围、观察与感受等。“导读”篇幅不必太长，能够画龙点睛或设置悬念吸引读者即可。有些没有配“导读”的，也可以通过在问答中间插上简短的背景材料或者现场情景来加以弥补。

（二）口述实录

这种形式是指全文集中记录被采访者的口述内容，采访对象像讲故事一样娓娓道来，谈自己的经历、事迹、观点、意见等，是目前报刊、网络媒体中运用较多、较热门的一种人物专访形式。

也就是说，文章把现场记者所提的问题都删除掉，或者非常淡化地处理，主要保留被采访者的谈话。这样做的优势是让被采访者和读者之间直接交流，使文章亲切、可信。口述实录适合做一些现身说法的专访，例如个人经历、人生感怀、喜怒哀乐，也容易谈及思想观念、心灵深处的问题。

近几年口述实录以及心态专访的形式流行起来，选择的对象不再局限于新闻人物或名人，一些普通的百姓也在媒体上倾诉自己的经历、情感。这样的人物专访可读性较强，容易吸引读者阅读，但是同时也出现一些哗众取宠、夸张、低级趣味的情感方面的口述实录类人物专访。所以，在进行口述实录式人物专访的时候，要注意被采访者所谈内容的真实性，另外要避免迎合低级趣味的倾向。

（三）隐性问答体

隐性问答体基本上可以摆脱一问一答的模式，记者根据专访报道的需要自由取舍问答的内容，并灵活运用多种表现手法，穿插叙述访问的情景、过程，或者勾画被采访者的形象、性格等。《葛优：我就是赶上了》一文正是这种形式。

案例精选

《葛优：我就是赶上了》节选

从1979年开始当演员到1983年出演了能讲几句台词的电影《盛夏和她的未婚夫》，葛优说那段跑龙套的日子有意思，放松，也压根没有奔明星去的野心，“就咱这长相，还真不行。”但随着王朔小说的风靡，《顽主》来了，用葛优的话说就是“一帮歪瓜裂枣上了台面。”他和梁天、谢园“颠覆”了之前奶油小生的银幕形象，已故表演艺术家李丁曾评价葛优“演得不像演的”，而葛优说，其实哪能有那么放松啊，紧张得很。

……

每次采访葛优都能碰到有人找他签名，他总是来者不拒。我问他，不烦吗？他答：“这事对我来说可能是第两万次了，但对人家来说是第一次，不能大意。”这次采访完，葛优开车走在前面，当我在出口准备交费时，门卫手一扬，“走吧，葛大爷都交完了。”

好人不好当，就像葛优曾塑造过的很多人物，心地善良、必要时装点傻，其实心里特明白。做演员红到葛大爷这份儿上，是极易自我膨胀的，但他却特别警惕，不把自己评价得太高。十几年前有人批评他的话，他当做警钟一直记着。生活中葛优也十分在意自己的公众形象。受到冯小刚等好友的影响，有段时间他迷上了打高尔夫，结果他打球在电视上播了。他觉得这可不行，因为这球贵啊，不能让人觉得明星老玩这个，在这之后他就再也不打了。

记者与葛优相识已有5年，很多事情都是他亲眼目睹的。细节描写、记者叙述的自然穿插、问答内容的自由表现，摆脱了一问一答的固定模式，使文章可读性强，又真实可信，使“葛大爷”的谦逊、善良、低调的形象跃然纸上。

以上就是人物专访的要点，除了要掌握好了人物专访的文体特征、采写类型、叙述方法，我们还要注意细节的描述，背景的交叉贯穿。这样的专访文章才能错落有致，而一篇好的人物专访总是需要不断更改修正的。

思考与研讨题

1. 什么是人物特稿？人物特稿有哪些选题类型？
2. 人物特稿有哪些写作要求？
3. 阅读人物特稿《永不抵达的列车》，讨论这篇人物特稿的写作特点。
4. 谈谈人物专访的文体特征。

延伸阅读

《14万百姓痛别女公安局长》——《新京报》（2004年6月3日）

《张悟本：13年折腾成“神医”》——《新京报》（2010年5月28日）

参考文献

曹璐、吴缦：《新闻专稿教程》，中国广播电视出版社，2002.

蒯乐昊：《奢侈的特稿》，《南方传媒研究（第42辑）》，南方日报出版社，2013.

林珊珊：《少年杀母事件》，《南方人物周刊》，2007（30）.

李兴国、余跃：《在悬念中叙事——论电视节目中的悬念意识》，《现代传播》，2003（5）.

新京报社：《风华 人物卷》，中国发展出版社，2013.

新京报社：《新特写 新京报特稿精选》，南方日报出版社，2006.

新京报社:《探底 调查特稿卷》，中国发展出版社，2013.
南方周末:《南方特稿》，上海书店出版社，2011.
李大同:《冰点故事》，广西师范大学出版社，2005.
〔美〕威廉·布隆代尔:《〈华尔街日报〉是如何讲故事的》，华夏出版社，2006.

第七章　事件类新闻特稿的写作

本章内容

- 事件类新闻特稿的选题类型
- 事件类新闻特稿的写作要求

事件类新闻特稿是新闻特稿写作中的常见类型，通过详细报道社会上发生的新闻事件，展现新闻事件发生、发展的相对完整的过程，显示事件的内在逻辑和社会意义。与人物特稿相比，二者既有联系又有区别。事件类新闻特稿通常以人物为中心，但重在叙述一个事件，彰显该事件的社会意义和价值。虽然事件类新闻特稿也写人，但大多是简单勾勒人物群像，并不需要细致描绘。人物特稿的写作围绕人物叙述发生的故事，但最后的落脚点还在人，对人物的描写细致入微，它并不要求完整地写出事件的过程。总之，“事因人生，人以事显”，事与人在事件类新闻特稿的写作中，是不可分开的。

本章主要分析事件类新闻特稿的选题类型和写作要求。

第一节　事件类新闻特稿的选题类型

事件类新闻特稿是指以详细报道现实生活中具有典型意义的新闻事件为特定题材的特稿。事件类新闻特稿以新闻事件为中心，对事件发生的原因、过程、结果、意义进行报道，重在再现新闻事件发生、发展的过程，显示新闻事件的内在逻辑和社会价值。

就内容来说，新闻事件既包括在社会中引起广泛关注的重大新闻事件，又包括以平民百姓生活为中心，关乎群众切实利益的热点、难点、重点问题；就形式来说，事件特稿多是对一个新闻事件的报道，还有一种情况是围绕同一个主题写多个事件，通常有一个事件主体，其他事件围绕这一事件主体展开，组合起来表达一个特定的主题。

生活中每天都会上演不同的故事，然而并不是每一件事都可以成为事件类新闻特稿写作的素材，事件类特稿的选题主要有以下四种类型：

第一种是重大突发性事件，具有很强的新闻性；第二种是具有重大社会影响的事件，能够反映出事件中体现的时代本质、社会风貌等，或者以批评、揭露社会生活中的弊端为主，达到驱邪扶正的效果；第三种与重大新闻事件相对，是聚焦于平民百姓身上的事件，看似平凡的事件却有很强的延展性，能够反映出较大的时代主题；第四种是社会话题类题材，是普通人生活中有较高关注度和话题性的题材。

一、重大突发性事件

重大突发性新闻事件，指事先无法预知、突然发生的事件，例如军事冲突、民族骚乱、突发刑事犯罪案件和各种突然降临的自然灾害。这类事件大都包含各种错综复杂的矛盾和冲突，具有较大的社会影响力、冲击力和广泛的关注度。对于这类事件，抢时效、迅速对事件的基本要素进行报道、满足受众的知情权是新闻报道的首要任务。但是，仅仅以告知为功能的消息报道还不够，记者还需要解释来龙去脉，报道新闻背后的故事。这是受众的需求，也是特稿存在的空间。

突发性事件特稿具有时效性强、信息量大、资料整合难度大的特点，它既是社会关注的热点，又是新闻报道的难点。其难点在于以下几个方面：

首先，突发性事件往往无法预料，不能提前做好各项准备。新闻现场常常会出现通讯中断、交通不便的情况，没有相对安定的写作环境，给采访和写作都带来了很大困难。2008 年汶川地震后，有余震不断和卫生防疫方面的问题；2015 年天津港仓库大爆炸，化学物品泄漏，影响到现场的空气质量。尽管这些灾难现场非常危险，但记者却像受到“召唤”似的第一时间赶往现场。突发记者迅速采集各方信息，与编辑配合即时发回报道；调查记者追问真相，揭发各种被人们忽略或被利益相关方故意隐藏的事实；特稿记者则记录故事，尽可能地还原事实，让人们了解当时发生了什么。

其次，突发性事件无论是天灾还是人祸，通常伴随着生命和财产的损失，而记者的报道就是去挖掘真相。例如对矿难的报道，调查真相必然会涉及某些人的利益，所以记者的采访可能会面临吃闭门羹、封锁消息的困境，需要面对许多人为制造的障碍。

最后，记者在报道突发性事件时，往往在事件发生之后，缺乏亲临现场的切身感受，这增加了记者采访写作的难度。“只能通过采访当事人、现场目击者或其他相关人员的方式，还原事件真相。从他们的回忆中了解情况，勾勒事件的轮廓，添加细节，向受众展现这个事件。”①

特稿虽然不是突发事件报道的第一要务，但是“写作精良的特稿是完善报道题材，提升整体报道质量的点睛之笔”②。要写好突发性新闻事件的特稿报道，就要做到以下三点：

（一）要找到一个好故事

突发事件发生时，记者一般首先采用消息的形式迅速告知受众。但特稿由于其容量大、故事性强、具有人情味等特点，可以使受众更好的了解事情真相，了解事件蕴含的意义与价值。在当前新闻竞争激烈、新闻热点层出不穷的情况下，突发性事件的特稿写作虽然也要注重时效性，但是，时效性并不是突发性事件特稿写作的硬性指标，更重要的是还原事件的来龙去脉，给受众一个结构完整、线索清晰的故事。

特稿写作的切入点需要洞察和发现，以对“汶川地震”的报道为例，在别人都奔向救灾英雄和最严重的受灾现场的时候，新闻特稿《回家》③却把记者路遇的一个普通农民当作了故事的主角，记录了他背着死去的儿子回家的故事。在被问及为什么觉得这是一个好故事时，记者说到：“我当时一看到那个情景，好像被雷击中了一样，整个人大脑一片空白，有这样一个反应。这样的感觉，可能对于大多数读者来说都会有。”记者灵敏地嗅到了这样一个场景的延展性和可发掘性，找到了一个好故事。《回家》并不具有爆炸性的冲击力，

① 宋春阳、孟德东、张志攀：《实用新闻写作概论》，复旦大学出版社，2004 年版。
② 许林贵：《外通社如何采写突发事件特稿？》，《对外传播》，2010 年版。
③ 林天宏、贺延光：《回家》，《中国青年报》，2008 年 5 月 28 日。

但它的安静、细腻，让它有了足够的深度和广度。

（二）以人物为切入点

哥伦比亚大学教授梅尔文·门彻谈到特稿时说：“事件具有人的维度，才值得传播。”[①] 同时，特稿的故事性和人情味的特点注定了突发性事件特稿的写作以“人”为切入点，来展现事件的始末。

当然，好的特稿不仅需要从事件中见人，还需要从人见到事件，从人见到社会。记者到了现场，就进入了事件发生的特定环境，不仅可以观察到事件的发展现状、现场气氛，更能够加深对新闻人物的理解，也有助于记者把握事件的本质。

新闻特稿《回家》把主人公程林祥作为文章的切入点，主人公的选取非常具有代表性，他在地震中失去了自己的儿子，在教室的废墟中找到儿子的遗体后，他只有一个简单的愿望，就是带儿子回家。在交通隔断的情况下，他决定背着儿子的遗体步行回家。文章以简单朴实的行文，娓娓道来，诉说了一个“草民”的悲欢，引发读者最真切的共鸣。

记者以第一人称进行叙述，始终以一个旁观者的角度娓娓道来，安静地记录着程林祥一家人的故事，但却足以让我们体会到在这场大灾难中这家人的坚强、这个民族的坚韧。

（三）对素材进行精炼和整合

如前文所述，突发性事件的现场常常有一定的危险或者障碍。对记者而言，采访到的素材大多较为零散，这就需要记者思路清晰，能够对素材进行很好的精炼和整合，还原事件的真相，给受众一个结构完整的故事。

特稿《悲情航班 MU5210》[②] 登上《南方周末》头版之前，就已经有很多媒体对航班 MU5210 失事进行了各个方位的报道，但是此文一出，还是引起了读者强烈的反响。就是因为这篇特稿采访扎实，调查思路清晰。记者采访了 20 多个事件相关者，包括现场群众、罹难者家属、机场及航空公司员工等，将各种素材按照不同角度分别梳理、提炼和整合，最后从飞机遇难者中的一位乘客李江以及副驾驶员易沁炜这两个年轻人的故事入手，串联起航班失事时以及失事后的各方情况。他通过对目击者的采访还原了空难的情景；通过对罹难者家属及同事的采访还原了罹难者生前的生命轨迹；通过对当事方的采访不断地逼近事件的核心。

二、具有重大社会影响力的事件

具有重大社会影响力的事件通常是可预见的，要么是即将发生具有重大社会意义的事件，要么是已经发生、造成了巨大社会反响的事件。可预见的新闻事件范围广泛，既包括每年“两会”的召开，重大体育比赛如奥运会、世界杯的举办等；又包括重大工程完工，

① 新京报社：《〈新京报〉十周年丛书：探底》，中国发展出版社，2013 年版，第 1 页。
② 李海鹏：《悲情航班 MU5210》，《南方周末》，2004 年 12 月 25 日。

卫星发射，重要案件的审判等等。对于有较大社会影响力的事件，人们不仅关注其发生、发展和结果，更关注事件的具体信息、细节和故事，受众对重大新闻事件更丰富、更深刻的信息需求，可以让事件类新闻特稿发挥其优势。

2006年世界杯期间，全世界的球迷都沉浸在狂欢中。《中国青年报》的《冰点》专版的编辑偶然从电视中看到了一个一闪而过的画面——几个农民工在雨中打着伞，仰头看街边正在直播比赛的大屏幕，直播只有画面而没有声音，他们就用耳机同时收听广播里的声音。这一“意象”启发了编辑，于是有了特稿《无声的世界杯》[①]。在这里，我们看到了农民工——这个被都市遗忘的人群，是怎样参与到这场世界杯的嘉年华中的。

案例精选

《无声的世界杯》节选

据说，夜总会的大屏幕最多时曾吸引来上百名农民工看球。他们占据了夜总会对面的一长溜马路牙子和人行道。一些人来自陶辉所在的工地——正建造的60层“富力中心”写字楼，一些人则在夜总会斜对面为铂林国际公寓建造32层的商品住宅楼，另一些人在附近修建地铁，还有一些人来自不远处的海关大楼工地。

他们有的铺着凉席，有的垫着报纸。大多数人趿着拖鞋。有人打着赤膊露出精黑的上身，有人像陶辉一样披着上衣敞开胸，也有人像要出门一样特意穿戴得整整齐齐。

一部分人拿着收音机，将耳机塞进耳朵里。所有的人都在仰着脖子看大屏幕。大屏幕右侧，“至尊国际”大招牌上，七彩的霓虹灯闪动着，像在跳舞。

下方的大门内，两名身穿白制服的服务生，各将一只手矜持地背在身后，一边将大门拉开，一边优雅地向来客鞠躬。

无声的世界杯后面，是民工们的现实生活：从一个工地到另一个工地，讨要工钱，与妻子发生是否留在大城市的争执。

7月7日，工人与建筑商谈判结束，拿到了共70余万元的工资。一部分工人拿到全部被拖欠的工资，另一部分人拿到了部分工资。曾强说，陶辉属于另一个老板手下，原本5 000多元的工钱，他只领到了1 000多元。

“以后再想要回来，估计难了。”他皱了皱眉说。

---

① 包丽敏、李润文：《无声的世界杯》，《中国青年报》，2006年7月12日。

曾强、陶辉和其他两个球迷工友本来约好了，大家一起打车去中华广场的露天大屏幕看半决赛和决赛，车费和酒费大家均摊。

但是，拿到工资的工人们迅速离开了这个工地，急着到下一个工地去挣钱。7月8日下午，在德国队和葡萄牙队争夺第三名的比赛开始之前，陶辉也带着妻女匆匆搬到了下一个工地。

陶辉搬走时没跟曾强打招呼。工棚里，满地狼藉，陶辉那张加宽的床只剩下光光的床板，还有床头上一个装辣椒酱的空罐。

“这就是工地，”胖子曾强摊了摊手说，“这就是我们的生活。”

陶辉的新工地依旧在这个城市里。“城市不太好，太吵，也就是交通好。你要有50万，在城里算不了什么，可你在老家要有20万，人家都愿意听你的。城市的竞争太激烈了。”7月3日，陶辉坐在大屏幕下的马路牙子上接受采访时这样说。

“可是我喜欢城市。”他的妻子插嘴说，“我不喜欢山区，这里看着舒服一点，连走路也舒服。”

三、反映社会精神风貌的新闻故事

事件特稿并不只聚焦于重大的新闻事件，平凡人做的小事也往往记录了社会精神风貌的变迁，其中蕴含的时代精神更加能够带给人们一定的精神力量。记者既要做时代精神的记录者，又要做生活细节的发现者，通过敏锐的视角和洞察力，去发现生活中反映社会精神风貌的事件。

以《中国青年报》特稿《富家子弟千里搭车记》[①]为例，富家子弟吴大伟开惯了豪车兜风，有一天却突然“头脑发热”决定搭一回便车，特稿记录了他的搭车之旅。

案例精选

《富家子弟千里搭车记》节选

开着自家一百多万的豪华汽车兜风时，吴大伟几乎从没注意过路边试图搭车的人，即使看到，他也会毫不犹豫地呼啸而过。

直到有一天，一阵“头脑发热”之后，20岁的天津科技大学学生吴大伟决定也去搭一

① 张国、刘雅楠:《富家子弟千里搭车记》,《中国青年报》, 2011年11月2日。

回便车。

这个身高1.79米、体重“0.11吨”的大块头是在9月26日清晨出发的。他背了足有30公斤的睡袋、帐篷和食物。包里还有一沓用过的打印纸，纸上写着沿途的目的地，左手举着纸牌，右手竖起拇指，他打算就靠这个手势，用5天时间从天津搭车去昆明。这是他从一个纪录片里学来的，那部片子里说：“有些事现在不做，一辈子都不会做了。”

他在社交网站上记录了这次旅程，但屏蔽了可能向父母通风报信的好友。对于这个习惯乘飞机出游、拥有航空公司银卡的富家子弟来说，父母所能想到他最疯狂的旅行方式，“撑死了是坐火车”。他们的儿子性格内向，平时甚至是“不敢与人对视”的。

旅行从起点就不被看好。把吴大伟送到第一个高速路口的的士司机震惊之余，好心提醒他“别上了坏人的车”。

当今社会，越来越多的年轻人开始尝试这种搭车穷游的旅行方式，伸出拇指站在车辆呼啸而过的高速公路旁，用一张白纸写着目的地。社交网站上越来越多的文章开始晒自己的穷游之旅。一方面体验生活，另一方面可以节省开支，再者通过在人人、微博、微信等社交媒体上晒照片等实时记录的方式可以与朋友一起分享旅行生活。

但是，看似美好的搭车生活非常不顺利，这位富家子弟最终在5天之内，免费搭车7辆，行程共1 500公里，只完成了计划的一半。其中遭遇的人与事，颠覆了他的很多价值观念。这些人与事，正反映了当下转型期社会中的种种价值观的乱象。人与人之间缺乏信任感，面对求助者缺乏爱心，想帮助他人却怕为自己惹来麻烦，越是豪车越不肯打开车门，反倒是底层普通人多次对他伸出了援手。

从这天起他“受到了锻炼”。几个小时里，不停地被拒绝，又不停地重复同样的笑容和请求，“脸皮越来越厚”。有人本来表示路过他要去的地方，一听说搭车，立马改口。有时他刚自我介绍，车门就砰地关上了。

“我能理解他们。”他说。从前他在网络论坛上留下电话，问谁愿意搭自己的顺风车，可从没接到过求助电话。他有时甚至想开车去车站免费接送客人。“可是这样做的话，有人会相信吗？”

……

这个在家开豪车的年轻人发现，相对于豪车来说，普通车更易拦下，似乎寻常百姓更乐于助人。

“奔驰”“路虎”“雷克萨斯”都拒绝过他。一次当他冲着车身标有“中国高速”的路政车辆竖起大拇指求助时，对方反而鸣笛示警，让他“彻底失望”。

把他从临汾拉到运城的两位河南司机，用几乎听不懂的口音招呼他吃小面包车里的水果，到达后又对加油站的工作人员千叮咛万嘱咐，一定要帮他搭上车。

在超市过夜，女收银员听说他的计划后，虽然眼神就像“看精神病人一样”，但还是打包票说，她会劝客人帮他的，否则“我就不给他们开发票”。

他从前开着跑车在众人羡慕的目光中穿过，感觉“挺爽的”。可如今意识到，当自己背着包，像个穷小子那样求助时，人们根本不会多看他一眼。“没有那个车，你什么都不是。”

《富家子弟千里搭车记》的记者敏锐地抓住了富家子弟吴大伟的搭车之旅，从一滴小小的水珠折射出当下的社会万象。

四、话题类社会事件

话题类社会事件是人们长期关注的话题，而非一夜之间由一个事件突然引发公众关注才走进人们视野的。从其重要程度来说，话题类事件并不逊色于硬性新闻，它往往与人们的日常生活息息相关，是人们普遍关注的。话题类特稿的写作非常考验记者的新闻敏感度，找准话题的切入点，将事件与人们最关心的话题相结合，才能真正找准时代和社会的本质矛盾，推动热点、难点、重点问题受到普遍关注并产生良好的社会效果。

例如“安乐死”问题在中国一直是一个高关注度的话题，它背后的道德与法律、道德与人性、法理与伦理间的博弈是讨论的重点。2003 年的特稿作品《安乐死的中国现实》就我国安乐死的现状与西方国家进行了对比。又如“富豪”“相亲、征婚”这类话题也一直是受众比较关注的话题，当两个话题结合在一个命题之下时，关注度会更高。特稿《富豪征婚记》[①]，记录了 3 位中年富豪征婚的事件。

案例精选

《富豪征婚记》节选

不管广告上怎么讲，经办人何鑫认为，在过去 3 年中引起广泛争议的 3 则“亿万富豪征婚广告”背后，男主角们的兴趣相互接近，又显而易见：漂亮、年轻、白、乖、

① 李海鹏:《富豪征婚记》,《南方周末》, 2006 年 1 月 5 日。

处女。

如今，3位富豪得偿所愿，各自挑选到了一个符合条件的女孩，还都是大学生。他们的共同点并不止于此。他们人到中年或接近中年，来自上海，资产过亿，自信是人中翘楚，把自己在物质上的成功归结为个人的品性、奋斗和运气。他们之所以花费巨资刊登征婚广告，是因为想得到真正配得上他们的女孩，而不仅仅是旁观者认可的“合适的对象”。

十几年来，中国女性初次性行为的平均年龄大大降低，适龄处女的数量减少了。何鑫的话从经济学的角度解释了富豪们为何会有此要求：“他们就是想要极品。”

对于这个小世界中金钱与伦理、欲望与理性之间的冲突，何鑫并不忌讳。“你可以说富豪征婚是一种金钱造成的权势。”他说，“当然，这里没有强制性。”

来自浙江的张茵（化名）参加了2003年的富豪征婚，在她看来，双方见面，表面说是互相选择的过程，其实女孩们就像待选的水果一样，一切全由对方决定。

她承认，即便是在对“叔叔”毫无感觉的情况下，她仍希望嫁入豪门。这个“叔叔”就是刘强（化名），2003年的征婚人，刚刚离婚不久，东北人，在上海做高档汽车零配件的生意，资产数亿元。当时刘强42岁，她20岁。以往遇到喜欢的异性时，她会手心出汗、脑子混乱，那天一点儿都没有。可是，几天后何鑫向她转达刘强的“未录取”的意见时，她仍然觉得非常失望。

张茵明确表示自己喜欢钱，并认为自己有追逐它的权利。“或许我不适合亿万富翁，我适合千万富翁。”当时她只能如此安慰自己。

那是富豪征婚的最轰动的时期。2003年4月10日，刘强的征婚广告在媒体上刊登，应者云集。何鑫回忆说：“那是个重磅炸弹。”

特稿从律师的角度直接切入主题，富豪征婚事件背后为我们呈现的是社会转型期社会道德、价值观的嬗变。

综上所述，不论是重大突发性事件、具有重大社会影响力的事件还是反映社会风貌的事件或者话题类事件，事件类新闻特稿的写作题材一定有其特定的新闻价值和社会价值。生活中发生的小事，关乎黎民百姓的利益；生活中发生的大事，关乎社会的变化和历史的进程。当然，不论大事小事，都会充满矛盾和斗争，记者在特稿写作过程中一定要多侧面、多维度地表现那个最有特征和意义的点，提炼主题，反映时代精神。

第二节　事件类新闻特稿的写作要求

相对于其他类型的特稿，事件类新闻特稿具有以下几个鲜明的特点：

（1）有明确的行为主体。

（2）发生的时间、地点相对集中。

（3）有开端、过程和结尾。

（4）鲜明的矛盾性和冲突性。

（5）有具体的原因和结果。

针对这些特点，我们在写作事件类新闻特稿时，要注意以下几个方面：

一、赶赴事件现场，获取一手资料

现场发现对于新闻记者来说是非常重要的。无论是突发性事件还是具有较大社会影响力的事件，现场素材在事件类新闻特稿的写作中都是必不可少的。记者为了取得第一手资料，通常在获得线索的第一时间就赶赴现场。现场素材具有强烈的真情实感，它的可信度、吸引力和感染力是其他材料不可比拟的。[①]

记者在新闻现场采访和收集材料时，可以通过以下几种方式：

（一）亲历事件，捕捉现场素材

第一手资料是指记者亲历现场，通过自己的观察和采访直接获取来的资料，经过实地走访新闻现场得来的新闻信息，比较生动翔实，有现场感和感染力。特稿《回家》[②]的作者林天宏这么认为："对于特稿写作的采访来说，你必须要到采访对象生活的地方，你要用脚去采访，你只有走进那个环境以后，你才能真实地感受到采访对象生活在什么样的环境里，他每天接触到什么，他受到什么东西的影响。"

在《回家》那篇特稿中，有一个反复被读者提起的细节。

案例精选

《回家》节选

离坟不远，就是程家住的救灾帐篷。通讯中断后，他们只能通过一台小收音机来了解外面的信息。5 月 19 日的全国哀悼日，一家人觉得也应该做点什么。

村子里找不到旗杆，也没有国旗，他们便在帐篷边竖起一根竹竿，在竹竿的中部捆上

① 宋春阳、孟德东、张志攀：《实用新闻写作概论》，复旦大学出版社，2004 年版。

② 林天宏、贺延光：《回家》，《中国青年报》，2008 年 5 月 28 日。

一块红布，就算是下半旗了。每天下午2时28分，这户农民就在旗杆下站上一会儿，用自己的方式，来表达对死难者的哀悼。

偶尔有微风吹来，这块微微抖动的红布和天蓝色的帐篷布，构成了山坡上的一缕亮色。

这个细节是记者采访结束后准备离开时，无意间看到的。林天宏在《特稿写作全攻略》一文中写道："起初，我并不清楚这是面自制的半旗，老程告诉我，他听了电台里说，国家要下半旗致哀。他们没有国旗，只能用这个替代。但如果不是去了当地，只是通过电话采访，你怎么可能看到这样的细节？"

（二）采访事发之后的现场

由于时间和空间的关系，对于大多数突发性事件，记者都无法亲历事故的发生。往往是在事发之后，记者才赶赴现场，记者需要在事发现场仔细观察，以便取得同样具有第一手资料价值的素材。

案例精选

《焦虑的四合院》节选

记者来到损失最惨的李先生家里。还没进门，就看到碎玻璃满地都是，屋门的门框已被砸烂。记者在李先生女儿的屋里看到，满屋一片狼藉，孩子的书、琴、衣服扔了满地。在另一间屋里，李先生的女儿躺在床上。16岁的女孩浑身是伤，脖子上有深深的血印。一个邻居说，"孩子被打了十几棍，已经一天没吃饭了，现在还一直头晕、想吐，刚才去医院看病，医生说可能有脑震荡。"

这段材料出自特稿《焦虑的四合院》①，记者描述了居住在四合院的居民遭遇强拆队暴力伤人、故意破坏。事发之后，记者赶赴李先生家，并记录了现场一片狼藉的景象和女孩被打的严重伤情。记者对事故现场的描写细致入微，非常具有说服力，激发了读者对强拆

① 张捷、南香红：《焦虑的四合院》，《南方周末》，2003年8月7日。

队的愤怒和对四合院居民的同情，进而对四合院的拆迁问题进行反思。

（三）请当事人陈述事件经过和有关的现场素材

在事件特稿的采访写作过程中，采访事件的当事人和现场目击者是非常重要的环节，通过事件当事人或目击者陈述事件发生的经过，也能够完成对现场的生动还原。这一环节的关键是获得当事人的信任，只有取得了当事人的信任，特稿材料才能够更加丰富翔实、富有真情实感。

以特稿《悲情航班 MU5210》为例，记者调查采访的对象包括：现场目击者、受害人、当事方以及围绕着空难的各种传闻。特稿用这四个角度结构全篇，全文可分四个部分：一是“55 个人的最后 40 秒”；二是“你想起了什么？”；三是“待揭开的谜底”；四是“各种传闻”。

在第一部分中，记者李海鹏采访了众多事件相关者和现场群众，还原了飞机上“55 个人的最后 40 秒”。这些采访对象包括：

（1）最有说服力的民间目击者之一——私营小游乐场的老板安昌荣；

（2）最靠近爆炸点的目击者——南海公园的职工俞湛、宋喜宝；

（3）最早到达现场的人之一——南二里半村的村民刘凤鸣；

（4）路人甲——在 500 米外的南二里半村，刚倒完泔水的小青年白龙；

（5）路人乙——在附近的煤场干活的年轻工人于全有；

（6）群众 A——方圆 2 公里范围内，相当多的户外居民；

（7）群众 B——在事后几天围观的包头市市民们。

在第二部分中，记者主要讲述了几个罹难者的故事，采访了以下人物：

（1）罹难者之一——李江的家属；

（2）罹难者之二——副驾驶易沁炜的同事；

（3）罹难者之三——金世全的家属；

（4）罹难者家属群体 A——一些家属的反应及其待遇；

（5）罹难者家属甲——其中一位罹难者家属的状态；

（6）罹难者家属群体 B——祭奠死者的 4 个男孩。

在第三部分中，记者李海鹏采访了作为当事方的机场人员和乘坐过此次航班的普通乘客，包括：

（1）当事方之一——包头机场办公区有关人员；

（2）当事方之二——机场办公室的主任许有忠；

（3）第一个记录悲剧的人——南海公园附近的王大汉村的礼仪摄影师李三斌；

（4）曾经乘坐过此次航班的乘客之一——未能取得联系，但是记者如实记载了采访的过程；

（5）曾经乘坐过此次航班的乘客之二——叶国柱（援引《广州日报》报道）。

在第四部分中，记者列举了社会上有关此次空难的各种传闻，并如实记录了求证的过程，试图探求事故背后的原因。

二、深入挖掘，提炼有新闻价值的主题

在事件类新闻特稿写作的过程中，记者不仅要生动、详细地报道事件的过程、细节和故事，而且要注意深入挖掘事件的思想内涵，提炼出有新闻价值的主题。特稿的主题来自于对素材的提炼、体现于对素材的有序组织。它要求记者通过深入采访，充分搜集材料，系统归纳、概括，最后分析和提炼出主题。

对于同一事件，由于观察角度的不同，记者可以提炼出不同角度的内涵和主题。一般而言，记者需要从公众最关心的、能引起公众共鸣的角度去认识新闻事实，选取最精粹的一点，围绕主要矛盾组织材料层层推进，从而揭示主题的深刻性和广泛的社会意义。

特稿《万家灯火为谁熄灭》[①]，讲述了发生在广州市花都区高压电塔上的一起“自杀”事件。在场的区委官员，为了挽救高压电塔上轻生妇女的生命，经层层汇报后做出切断高压电源的决定。轻生妇女获救了，但广州市花都区一半以上的电力供应却因此停止了数个小时，经济损失达数百万之巨。记者的写作没有局限于轻生妇女获救的惊心动魄中，而是更深入地挖掘了该新闻事件的内涵，提取了更有价值的新闻角度，“半个花都陷入黑暗，生命之光却因此大放异彩”。

案例精选

《万家灯火为谁熄灭》写作分析

1. 交代背景

然而停电对一座城市意味着什么？工厂的生产线将因此停止运转，医院将有可能不能

① 包丽敏：《万家灯火为谁熄灭》，《中国青年报》，《冰点》特稿第695期，2007年10月24日。

再施行手术，居民区的电梯将无法升降，红绿灯会因此失灵，交通会发生混乱，路灯也将大片熄灭，如果正好有大规模的集会，还容易发生挤压踩踏……而广州市建在花都区的国际大型航空港白云机场，那些起落的飞机，也有可能受到波及。

停电，城市将为此承受损失。数十万人口将为此遭受影响。

从云贵地区西电东送过来的电力，沿着中国南方电网50万伏的超高压线路，一路输送到这座铁塔约30公里外的换流站，在那里转成22万伏，“拐”进这两条高压线路，再输送进花都区。而整个花都区近1 000平方公里辖区所用的绝大部分电力，总共由3条这样的输电线路供给。

这意味着，为了救这个女人，需要切断花都区3条“大动脉”中的两条，也意味着，将停止花都区一半以上的电力供应。

至少半个花都区将陷入黑暗。

而仅剩的一条“大动脉”，是修建于上世纪80年代的老旧线路，它从200多公里外的韶关一路穿山越水而来，没有人能保证，它在长途的跋山涉水中不会因为突然的风雨或雷击或人为施工破坏等各种不测而跳闸。

那么，最坏的打算是，整个花都区将陷入黑暗。

2. 政府关怀

120救护人员早已在现场待命，消防队员早已在现场待命，供电部门的抢修队伍早已在现场待命。

区供电局的领导到了，市供电局应急办公室的领导到了，花山镇镇政府能出动的干部都出动了，区政府应急办公室主任赶来了，一位副区长赶来了，3位区委常委赶来了。3位常委中，有当天负责值班的区委纪委书记，有区委办公室主任，甚至还有区武装部长。“谁知道呢，当时现场说不准就有可能需要调动部队来帮忙。”区政府应急办公室主任杨志强事后说。

现场组成了临时指挥部。在一条排水沟附近的农田里，摆上几张折叠椅，就是指挥部所在地。指挥部把一家当地电视台记者的摄像机“征用”了，充当望远镜来监测塔顶的营救对象。

消防车上的探照灯照亮了现场，人们不敢将灯柱对准他们的监测和营救目标，怕强光给她造成某种意想不到的刺激，只是偶尔将光柱移上去晃一下，看一看她在铁塔上的动向。

3. 市民爱心

大约半个花都区的行政区域内，路灯大片大片地熄灭，交通信号灯失灵，城市的霓虹瞬间消失。就在距离这个命悬一线的女人三四公里外的花山镇，一家通宵营业的网吧里，七八十个客人面前的电脑同时黑屏。因为老板将手机落在车里，没有及时看到停电通知，这家网吧的突然停电导致4块主板和3块硬盘损坏，而当晚的营业额损失上千元。

几家美容美发店提前结束营业，“24小时营业大旅店”的灯箱广告熄灭了。人们点起了蜡烛。

居民小区里，一位姓唐的女老师早早睡下，却因为电风扇突然罢工，在夜里11时过后被热醒了。她困得双眼睁不开，却不得不给她3岁的女儿扇扇子，扇子一停，小女儿就开始哭闹。她听到有人热得睡不着，到黑了灯的街道上去散步乘凉。

“总之是麻烦死了。”水果摊老板老刘抱怨说。当晚他至少少做了一半的生意，整个市场黑乎乎的，想吃宵夜也没处吃，回家睡觉又没有空调，“热得要命。”不过，“反正救人嘛，无所谓啦。”他咧开嘴笑。

三、描写事件中的关键场面、细节

情景、场面是新闻事件中的具体画面，是自然环境、社会环境、人物、活动的综合形态。描写新闻事件的关键场景就是要描写事件发生某一阶段的具体情况，这是受众了解事件类新闻的重要环节。关键场面描写得生动形象，会让读者产生身临其境的阅读体验。在情景写作的过程中，记者要注意对关键情节和具体细节的描写，才能使场面显得丰富不空洞。

特稿《回家》中有这样的一个场景：村子里找不到旗杆，也没有国旗，他们便在帐篷边竖起一根竹竿，在竹竿的中部捆上一块红布，就算是下半旗了。

这个场景让人印象非常深刻。正如记者林天宏本人事后回忆道：“一个国家八九万人的国殇和最普通的一个农民家庭的悲伤，在这个竹竿和红布上就这么融合起来了。”在失去爱子的巨大伤痛中，他们也没忘记这场大灾难里的国家和更多的伤心家庭。

此外，细节的描写也是相当重要的。通过描写新闻事件中的典型情节、细节来塑造的关键场面，常常能够使新闻特稿充满震撼人心的力量。这样的细节最能够引起读者的注意，动情之处能够长时间留在读者的脑海中。

案例精选

回家（节选）

正在长身体的程磊，身高1.65米，已经比父亲高出了2厘米。趴在父亲的背上，他的双脚不时摩擦着地面，每走几步，程林祥就要停下来，把儿子往上掂一掂。刘志珍在丈夫身后，托着儿子的身体，帮助他分担一些重量。

程林祥把儿子的双手绕过脖子，轻放在自己的身前。一边走，程林祥一边和儿子说话："幺儿，爸爸带你回家了。你趴稳了，莫动弹啊。"

儿子的身体在背上起伏着，带出的一丝丝风响，像是一声声呼吸，掠在程林祥的脖颈上。有那么一瞬间，他甚至觉得儿子还活着，还像小时候那样，骑在爸爸的身上，搂着爸爸的脖子。

程林祥的力气原本不大，在工地上，别人一次能背20块砖头，可他只能背十多块。可此时，他似乎觉得"身上有使不完的力气"，背着儿子一步步地往前走。

"绕过""轻放""莫动弹"等一系列的动作细节描写，生动地再现了这个悲伤的父亲的形象。白描的手法，更质朴，更纯粹。平静的描述下潜藏着激流，更引发了深重的悲剧感。

四、线索清晰，选择适当的结构方式

无论什么事情，都有起因、发展、变化、曲折、结局。对于围绕事件展开叙事的事件类新闻特稿，记者必须把这些关系事件过程的因素都交代清楚，叙事才能够清楚。也就是说，记者要找到清晰的叙事线索，并选择适当的结构方式将素材组合起来。

首先，每个事件的经过，都有环环相扣的情节链条和因果链条，这是记者在事件特稿中必须展示的线索，而线索是把特稿中所有材料组织成有机整体的脉络。一般来说，情节链条是显性事实，通过事件当事人的陈述就可以弄清楚。但因果链条一般是隐性的，这就需要记者具备逻辑和调查分析能力。通常来讲，事件类新闻特稿需要完整地介绍事件的全过程，要使受众了解事件的来龙去脉、因果联系。记者通过自己的采访，掌握了两条脉络之后，就可以采用时间顺序或倒叙的方式进行叙述了。①

其次，事件类新闻特稿的写作过程要以主要矛盾为中心。每个新闻事件都是由事件的主要矛盾引发的，并且矛盾促使事件进一步发展。写作过程中记者要围绕主要矛盾，抓各方之间的次要矛盾，这样故事就会充满戏剧性，以跌宕起伏的情节引人入胜。

最后，事件类新闻特稿的写作在叙述事件情节的过程中，要特别关注事件发展的关键节点、转折点，叙述详细充分，以展示事实蕴含的逻辑力量。

《南方周末》的特稿《那十五天到底发生了什么》②讲述了拆迁过程中重庆"史上最牛

① 宋春阳、孟德东、张志攀：《实用新闻写作概论》，复旦大学出版社，2004年版。
② 张悦：《那十五天到底发生了什么》，《南方周末》，2007年4月12日。

钉子户”事件解决的过程。此事件从网络发端，引起网民的热议，此后传统媒体跟进报道，揭示其背后蕴含的激烈的社会矛盾。更重要的是，物权法刚刚通过，几乎所有的观察者都把事件的处理结果作为衡量中国保护私有财产尺度的依据。事件平息后，记者通过采访还原了“钉子户”事件的解决过程：

案例精选

《那十五天到底发生了什么》节选

大风起兮

3月17日，法院责令杨武在3月22日前自动拆除，全世界媒体蜂拥而至。

不眠之夜

22日事态达到高潮，众媒体长枪短炮都在那里守着到凌晨。

杨武、吴苹、区法院、区政府工作人员均一夜无眠。

官方决定，23日上午开通气会，告诉媒体22日晚上不是强拆。

“甚至有同志提出法院和房管局、区政府一起开新闻发布会，法院方面觉得很不合适，（如果一起开）社会会怀疑法院丧失了独立权。”

新一轮的谈判

26日、27日谈了两个下午和一个晚上。

经过法院做工作，达成原地还房的方案，此外总补偿额降到了100多万。

“孤岛”现场和周围都有24小时监控。

“当时我已经精疲力尽了，吴苹也不行了，当天晚上就去输液了。”法院院长说。

决定最终赔偿额的3小时

双方同意的方案，在“上面”没有通过。吴苹要求见区委书记。

会面中，吴苹说这个事情演变下去，政府有什么脸面？

郑洪明确表态，维护法律和司法的权威就是政府的脸面。郑洪回忆，“我跟她分析这个事情延续下去会有哪几种结果，我们对这个事情是什么态度，最好的结果又是什么，大家谈得很愉快。”

柳暗花明

刚出现转机的谈判，又陷入了山重水复的地步。根据拆迁安置方案的规定，原地修建的房屋不能作安置用房。

吴苹对“先货币补偿，然后优惠购售买”存疑虑。

此外，吴苹一方面争取原地安置，一方面又不相信能实现：“如果我谈成了原地安置，其他拆迁户肯定会来找政府和开发商闹。”

最后，九龙区区长提出方法：在异地安置（更好的地段）。吴苹：“作为一个公民，在捍卫自己权利的同时，我也要为国家考虑。”4月2日，一场风暴偃旗息鼓。杨武通过开发商连夜赶制的长梯离开了“孤岛”。

引文讲述了重庆“钉子户”与政府谈判的相关细节。《那十五天到底发生了什么》选择了：大风起兮、不眠之夜、新一轮的谈判、决定最终赔偿额的3小时、柳暗花明共5个关键节点对事件进行描写，以时间为顺序依次展开事件，描写其发生的经过。通过这样的描写，我们了解到拆迁过程中政府工作的不易。记者通过对重庆九龙坡区委书记郑洪、九龙坡区法院院长张立、达成协议后“消失”的“钉子户”吴苹三者的采访，还原了事件的经过，细述了一场公共危机是如何通过各方努力、妥协得到解决的过程。这样的写作方式条理清晰、环环相扣、因果分明，能够向读者完整展示事件的来龙去脉，使作品真实可信。

五、妙用人物引语

引语就是人物所说的具有代表性的原话，这些话语往往能够生动地刻画出事情发生的特定环境，塑造人物个性。直接引语能为报道增添色彩，让读者和采访对象“直接接触”，更为可信。精炼的引语能够增强新闻的真实性和感染力，还可以适当减缓新闻报道的节奏，使报道张驰有度，急缓相宜，增强新闻报道的可读性。特稿写作中，引语的使用非常重要。

《搬家》是《冰点》栏目曾经发过的一篇亲历式报道，讲述了《中国青年报》记者蔡平父母一家乔迁新居的故事，引语的妙用呈现出了很多精彩的画面，常常让人忍俊不禁。

案例精选

《搬家》节选

几个孩子观念一致，就是要把老头儿、老太太用了几十年的东西一举扫地出门。在新房里，一切都是新的。搬家时老太太就在那儿犯嘀咕：“桌子上的东西不让收，床上的被褥不让叠，呆会儿人多手杂，出了问题怎么办哪！”

几个子女抱着东西就往楼下跑，对着几个收破烂儿的就喊：“谁要？”这根本就不是卖，而是送。一会儿工夫，收破烂的车上已经堆满了台灯、笔筒、花瓶、锅碗瓢盆儿……

几个人正送得高兴，没想到老太太在后面大叫一声：“别给我扔了呀！”二话没说，上来就揪她的褥子。老太太脸都急红了，一转头又发现了车上那么多东西，就放开手走过去，嘴唇动了动，没有说出话来，只是依次地用手去摸。

“妈，你别舍不得，我们都给你换新的。”弟弟搂着老太太上楼去了。

过了一会儿，老头儿又冲进来：“谁干的？这是谁干的？”他用手里的老式台灯，敲着怀里的几口旧锅：“我花5块钱从楼下收破烂那儿买来的。”

又一看床上：“褥子呢？”

“放楼下了。”弟弟头也不抬。

“你怎么不把爸爸妈妈给扔了呢，嗯？”老头儿咬着牙问。

“你怎么知道这锅是咱家的？”弟弟避开话头。

“用了几十年，我能不认识？”

“你是医生，不知道长期用铝锅有害？”

“那你就扔？你知道这台灯跟了我多少年？”

“我给你们买新的。”

“买、买、买。什么都买，你有多少钱，你再买个时髦的爹妈来好不好？都是钱烧的。”

“你知道咱们国家不发达为什么？不消费，没法儿促进生产。”

“嘿，听见了吧，老太太，咱俩有事儿干了。”老头儿大叫起来，“国家指着咱俩促生产哪！”

“都像你这样，国家没法儿进步。”

“像你这样好？国家都让你给败光了！”

父子二人吵得不亦乐乎。

姐姐把老头儿、老太太哄下楼去，弟弟又把旧家具一股脑儿用最低价卖给收破烂儿的。

搬入新家，逐个打开老头儿、老太太自个儿装好的纸箱，又出了一场戏。老太太犯了心绞痛，躺在新家的大客厅里一声不吭。弟弟不知道从哪儿找来个小保姆，在那儿命令着：“这些，扔！那是什么？扔！”

老太太睁开眼睛，有气无力地对蔡平说：“熬药的砂锅扔了，炒菜锅也扔了，旧毛巾扔了，拿新毛巾当抹布，刚才还嫌塑料盆儿多，让我给抢回来了。”说完又闭上了眼睛。

蔡平出去劝弟弟：“你收拾东西是不是征求一下父母的意见，这日子还得他们自己过啊！”

“听他们的，这个家就别想变。我们花这么多钱为什么，还不是为他们好，黑糊糊的炒菜锅有好几个，光熬药的砂锅就有5个，毛巾硬得像铁皮似的还留着。”他又从纸箱里拿出几瓶咖啡和果珍：“都过期几个月了，还宝贝似的藏着呢！”说着，顺手就扔到垃圾桶里去了。

姐姐来了，煞有介事地查看锃亮的地板，对老太太说：“以后出来进去都要换拖鞋，不能穿那种塑料的，我今天都买好了，都得穿软底儿的，地板要经常打蜡，时间长了就不亮了。我雇保姆就是为了这地板。”

“你把地板起下来拿走吧！”老太太睁开眼睛说，“你看这房子，墙上的柜子做得像百叶窗，还不进土吗？厨房那个不锈钢水池连锅都放不下，这客厅不让踩，垫着个纸板儿，我们像走独木桥，你还是让我多活几年吧！呆会儿我就把那柜子拿纸糊上。”

一会儿，老头儿得知姐姐把他的那些发黄的书刊扔了一些，登时就急了：“啊？扔哪儿啦？”

“垃圾堆啊！”

“快！快给我手电。你们啊，不把爸爸妈妈气死不会罢休的。”老头儿气得直跺脚。

晚上，老太太还想做饭。她问老头儿：“味精呢？”

“垃圾堆里。儿子嫌作料盒难看，扔了。我给你捡点回来？”

“糖呢？”

“儿子说过期了，都扔了，让重新买！”

“我的黄花、木耳也扔了？”

“找不着就是扔了。”

“唉，这日子可怎么过啊。不做了不做了。老头儿你快想想还要买什么，让他把钱花个够，省得在这儿闹革命。”

弟弟带全家出去吃饭。见到一个饭馆儿老太太就往里走，被弟弟一把拉出来。“你这不是丢我的人吗？我哪儿能进这种小店啊！”

进了一家漂亮的饭店。弟弟张口就是海参虾球，这下把老头儿气得嘴直哆嗦。“你知道你妈一个月的退休金有多少？你姐姐当记者一个月的工资是多少？还不够你一顿饭钱。你要是我儿子，就回家跟我们过普通人的日子，要不是，就回你的外国去！”

这顿饭算是没吃成。

晚上，回到家里，老太太怕在溜光水滑的地板上滑倒，扶着墙站起来，一步一步挪到床边，躺下。

老头倒在沙发上，长叹：“这不是搬家，是‘文革’，是第二次抄家！”

引语的妙用成为这篇特稿的点睛之笔，这次普通人的《搬家》之行，生动地反映了社会的变迁和两代人之间在生活观念上的巨大鸿沟。老头儿、老太太生动的语言，仿佛让读者也来到了搬家的现场，像听着自己的父母唠叨一样，亲切又有趣。《冰点》的编辑李大同说："编辑部里人见人笑，都说是太生动了。"

在《悲情航班 MU5210》中，记者通过网络搜索到了副驾驶员易沁炜的公司同事在网上发表的悼念的帖子，结尾是这样的："小易，告诉我，从 300 英尺往下坠落的 1 分钟里，你想起了什么？你还是个孩子，你一定也很慌乱。告诉我，你想起了什么？"记者选取了悼文中最催人泪下的一段，很容易让受众感同身受，产生共鸣。

六、写好事件中的人物

人是事件中的主要角色，是事件的行为者、事件的受益者或受害者。记者要善于通过事件中人的活动、人的思想感情、人的命运、人的故事来表现主题。虽然事件特稿以事件为主，但故事的落脚点最终还是在于人。当然，事件特稿和人物特稿写"人"是有区别的，人物特稿本身就是围绕人物进行讲述的，可以对特定的一两个人物用细腻的笔触进行描写。事件特稿围绕事件展开叙述，与事件相关的人物较多，不可能面面俱到，所以要把握好人与事件的关系，不仅要写好事件中的主要人物，还要用简洁的笔法勾勒人物群像，以人带事，事中有人。

《回家》中的四川农民程祥林，《悲情航班 MU5210》中的年轻的副驾驶易沁炜，《搬家》中的老头老太太，形象鲜明，给受众留下了深刻的印象，并进一步深化和细化了事件信息。

总之，记者要善于通过事件中人的活动、人的思想感情、人的命运、人的故事来表现人物，并进一步挖掘主题。

事件性新闻特稿的写作强调材料真实可靠，要求我们迅速到达新闻现场，尽可能收集到宝贵的一手资料，通过其他途径获得的二手或三手资料都必须经过严格核实，才能运用到文章中；特稿写作强调作品的社会意义，所以作品不能流于表面，要深入挖掘事件的思想内涵，提炼有新闻价值的主题；在写作过程中，要选择恰当的结构方式，做到叙事线索清晰，解释事件来龙去脉，对于关键性的节点要着重描述，并且要注意描写事件中的关键场景、细节；同时，特稿的故事性特征要求记者不仅要善于妙用人物引语，还要注意刻画人物形象。

思考与研讨题

1. 列举事件类新闻特稿的选题类型。
2. 突发性事件类新闻特稿的写作要注意哪些方面？请举例说明。

3. 事件类新闻特稿写作的基本要求有哪些？

延伸阅读

《回家》——《中国青年报》（2008 年 5 月 28 日）

《悲情航班 MU5210》——《南方周末》（2004 年 12 月 25 日）

《焦虑的四合院》——《南方周末》（2003 年 8 月 7 日）

《万家灯火为谁熄灭》——《中国青年报》（2007 年 10 月 24 日）

《那十五天到底发生了什么》——《南方周末》（2007 年 4 月 12 日）

参考文献

宋春阳、孟德东、张志攀：《实用新闻写作概论》，复旦大学出版社，2004.

许林贵：《外通社如何采写突发事件特稿？》，《对外传播》，2010.

曹璐：《新闻专稿教程》，中国广播电视出版社，2008.

王志宏：《评蔡平的〈冰点〉文章》，《新闻采编》，1997（4）.

徐国源：《“特稿”新论》，《新闻导刊》，2005.

张超：《“用诗般的语言写就的新闻稿”——南香红新闻特稿研究》，《大众文艺》，2013（15）.

第八章　社会类新闻特稿的写作

本章内容

- 社会类新闻特稿的选材特点
- 社会类新闻特稿的写作要求
- 调查性特稿的特点和写作要求

人物特稿表现各类社会人物的特征，事件类特稿聚焦重大新闻事件，除了这两类特稿外，经常在媒体中出现的还有社会现象和社会问题类特稿。随着我国经济的发展，社会进入了全面转型的时期，各种新现象、新问题或新变化层出不穷。这类特稿报道的主要对象就是这些新近出现的或存在已久却尚未引起媒体注意的问题和现象，如环境问题、教育问题、交通问题、法制问题、农村留守儿童问题等。在新闻业竞争激烈的今天，社会类新闻特稿在媒体上越来越常见。这些社会现象和社会问题与人们的生活息息相关，集中反映了当前的社会矛盾及社会冲突，因此这类特稿报道范围广泛，社会影响力很大。

本章主要介绍了此类特稿的选材特点和写作要求，并就其中的调查类特稿进行了专门的讲述，分析其特点和写作手法。

第一节　社会类新闻特稿的选材特点

社会类新闻特稿从选材上来看，关注社会中大多数人或某个群体成员的生活，并反映了中国转型期复杂的社会现实，具有普遍性、公共性和冲突性的特点。因此，媒体对此类选题给予了极高的关注度，如关注城市堵车现象的《车陷紫禁城》[①]，关注现代人心理问题的《朋友圈里挺美好，但有多少人是活在痛苦中》[②]，关注北京旧城改造的系列特稿《南池子之劫》[③]等。

一、社会类新闻特稿的普遍性

随着市场经济的发展，我国进入了社会全面转型的阶段。在从农业社会向工业社会继而向信息社会变迁的过程中，从旧价值观向新价值观变迁的过程中，社会城乡差别、贫富差距拉大，出现了各种利益群体，并造成了社会矛盾的加剧。因此，社会中出现了很多以前没有的新变化、新问题和新现象。如贫富差距不断拉大，由此造成的贫富悬殊的问题越来越尖锐；再比如由于经济发展而造成的现阶段的环境问题、交通问题，也都是当前突出的社会问题。

这些社会现象和社会问题，首先，具有新鲜性，是以前没有出现过的，或者存在了一段时间慢慢引起关注的。像新浪微博“郭美美炫富”[④]引发的对中国红十字会信任危机事件

① 李海鹏：《车陷紫禁城》，《南方周末》，2003 年 10 月 16 日。

② 谢丹、袁端端：《朋友圈里挺美好，但有多少人是活在痛苦中》，《南方周末》，2015 年 5 月 9 日。

③ 南香红：《南池子之劫》，《南方周末》，2002 年 7 月 4 日。

④ 2011 年 6 月 21 日，新浪微博上一个名叫“郭美美 baby”的网友自称“住大别墅，开玛莎拉蒂”，其认证身份为“中国红十字会商业总经理”。后根据警方的调查和郭美美本人的供述，她本人以及她的资金来源都与中国红十字会毫无关系。

的报道，在经济没有发展到当前阶段的情况下是不会出现的。“炫富”背后是与经济发展同时存在的官员腐败、公权力监督不力、道德水准下降等现象。新媒体时代，很多类似的现象发端于网络，兴起于网络，随后传统媒体跟进，并引发全社会的讨论和关注。

其次，具有普遍性，这些社会问题和社会现象不是单一现象，而是在社会中普遍存在的现象。《南方周末》刊发的《朋友圈里挺美好，但有多少人是活在痛苦中》一文，主要讲述了目前中国社会有很大一部分人存在的“不幸福感”或者心理疾病。在经济发展、社会高速运转的今天，心理问题已经成为一个普遍存在的问题，记者抓住了这个越来越普遍的问题，并对此进行了报道。

案例精选

《朋友圈里挺美好，但有多少人是活在痛苦中》节选

时间是周日上午8点30分，一间30平米的房间里，阳光从东面的窗户照进来，25个人穿着宽松的衣裤沿着房间的四壁围成一圈，前面的空地上放着五六个纸巾筒，筒内的纸巾随时等待被人抽取。

房间里的人各诉心事。有大学老师因竞争压力焦虑躁狂，有在美国长大的ABC男孩因父母的冷落而抑郁低沉……总之，“心像匹野马一样狂奔，却就是得不到安宁”。

这是广东省中医院开展的团体心理治疗的场景。作为国内最早从事团体治疗的心理医生，心理睡眠科主任李艳记得2005年时，科里每年的门诊量只有7 000人次，2014年，这一数字已经上升到了5万。

“无论是抑郁症、焦虑症还是精神分裂的发病率，中国都远高于世界平均水平。”她说。

一组数字可以大致窥探出国人内心世界的秘密。2007年，中国抑郁症人数的官方数字为3 000万；2009年国际著名医学杂志《柳叶刀》的估算则是9 000万，并在不断上升；而2009年中国疾控中心的数据则更甚，我国各类精神疾病患者人数已经在1亿以上。

需求是因焦虑而起。不仅是传统医疗机构，互联网上专注于心理服务的平台的用户数量也在迅速飙升。在国外，这被称为“自励自助产业”（self-help industry）。

互联网心理服务平台“壹心理”创始人黄伟强就曾被快速增长的用户数量吓到了，过去4年“壹心理”的注册用户从0飙升至931万，旗下的心理电台，一年播放量高达3.2亿次，“到底有多少人活在痛苦之中？”连他自己也心生疑问。

另一家专注于内心探索和成长的互联网平台“心探索”也感受到了用户数量和范围的变化。“2008 年创立时，我们还是非常小众的。但现在每期电子杂志的阅读量总计超过 5 500 万。”创始人乌实告诉《南方周末》的记者，其用户群也不再以北京、上海等大城市为主，来自湖北、湖南、河南、四川等地的用户群正在崛起。

各种现象表明，过去几年，中国人的内在心灵需求正在以喷薄之势增长，来自西方的心理学、来自中国的传统文化和世界各地的宗教体系在安顿国人心灵上正呈现出多元化的繁荣景象。

这篇特稿聚焦于人们的心理健康问题，目前我国各类精神疾病患者人数在 1 亿以上，心理健康问题已经成为一个相当普遍的问题。从社会层面来看，经济发展到一定阶段，社会就处在了幸福停滞期，从有钱人到普通白领，从大城市到三、四线城市，这个问题正困扰着越来越多的人。正因如此，这篇特稿对这一现象及其由此带来的“如何安顿心灵”等问题给予了关注和探究。

二、社会类新闻特稿的公共性

在新闻传播领域，公共性一直是一个备受关注且颇具争议的议题。公共性是传播媒介作为社会组织的特殊性质之一，是大众传播媒介的权利基础，也是大众传播媒介进行信息传播活动的基本原则。由于大众传媒具有巨大的开放性和影响力，足以对社会的政治、经济、文化、道德，甚至普遍的社会秩序和公共生活产生巨大的作用，因此，它的各种传播活动承担着公共服务的重大责任。

同时，当前我国正处于社会全面转型的时期，转型期社会出现的新现象和新问题大多与公共利益相关，与社会中的大多数人相关，具有较强的社会意义和社会价值。新闻媒体作为连接个体和社会的重要平台，在信息传播、价值导向等方面有着不可或缺的作用。媒体的社会功能要求媒体必须对社会的发展承担一定的责任，因此，以特稿的形式对这些新现象和新问题进行报道，更容易引起读者的关注和较强的社会反响。

很多优秀的特稿都在关注具有公共性的社会现象，这样的新闻通常需要记者去观察和发现，要求记者具有极高的新闻敏感性，善于从纷繁复杂的现象中找到其本质问题，从宏大的概念中发现具体的事例，从面到点。如果写作中不能具体到点，那么特稿就会丧失其故事性的特点。

如李海鹏的《车陷紫禁城》，关注的就是具有公共性的话题——北京的交通拥堵现象，这个问题和生活在这个超大城市里的每一个人息息相关，记者将这一深刻反映社会矛盾的堵车问题浓缩于一个具体可感的周五傍晚，其纪实的叙述手法引起读者的极大共鸣。

案例精选

《车陷紫禁城》节选

京B－85007在10月10日下午5时20分停在北京市朝阳区和平西桥北侧50米处，在它的前后是看不到尽头的堵塞车龙和连绵不断的秋雨。在庆祝建都850周年的这一天，北京堵塞了，一条条通衢大道上竟然寸步难行。

在前方15米处有个快慢车道的连通口，从自行车道上挤过来的一辆丰田汽车把车头摆进来一点点，准备插进车龙。在它后面，想加塞儿的汽车排成一列。5分钟后，京B－85007仍在原点。“车太多了。”司机崔钢林说。

202万辆汽车使得北京这个XXXL号的城市极其拥挤，但车辆过多并不是它唯一的问题。

这篇特稿并未停留于堵车这一现象，而是进一步剖析为什么交通问题会突然成为这个城市的头号难题。

这个现代化城市是如此弱不禁风，以至于一场大雨或小雪的袭击就足以使它崩溃。是车太多了吗？是路太少了吗？是交通管理滞后，还是城市规划出了错误？北京的交通正面对着一个关键的十字路口。

……

事实上，北京市一直存在一个城市更新计划，这个计划体现在种种文件之中，又决不仅限于此。它是一系列意识的组合，是超级城市之梦的外化，是几代人因对现代化的渴望而倾力演出的连续剧。政府在塑造国际大都市，规划师在塑造新北京风度，地产商在塑造田园诗意的生活，他们的共同之处在于对壮丽风格的喜好，对于大型策划的热情，并得到市民们的欢迎。如今的成果却是，人们得到的是一个奔波劳碌、生活极不舒适的北京。

堵车这一现象折射出的正是这个超大城市的城市病的种种症候，人们的生存空间、传统的城市文化正受到重重挤压，这是生活在这个城市里的每一个人都要面对的无可奈何的现实。特稿的主题通过一个秋雨绵绵的周五晚上的堵车体验层层深入，引发了人们的反思。

三、社会类新闻特稿的冲突性

冲突是新闻价值要素中的重要内容，越具有冲突性的社会现象和社会问题，越能引起受众的关注和较大的社会反响。这里讲的冲突性包括人与人的冲突、人与社会的冲突、人与自我的冲突等等。

李海鹏的《举重冠军之死》[①]一文，讲的就是在特定的社会背景下，人与整个体制的冲突——举重冠军才力和国家体育制度的冲突。这个冲突并不是发生在才力一个人身上的，但是在才力身上表现的尤为突出，冲突在他这里达到了一个顶峰，所以这篇特稿抓住这个事件，对举国体育制度进行了深刻的反思。

曾推动我国废除收容制度的调查性特稿《被收容者孙志刚之死》[②]，也是将社会冲突集中于一人一事上，经过记者的调查采访，通过还原一个大学毕业生的死亡真相引发了社会的广泛关注，并最终在现实和法律层面体现出了媒体的力量。2003 年 6 月 20 日，《城市生活无着的流浪乞讨人员救助管理办法》公布，40 天后，饱受争议却实施 20 年之久的《城市流浪乞讨人员收容遣送办法》被废止。

这篇特稿讲述的是 2003 年 3 月 17 日晚上，刚刚大学毕业任职于广州某公司的湖北青年孙志刚在前往网吧的路上，因缺少暂住证，被警察送至广州市“三无”人员（即无身份证、无暂居证、无用工证明的外来人员）收容遣送中转站收容。次日，孙志刚被收容站送往一家收容人员救治站。在这里，孙志刚遭到工作人员以及其他收容人员的野蛮殴打，并于 3 月 20 日死在了这家救治站。

这篇特稿关注的不只是孙志刚的悲惨命运，它关注的是更深层次的造成这个悲剧的原因。它反映了存在已久的收容遣送条例的不合理性、城乡二元结构对立、公民自由迁徙权等问题，这些都是当时尖锐的社会问题。

但并不是所有的冲突都是显性的，优秀的新闻特稿也常常会发现并关注那些隐性的冲突、不容易被人们发现的冲突。这些冲突由于不是强烈的、容易爆发出来的，因而常常不易被发现，但是这种长期积累的隐性冲突也对社会稳定和发展具有很大的破坏力，蕴含的社会意义也就更大。

对于记者而言，发现反映隐性冲突或者弱冲突的社会题材，更需要细致的观察力和敏感的新闻嗅觉。特稿《满语消失的最后一瞬》[③]通过讲述我国最后一个满语村庄中 3 个不知哪天就要离去的八旬老人的故事，记录了满语——这一曾经统治中国的民族语言，无可挽回的消逝。

---

① 李海鹏：《举重冠军之死》，《南方周末》，2003 年 6 月 19 日。

② 陈锋：《被收容者孙志刚之死》，《南方都市报》，2003 年 4 月 25 日。

③ 李海鹏：《满语消失的最后一瞬》，《南方周末》，2007 年 7 月 25 日。

案例精选

《满语消失的最后一瞬》节选

“满语它没了就没了呗！”孟宪连抱持着农民式的真理，“这世上啥玩意不得没呢？”

作为满族文化的最后遗存地，黑龙江省齐齐哈尔市三家子屯真正在日常生活中仍以满语为首选语言的老人不过3位，而且都已经年过八旬。他们去世之时也就是满语退出历史舞台之日，世界上将再也没有活的满语存在了。

这篇文章反映了文化在漫长的历史发展中面临的困境，历史的发展和文化的流逝，是隐藏在这篇文章背后的隐性冲突。正是由于有这样深刻的冲突支撑，这篇文章才显得越发有深度和厚重感。

第二节 社会类新闻特稿的写作要求

社会类新闻特稿中有很多能够引起较大社会反响、具有很大影响力的经典作品，这些作品的影响力首先来源于特稿本身信息量丰富、新闻价值较大、具备社会意义和冲突的激烈程度等，其次取决于记者的职业素质、采访能力和写作功力。

社会现象和社会问题类选题要求记者必须具备新闻敏感性，具备发现的能力和观察、分析的能力，能够在纷繁复杂的社会生活中找到具有新闻价值的新现象、新问题，并通过广泛的调研和采访寻找现象背后的原因和本质，挖掘现象背后的社会价值和事实真相。或者在发现问题后，记者能够通过自己的采访和调查层层推进，由浅入深地进行叙述和分析，最后得出结论。

从社会类新闻特稿的特点来看，这类特稿更强调发现和揭示的能力，更注重展现调查的过程，因而在写作上也具有一些不同于其他特稿的要求。

一、需要记者有发现的能力

很多社会现象和社会问题具有普遍性，也就是说这些现象和问题在社会生活中很常见。对于这些司空见惯的现象和问题，只有记者具有很高的新闻敏感和观察分析的能力，才能在看似平常的生活中发现有新闻价值和社会意义的选题。

1. 获得有价值的新闻线索是写出一篇优秀的调查性报道的前提

新闻线索可以帮助记者发现选题，有价值的线索可以成就一篇有价值的社会类新闻特稿。线索的来源很多，有的线索来自记者个人的观察和发现；有的来自“线人”；有的来自媒体的新闻热线，如知情者“有偿线索”等；有的来自其它媒体的报道或一些公开的文件资料中的疑点。

《中国青年报》的《冰点》专栏发表的第一篇特稿是《北京最后的粪桶》，引发了强烈的社会反响。选题是哪儿来的呢？李大同是《中国青年报》资深编辑，创办并主持《冰点》专栏，他在《冰点故事》[①] 一书当中讲述了如何获得这篇特稿的线索。

案例精选

《冰点故事》节选

一天晚上，我坐在家里浏览报纸，《北京晚报》上一张两寸大小的照片吸引住我——因为看不明白。

一条窄窄的胡同里，一个背着什么东西的人的背影。

这是什么？我贴近报纸去看图片说明：北京还剩7只粪桶。背粪桶的都是老知青。不知为什么，这几个字让我心里“咯噔”了一下。又仔细看了一下照片，不错，是粪桶，占了画面的三分之二。粪桶上沿，露着背粪工的半个脑袋。

几乎在一瞬间，我就明白要写的题材来了！

以《北京晚报》的发行量和影响力来看，看到这张小照片的应该有上百万市民。只有具备极强新闻敏感性的老编辑，才能够立刻嗅到其中蕴含的冲突和故事，并用当时非常新的新闻文体即特稿表现出来。

从小问题或者看似琐碎的现象中发现普遍现象，并看到这样的现象所具有的新闻价值或蕴含的社会问题，是记者要具备的一个重要能力。所以，在生活和工作中，记者必须时刻保持着高度的敏感性，在常人认为普通的生活中发现问题，在别人认为琐碎的问题中发现深层次的社会意义。

---

① 李大同：《冰点故事》，广西师范大学出版社，2005 年版，第 43 页。

2. 以小见大，是观察和报道社会问题时常用的一个手法

从大处着眼，小处着手，将时代背景下的大问题从微观角度来剖析，从具体的新闻事件入手，以小见大，是特稿报道社会问题时的常用手法。

从文化角度切入报道北京的堵车现象，反映超大城市的城市文化与人们生活状态的矛盾，特稿《车陷紫禁城》选择了一辆出租车的周五之旅，从惠新西街到安贞华联，正常应该花费 15 块钱的路程，记者坐了 3 个小时，只因为那天下了一点小雨；报道矿难频发和煤价上涨的问题，特稿《一块煤的利益之旅》选择“从一块煤为切入点，回溯它从挖出、运输到燃烧的辗转路线，从而探究煤炭为什么涨价，解析煤炭循环背后读者未知的事情”[①]。

二、挖掘社会问题背后的本质原因

社会类新闻特稿通过报道社会现象和社会问题，关注社会的发展与进步，关注老百姓的生存状态。对于一些关系到公众公共利益的社会问题，社会类新闻特稿一方面还原事实真相，另一方面通过对真相的揭露与分析来揭示问题产生的本质原因。如果不能揭示新闻背后的原因，这些调查性特稿就失去了其本质功能，也失去了社会公器的作用。

以《北京出租车业垄断黑幕》[②]这篇特稿为例，出租车业的垄断导致了出租车司机拒载、宰客等现象的存在，作为在日常生活中存在已久的问题，一直被诟病。记者王克勤发现了这个问题并不断追问、调查，以前所未有的深度、广度和力度独家披露了北京出租车业垄断黑幕，成就了一篇分量沉重的特稿。这篇特稿对北京市乃至全国的出租汽车行业市场化改革产生了一定的推动作用。这篇特稿从出租车业的垄断，反映出了在国家经济飞速发展的过程中，某些行业借助行政管制的“漏洞”而进行经济垄断的问题，对“十六大”后中国行政管理体制改革具有重要的启发意义。

三、需要独到叙事方式

新闻作品的实现过程也是一个对新闻事实或新闻现象的叙事过程。如何叙事，直接关系到作品的传播效果。

（一）找准叙事切入点

社会类新闻特稿是一种有鲜明报道主题的新闻报道，记者面对的是十分庞杂的材料。简要地把新闻真相陈述出来，通过记者的文稿使得受众看到事实本质，需要记者在写作时

① 杨瑞春、张捷：《南方周末特稿手册》，南方日报出版社，2012 年版，第 38 页。

② 王克勤：《北京出租车业垄断黑幕》，《中国经济时报》，2002 年 12 月 6 日。

找准叙事的切入点，从而恰当地反映主题。在叙事切入点上，社会类新闻特稿一般要做到以下几点：

1. 叙事切入点能揭示新闻发生的本质与背后的原因

这个切入点要能抓住本质，一针见血地直指问题的核心。《谁在崖边》[①]是一篇关注农村问题的特稿，在城市化的冲击下，乡村凋敝荒败。这篇特稿从一个年轻的电视台记者阎海军返乡时看到的农村面貌切入。

案例精选

《谁在崖边》节选

是父亲阎明的一个电话，促成了阎海军7年前的那次清明返乡之行。老人年纪大了，把清明祭祖看作头等大事儿。在父亲的坚持下，已好久没回老家的阎海军决定回去看看。

走到村里的十字路口时，这个穿呢绒外套的男人被一个瘦弱的老妇人叫住了。老人的儿子和阎海军曾是要好的玩伴儿，如今快70岁的老人没了老伴儿，一人独住。

跟着去了老人的家，阎海军却止不住地惊讶：土坯房里，主屋的木桌结了蛛网，儿子婚房大衣柜上贴的喜字已变得残缺，被罩上也落满了灰。门外的院落里，鸡粪、柴草满地皆是。

老人说不清儿子如今到底在哪儿，又在干些什么。几年前，在外打工的儿子接走了媳妇，后来又带走了孙子。

象征性地吃了几口老人招待他的食物——干硬如瓦片的馍馍，阎海军走了。整个村子"死一般沉寂"，他的另一个儿时玩伴厉斌的家显然情况更糟些，家里坯墙有些脱落，透过门缝望进去，院落里荒草丛生。

一打听才知道，厉斌自初中毕业后便外出打工。几年前，厉斌的父亲去世，他回村处理完父亲的丧事，便把大门一锁，再没有回来过。"一个人，说走就走了。一户人，说散也就散了。"他长叹一口气，城市化浪潮袭来，村里最明显的变化便是青壮年劳动力的缺失。

村主任印证了阎海军的判断，"家家有人外出，少的一两人，多的三四人，全村81户中有15户常年上锁，多年不回家。"

现象的背后，直指当下城市化浪潮带给农村的冲击。

---

① 袁贻晨：《谁在崖边》，《中国青年报》，2015年12月9日。

电视台记者阎海军拍过很多村庄，那些坐落在西北大地的村落几乎长着同一副面孔：干旱、荒凉、沉寂。

这其中也包括他的家乡崖边村。当他把镜头对准这个陇中高原深处的小村庄时，画面仍是相似的——不少人家大门紧闭，落锁的门把手积了厚厚一层灰，唯有土坯房的墙根处，能发现几个抽旱烟的佝偻老人。

出生于1982年的他最初并未觉得有何不妥，直到镜头转向了那些直不起腰的身影。昔日热闹的十字路口只剩一个孤零零独坐的老人，老太爷哀叹："现在村里太寂静，走半天没个人影儿。"

那是2008年4月，一个稀松平常的日子，可粮食增产的崖边村却嗅不到欢快的气息，有时候一天只有几声驴叫划破安静的空气。

老人略显"夸张"的话却让阎海军忍不住思索，城市化仅仅是带走了农村的年轻人吗？农民和村庄到底发生了怎样的变化？更多像崖边一样的村庄，究竟有没有跟上城市化这股浪潮？

镜头扫向每一扇门的背后。阎海军用7年时间将此记录下来，并整理出版了《崖边报告》。

在这个离开农村最后扎根城市的年轻人看来，崖边发生了"裂变"：短短二三十年间，城市化让崖边快速进步，人们的物质生活水平不断提高。但在发展的背后，人们往往忽略了村庄价值观的变化。崖边在迈入现代化的同时，也陷入了自我身份认同的焦虑中，"熟人社会"面临瓦解的命运，"而千百万个崖边也正是'新乡土中国'的忧伤和惆怅"。

2. 叙事的切入角度要让读者感兴趣，能为选题服务

在叙事的切入点上，要有对受众的考虑，《中国青年报》的《冰点》主编李大同说自己的编辑方针是：己所不欲，勿施于人。这说明了，首先，选题要自己感兴趣，你自己都不感兴趣的新闻线索，又怎么可能让读者感兴趣？其次，写作中可以从受众感兴趣的社会现象或者生活细节、故事写起，也可以通过制造悬念把受众牢牢抓住。

（二）注重时空的立体性和延展性

有些社会类新闻特稿在时空上跨度很大。从时间跨度上看，涉及到事件或现象发生的历史背景和前因后果这个较长的演变过程，如果事件被隐瞒，时间上的跨度就更大。从空间跨度上看，社会类新闻特稿一般涉及空间上的多个地点与多个部门，地域相对宽泛，而且要采访的对象十分复杂。所以，在写作社会类新闻特稿时，记者要注意这一特征，组合好时空上的关系，从而立体地反映新闻真相。

以特稿《SARS全国传播链》[①]为例，它记录了跨越了全国26个省，持续时间将近半年的疫情，具体而准确地再现了2003年“非典”病毒在全国的传播时间、传播地点、传播人数等。因此，记者要采访全国的相关情况，要了解SARS传播的前因后果、起源发展等等。时空跨度大，增加了记者采访写作的难度，但却是受众全面了解2003年SARS传播的全过程所必须经历的。

案例精选

《SARS全国传播链》节选

祸始广东

广东是SARS病症的原爆点。

2003年1月2日，广州医学院第一附属医院接收了一名来自河源市的奇怪的肺炎病人：持续高热、干咳，X光透视呈现阴影占据整个肺部，使用各种抗生素无效。而且，在河源市当地医院救治过该病人的8名医务人员，全部被感染发病，症状与病人相同。

专家们给这名患者临床诊断为“非典型肺炎”（下称“非典”），这是“非典”这个词在公众面前的第一次“亮相”。

……

从2月5日至10日，这6天是广东SARS的暴发期，省内SARS传播达到每天50宗以上。

在大多数人茫然无知的情况下，神秘的病原体开始了它奔赴全国、全世界的旅程。

△ 2003年1月4日　广西

1月4日至14日，广西省河池市境内柳州铁路局金城江机务段发生一起呼吸道传染病暴发疫情（属家庭接触传染型），共发病6人，其中死亡2人。

直到2月中旬广东省部分地区确认发生“非典”疫情后，广西疾病控制中心认为，河池市上述病例与广东省“非典”病例发病特征相似。并正式将其归类为回顾性“非典”疫情。

△ 2003年2月17日　湖南

① 吴小亮：《SARS全国传播链》，《财经》，2003年第9期。

2月17日，湖南报告了首例病人，即为在广东的湘籍打工者，染病后返回家乡。

进入4月，湖南又报告了6例广东输入性“非典”病人。其中一名19岁的女病人，患病后先在深圳龙岗医院治疗，病重后回湘治疗，抢救无效，因呼吸衰竭于4月2日9时死亡。

4月中旬，大批在北京、广东等地求学的湘籍学生返乡，湖南省的SARS防治形势骤然严峻起来，湖南开始加强防治SARS的措施。27日，长沙共有7名干部因为防范“非典”不力被免职。这7名干部中卫生部门5人，物价部门2人，其中包括长沙市疾病控制中心主任等两位副处级干部。

△ 2003年2月27日　山西

谁也没想到，SARS居然在第一时间从广东蔓延至内陆省份山西。

据介绍，目前山西省“非典”病例均为输入型和继发感染病例，共有3条主要传染链，形成了两轮高峰。

△ 2003年2月10日　四川

2月10日，赴广州探亲、奔丧后返回四川广元的吴某一家三口，先后出现高烧、全身肌肉酸痛等症状，住入了广元市410医院。12日，经追查病史和临床观察，确诊为“非典”。

3月29日，一名已在广东患病并经初步治疗的农民工，回到老家四川省泸州市叙永县治疗，被确认为疑似病例。据四川省“非典”防治小组专家分析，四川全部“非典”病例均为输入型，大多是从广东传入的，尤以在广东务工的农民为主。

△ 2003年3月上旬　香港

香港最早的“非典”病例出现在位于沙田的威尔士亲王医院，一名医院员工出现发烧及上呼吸道感染的症状。不久，香港大批医护人员感染病倒，疫情不断扩散蔓延。到3月下旬，病毒已经进入了社区，受感染人数每日以数十人的速度增加。

……

北京接棒

早在3月1日，北京就接收了第一例“非典”病例。患者是26岁的山西籍女子于某，此前她在广东从事珠宝生意，她的数位家人也先后受到传染，来到北京求治。这是北京SARS流行的源头之一。

……

截至4月30日，全国报告有疫情的省份达26个。疫情正以超乎人们想像的速度在全国蔓延传播。

四、叙事逻辑缜密

社会类新闻特稿的选题经常关系到社会公众的公共利益，一些看似平常的现象背后，记者常常要经过细致深入的采访才能逐渐接近事件本质，例如特稿《朋友圈里挺美好，但有多少人是活在痛苦中》，其中高管们热衷禅修的现象背后是幸福感的缺失，而幸福感缺失的背后常常是潜在的心理疾病；特稿《车陷紫禁城》中，一辆普通出租车在周五下午堵车的故事背后，是这个超大城市的城市病。这些都需要记者通过缜密的叙事逻辑，通过对现象的梳理，一步步带给读者事实和本质。

另外，社会类新闻特稿也常常会涉及到一些社会黑幕，当有媒体或记者要曝光这些事件时，一些既得利益者就会进行阻拦，给记者的采访造成各种各样的障碍。他们会千方百计地掩盖自己的行为，给记者制造种种假象，这就更需要记者运用逻辑思维考量采访对象，并且在文章中严密、准确地表达自己的观点。

在 2003 年《南方都市报》刊登的《被收容者孙志刚之死》中，记者就运用了大量的演绎推理来证明死者的无辜。比如为了证明孙志刚不该被收容，记者运用了一个三段论推理：

《广东省收容遣送管理规定》明确规定：有合法证件、正常居所、正当生活来源，但未随身携带证件的，经本人说明情况并查证属实，收容部门不得收容。

孙志刚有工作单位，不能说是“无正当生活来源”；住在朋友家中，不能说是“无正常居所”；有身份证，也不能说是“无合法证件”。

结论：孙志刚不该被收容。

逻辑的作用不仅可以击破假象和谎言，严密的逻辑还具有强有力的说服力。通过合理的谋篇布局还可以使文章的自身具有力量，这种力量可以引导受众接受记者的观点和想法。由于新闻的客观性不准许记者直接表达自己的观点和情感，所以行文中的逻辑和谋篇布局就成了记者表达自己观点的一种隐晦的方法，通过有说服力的逻辑推理可以使读者接受记者的观点。

第三节　调查性特稿的特点和写作要求

在社会类新闻特稿中，有一种特稿以对某个社会问题或者某类社会现象的调查性报道为主，以特稿的形式呈现，兼具调查性报道和新闻特稿的特征，我们称之为调查性特稿。

一、调查性特稿的概念

调查性特稿并不是一个严谨的概念，在本书中，我们将其归为新闻特稿的一种，是由于此类调查性报道最终以特稿的形式呈现。由于这一类型的特稿出现时间还比较短，呈现的面貌也多种多样，目前并没有明确的概念，在这里只能进行描述性的界定。

首先，我们来看看什么是调查性报道：

定义一："调查性报道是一种以较为系统、深入地揭露问题为主旨的新闻报道形式。"①

定义二："调查性报道是一种专门的揭露性报道，有时也称揭丑性报道。"②

定义三："调查性报道是一种以揭示真相为宗旨的报道方式，是新闻工作者针对被掩盖或者被忽视的损害公众利益的行为以及社会问题，通过独立、系统、科学、有针对性的调查而完成的一种特稿，这种报道通常篇幅长、分量重、受到广泛关注。"③

虽然以上几个"调查性报道"的定义侧重点略有不同，但都强调以揭露社会问题、揭示真相为宗旨，其中记者独立的调查活动非常重要。因此，调查性报道是一种特殊的新闻报道方式，优秀的调查性报道对公众有重要意义，可以产生强烈的社会影响，也可以使一个媒体或者栏目声名鹊起。美国《华盛顿邮报》对"水门事件"的报道就是如此。

"水门事件"是美国历史上最不光彩的政治丑闻事件之一，在 1972 年的总统大选中，为了取得民主党内部竞选策略的情报，以美国共和党尼克松（Richard Milhous Nixon）竞选班子的首席安全问题顾问詹姆斯 · 麦科德（James W. McCord）为首的 5 人闯入了位于华盛顿水门大厦的民主党全国委员会办公室，在安装窃听器并偷拍有关文件时，当场被捕。由于此事，尼克松于 1974 年 8 月 8 日宣布将于次日辞职，从而成为美国历史上首位辞职的总统。

1972 年 6 月，《华盛顿邮报》的青年记者鲍勃 · 伍德沃德（Bob Woodward）和卡尔 · 伯恩斯坦（Carl Bernstein）经过了 22 个月的调查，顶住了各种压力和威胁，报道了"水门事件"。通过揭露"水门事件"的报道，鲍勃 · 伍德沃德和卡尔 · 伯恩斯坦获得了美国普利策公众利益服务奖，也将这一时期的调查性报道推向了顶峰。从"水门事件"的报道中也可以看出，调查性报道不是公共机构或者政府、企业官员的调查报告，而是记者冲破重重阻力独立完成的新闻报道，报道对于公众具有重要意义。此后，美国普利策新闻奖在 1985 年设立了调查性报道奖。

通过对"水门事件"的介绍，我们了解了调查性报道的概念和发展。调查性特稿和调查性报道在前期选题阶段，是没有太大区别的，选题范围广泛，均为事关公共利益、公众较为关心、具有较强社会影响力的现象或者话题。

在之后的采访调查和写作阶段，调查性特稿在尊重客观事实的基础上，更注重挖掘故事和细节，并对调查过程进行具有文学性和故事性的写作，从而使报道更生动具体、更具有文学性和可读性。对真相的调查和揭示非常重要，但记录故事能够让人们更全面地认知整个事件，个体的故事本身就能够从更丰富的角度折射出事件的全貌。

① 甘惜分：《新闻学大辞典》，河南人民出版社，1993 年版，第 153 页。

② 刘明华：《西方新闻采访与写作》，中国人民大学出版社，1993 年版，第 101 页。

③ 段勃：《调查性报道特性探析》，《新闻界》，2010 年第 1 期，第 86—88 页。

20世纪90年代后期，我国的新闻特稿写作开始起步，其中大多为人物特稿和事件特稿。随着中央电视台《新闻调查》栏目的诞生和一些经典的调查性节目的制作，一些新闻单位成立了调查性报道部门，进入21世纪后，出现了一些优秀的调查性特稿。

调查性特稿多为对一些重大新闻事件的报道，好的调查性特稿具备很强的社会影响力。例如《财经》杂志2003年的《SARS内幕》系列报道，中央电视台《新闻调查》的《天价住院费》，《新京报》的《湖南嘉禾县拆迁引发一对姐妹同日离婚》，等等，无一不是当时轰动一时的报道。"许多报道成了政府或者司法机构解决问题、查处案件的突破口，为中国的民主化、法制化进程起到了一定的促进作用。"①

二、调查性特稿的特点

调查性特稿以揭示真相为宗旨，选题主要是那些被掩盖或者被忽视的损害公众利益的行为以及社会问题。调查性特稿通过记者独立、系统、科学、有针对性的调查而最终写作完成，是新闻报道中相对独立的一种新闻报道。

调查性特稿具有以下特点：

（一）揭示性

一般的新闻报道追求快速、新鲜、广泛，注重时效性和事件结果。与之相比，调查性报道注重挖掘那些被有意隐蔽、不为人所知的内幕，注重揭示已发生的新闻事件内在的、隐蔽的关系，并向公众分析这些内在联系的重大意义，以使受众了解新闻背后的真相和事件的本质，满足受众的知情权。

调查性特稿的对象是"新闻背后的新闻"，而且这种新闻并不是一目了然、清晰可见的。这种新闻或者由于某种不可告人的目的被采访对象极力掩盖，或者由于客观原因，其真实本质被掩盖。

中央电视台《新闻调查》栏目对"真相"的界定是这样的："真相就是正在掩盖或被遮蔽的事实。有的真相被权力遮蔽，有的被道德观念和偏见遮蔽，有的被集体无意识遮蔽，有的被狭窄的生活圈子和知识技术遮蔽。"②

在这种情况下，就需要记者进行艰苦、系统的调查采访，深入了解事实的原因，掌握大量的第一手材料，这样才能把事实真相揭示出来并公之于众。例如，中央电视台《新闻调查》栏目对中国足坛的揭黑报道，推动了中国足协反腐的步伐；《兰州证券黑市狂洗"股民"》揭开了兰州证券黑市的盖子，不仅挽回了兰州近万名受害"股民"的数亿元损失，更重要的是在全国范围内引发了一场声势浩大的铲除证券黑市的运动；《邢台艾滋病

① 段勃：《调查性报道特性探析》，《新闻界》，2010年第1期，第86—88页。

② 《新闻调查》栏目解析，http://news.cctv.com/20070727/108441.shtml。

真相调查》，让国人知道了除河南上蔡县以外，另一个被忽视的艾滋病重灾区，展现了众多村民因输血感染艾滋病的凄惨遭遇。

（二）相对独立性

调查性特稿的独立性是指新闻记者独立自主地进行调查和报道。记者的选题、采访、调查和写作是独立自主地进行的，而不是依托于某个部门、机构或者企业的调查结果。只有记者主动并且独立地进行调查采访和写作，才能保证不会受到其他社会力量的左右而影响对事实真相的挖掘，才能尽可能地满足受众的知情权。

在实践中，记者需要付出极大的辛苦和努力才能完成采访调查的任务。在《调查性报道》一书中，谈到调查性报道的时候，提到的第一点就是："它所报道的是没有记者的进取心就不能披露的新闻"①。调查性特稿通常针对的是个人或者集团侵犯公众利益的行为或者还没有被政府或者执法部门发觉或者查处的犯罪事实。记者需要通过各种途径从大量的信息中筛选出有用的新闻线索，然后确定选题，策划调查方案。在调查时，他们要采访各种消息源，尽最大努力找到第一手资料，寻觅知情人、目击者。在这漫长的过程中，记者还要避开权力集团或者黑恶势力为他们设置的重重障碍，有时候甚至是死亡的威胁。

王克勤是我国著名的调查记者。他先后推出《兰州证券黑市狂洗"股民"》《公选"劣迹人"引曝黑幕》《北京出租车业垄断黑幕》《山西疫苗乱象调查》等一系列揭黑性的深度调查性报道。

为了撰写《北京出租车业垄断黑幕》一稿，王克勤用了近半年时间进行独立采访和调查，采访对象包括北京市100多位出租汽车司机、众多出租车公司经理和相关政府部门官员及专家学者，以前所未有的深度、广度和力度独家披露了北京出租车业垄断黑幕。下面是他自已对于这次调查报道的一些感受：

案例精选

《一个有良知的记者能走多远——采写北京出租车业垄断黑幕的前前后后》节选

由于出租车行业涉及面广，调查采访要深入到多个区县，我先后联系了30多家机关单位，采访并不顺利，有的还下了逐客令。2002年7月2日，我与北京市出租车业主管单

① 〔美〕威廉·C·盖恩斯：《调查性报道》，刘波、翁昌寿译，中国人民大学出版社，2005年版，第1页。

位联系，每周至少打三四次电话要求采访，而对方的答复总是“处长不在”“资料已经转给出租汽车管理处了”“没有结果”等等，拒绝接受采访。事后，据司机们反映，有些政府管理人员本身就是出租车公司老板演变而来的。其实，这种情况有关部门的一位公务员曾向我透露过。2001 年第 5 期的《中国市场》一篇题为《京城出租车业变革进行时》文中也有这样的报道：“政府主管领导多由出租车公司老板担任。”因此，拒绝采访的现象也就不奇怪了。①

由此可见，记者调查事件的过程是相当艰难的。他们往往面临着我们普通人所难以想象和承受的巨大压力，不仅如此，他们还得时刻保持高度敏锐的嗅觉和灵活的头脑，具备缜密的思维能力，并付出艰辛的努力，才能最终探寻到事实的真相。

需要说明的是，调查性报道的记者的采访虽然是一种自主和独立的采访活动，但并不是绝对独立的。在获得新闻线索和调查采访的过程中，记者有时候是需要他人帮助的。例如在获取新闻线索时，很多时候是由个人或者机构提供的新闻线索，在调查过程中，记者需要依靠当地政府或者和公检法机关合作，才能拿到一些证据。

另外，记者需要其他人或者机构的帮助也是保护自己的需要。很多时候，记者面对的是恶势力，有可能遇到危险和不测，许多血淋淋的事实已经证明了这一点。记者在不影响报道实质的前提下，主动获取有关部门的配合和帮助不失为明智之举。另外，记者也会面临很多法律禁区，有时候为了把调查进行下去，记者也必须取得有关部门的配合。

（三）科学性

调查性特稿的魅力在于揭露事实真相，而揭露真相的过程不是盲目和随意的，而是建立在扎扎实实、深入细致的调查研究之上。调查性报道要挖掘的信息经常是被刻意隐瞒、遮蔽的信息，这就要求记者付出比日常报道多得多的努力，才能把潜藏于公众视野之外的真相揭露出来。这种努力既体现在勇气、韧性及想象力上，也体现在科学的采访手段和思路上。

从事调查性报道的记者并没有享有特权，他们必须在法律允许的范围内工作，在不滥用记者权利的基础上，做出公正、坚实的报道。很多时候，记者的调查过程有着科学的方法，在采访过程中记者需要运用新闻采访学、侦查学、证据学、社会调查学等多学科的知识。

作为调查性报道的记者，首先，应该有敏锐的直觉、专业的素养和社会经验的积累，具有判断是非的能力，这样才能够使自己的报道富有建设性。所以，从事调查性报道的记者一般都有数年的新闻从业经验，并在社会中摸爬滚打，具备了收集多方信息和独立展开

① 王克勤：《一个有良知的记者能走多远——采写北京出租车业垄断黑幕的前前后后》，《新闻三昧》，2003 年 3 月，第 6—8 页。

调查的能力。而且，调查性报道的记者“已经建立了充当消息来源的庞大的人际关系网络，并得到了他们的信任”[①]。

其次，调查性报道的记者必须明确自己可以利用的调查工具和资源。一般而言，他们经常利用的调查工具有：“采访、公共档案、个人观察和社会调查”[②]、其他媒体的新闻报道、文献资料。做调查性报道是一个非常耗费时间、精力的工作，记者可能需要花费数星期的时间，来收集信息、研究阅读资料的内容和意义，并不断努力和当事人、外围人员进行沟通甚至交锋。记者通过多种方法的使用，从外围的、表面的信息不断发掘事实的内核，直至挖掘出核心事实。

最后，记者的采访调查必须适度，遵循一定的职业准则和规范。例如不可以漠视个人权利随意进行隐形采访，隐形采访必须在公共利益最大化以及尽量减少对当事人伤害的前提下进行。再如，记者必须摒弃有可能影响记者报道的个人偏见或者个人情绪，避免影响到报道的公正和客观。这些原则保证了记者的信息是以正当手段获得的，并可以用于新闻报道。

综上所述，调查性新闻特稿具备揭示性、相对独立性、科学性三个特点，它们是调查性特稿的“形象识别标志”。

三、调查性特稿的采写要求

调查性特稿是一种特殊的新闻报道方式，并非每一个记者都能够从事和胜任调查性报道的工作，它受到个人选择和现实情况的束缚。从事调查性报道的记者在获得独一无二的回报的同时，也必须付出很大的代价。

对于新闻记者来说，旨在揭露真相的调查性特稿有着巨大的魅力，此类特稿所报道的事件绝大多数都是社会热点和难点问题。为了调查清楚某个问题或者事件，记者需要付出非常多的努力，有时还会面临巨大的危险和困难。通过记者和媒体的努力探寻到事实的真相，从而促进事件的解决。这正是此类特稿的魅力所在，同时特稿所获得的社会影响力也鼓舞着那些孜孜不倦地追求新闻理想的记者们。

在调查性特稿的采写过程中，记者要注意以下一些问题：

（一）善于整合碎片化的写作材料

从上述调查性特稿的几个特点可以看出，这类特稿在采访上难度很大。在采访调查的过程中，记者会受到重重障碍，遇到各种阻力。记者无法得到能直接揭露事实真相的充分而完整的新闻信息，只能靠多方努力，通过种种渠道去获得揭露真相的相关信息，而这些

① 〔美〕威廉·C·盖恩斯：《调查性报道》，刘波、翁昌寿译，中国人民大学出版社，2005年版，第2页。
② 同上书，第13页。

信息常常是零碎的。

因此，绝大多数此类特稿在采访调查过程中的一个明显特征就是材料的碎片化，需要记者在写作过程中对多样的和不确切的消息来源进行整合和证实，揭露出重重迷雾背后的事实真相，为读者提供具有公共意义的报道。

在写作的环节，记者不能因为材料的支离破碎，而给受众一个支离破碎的新闻事件。而是要把这些零散的信息进行重新整合，从头梳理事件的前因后果，最后呈现出完整的、能揭示事实本质的新闻事件，而不是碎片化的事件。

我们以特稿《一位母亲的迷雾——王朝抢劫案后续》[1]为例，这篇特稿主要讲述了一起时隔多年的抢劫案被重新受理和裁决的过程。

案例精选

《一位母亲的迷雾——王朝抢劫案后续》节选

轰动一时的王朝抢劫疑案在4年中先后经历了10次裁决，王朝的申诉于2015年10月中旬被河北省高级人民法院正式受理。此前媒体披露，此案主办人为“我爸是李刚”事件中的主角——保定市北市区公安分局副局长李刚，舆论再次聚焦于此。

王朝入室抢劫案的多个疑点，自案发9年来被律师和司法学者反复质疑，在法院的判决和律师的辩护中，王朝呈现出完全撕裂的两种不同面目：他是处心积虑、手段残忍的持枪抢劫犯，还是无辜落入无尽黑幕的倒霉蛋？多年的法律较量，结局何去何从？一如笼罩在石家庄这座城市的雾霾一样，尚难捉摸。

在这起抢劫案件中，嫌疑人王朝疑似被冤，但是案件相关证人几次改口、态度先后不一致，也不愿面对媒体，所以事实真相很难被还原。记者从各方得到的也是残缺不完整的线索和事实，“手机通话清单”和“不在场的证人证言”这两个截然相悖的证据，都经历了多次反复。经过记者的整合，这些看似零散的事实拼接在一起，事实的真相渐渐浮出水面。

---

① 郭天力：《一位母亲的迷雾——王朝抢劫案后续》，《凤凰周刊》，2015年总第564期。

河北高院受理申诉后，多年来为儿子奔走“洗冤”的杨惠贤看到了希望。

2006年8月11日中午12点10分，河北保定发生了一桩抢劫案，王朝被警方认定为劫案凶手，然而各种硬伤备受律师和舆论的质疑，最为醒目的疑点是，王朝“没有作案时间”——一份交通事故处理文件显示，当天上午和下午，王朝都在石家庄处理交通事故。但审判环节中，法院并没有采纳这一证据。2007年12月，保定市北市区法院一审认定王朝犯抢劫罪，判其有期徒刑13年。从那时起，王朝和母亲杨惠贤开始反复的申诉。

原审裁决认定王朝犯抢劫罪的核心证据是手机通话清单，警方认为此清单可以证明王朝在劫案现场。然而保定市北市区法院在一审中，未将北市区公安分局出具的通话清单列为证据——该清单并非移动公司原件。北市区公安分局在一份说明中称，该局办案人员曾多次找到石家庄市移动公司，要求其在这份清单上盖章，但移动公司始终拒绝盖章。北市区公安分局称，这份通话清单“与原件无异”，但蹊跷的是，河北省高级人民法院（下称高院）在王朝案的审理报告中介绍，高院曾就话单问题询问北市区公安分局办案人员，办案人员称该话单是调取移动公司存储器内数据后“加工整理而成”。

王朝的律师也没能拿到通话清单原件，因为他们没能及时见到王朝。曾担任王朝代理律师的河北济民律师事务所律师王振荣回忆，北市区警方一直拒绝安排会见。保定市北市区公安分局王朝案一位办案人员称，这是因为局领导未批准，个人无权安排律师会见。而时任北区市公安分局副局长的李刚则告诉王振荣：王朝不认罪，不能会见律师，这是市局领导的意见。

为此，王振荣先后多次给保定市检察院和保定市政法委写材料，要求尽快依法安排会见，但直到王朝被抓两个多月后，他才与另一位律师一起见到了王朝，随后立即赶到石家庄市移动公司打印王朝的手机通话记录，但当时的移动公司只能保留3个月的通话记录。

此后不久，王振荣和杨惠贤在王朝的抽屉里意外发现两张处理交通事故的票据，票据上明白无误地显示：8月11日。看到票据，王朝一下子回忆起来，当天他和河北省地税局科级干部邢世平等人在石家庄市桥西区事故处理大队处理交通事故。“他当天根本没有在保定市！”拿着票据，杨惠贤的手都发颤了。

这一意外的收获让杨惠贤和律师们兴奋起来。2007年3月，他们第一时间找到了邢世平，为其做了第一份笔录，5个月后，又做了第二份笔录。邢世平在两次谈话中详细说明，他和王朝在8月11日上午处理车辆验损问题，“一块儿办的车损鉴定，一块儿办的调解，一块儿提的车。”此外，王朝的朋友孔令某、赵铁某等人均签字证实，8月11日中午，王朝曾借钱交验损费用，并在朋友家中吃饭。但不久后，这些重要证人要么彻底改口，要么改称“不知道”。

办案人员给邢世平等多名人证做的笔录时间显示，录口供时间为9月2日凌晨2点至4点之间。这些笔录竟然是在北市区法院最后一次开庭当天取得，而按照法律规定，此时公安机关早已过了补充侦查的期限。对突然改口的原因，身为国家工作人员的邢世平委婉地向媒体透露：“不这样说，不让你走。”他同时承认，不管是给王朝律师的签字，还是给公安的签字，都是他签的。

这样矛盾的表态一度让杨惠贤难以接受，“作为共产党员怎么可以这样？”曾做过单位党委书记的杨惠贤始终不明白，为此，她曾写了一封很长的信寄给同城的邢世平，但没有收到任何回复。王朝被判刑后，杨惠贤接到了孔令某的电话：“阿姨，公安成天到单位找我，领导觉得影响不好，不让我干了，我现在也没工作了。”不久，孔和赵先后换了手机号。

“我理解他们。”杨惠贤眼圈红了，“他们摆脱了警方的压力，所有的压力都集中到我们家了。”

（二）鲜明求证以确保事件真实准确

调查性特稿曾被形象地概括为“掘地三尺调查，直逼新闻真相”，事件真相必须通过新闻事实与证据来说明，其采访过程就是一个求证新闻事件真伪的过程。记者在报道中必须做到准确求证，在写作中对所涉及的事实、细节、说法、数据甚至定性的结论，都要能做到可以求证，都应该是准确、真实、客观的。这才能保证调查性特稿的揭示性和科学性，真正做到揭示事件的本质和真相，并很好地避免新闻纠纷。

新闻涉及到的消息来源、事实、细节等，都需要多个来源加以证实。以上面提到的《SARS 全国传播链》一文为例，特稿中提到的任何一个细节必须得到求证，某个地区感染人数有多少，像这样的数据必须是准确无误的。这就要求记者必须深入到当地医院这样的一线，才能拿到真实准确的信息和可靠翔实的细节材料。

在这类报道的写作中，记者需要重视多方求证，要仔细核实得到的信息。在很多揭露性报道中，记者一般情况下很难从事件的核心人物和核心矛盾上得到自己想要的证据，在这种情况下，就要通过其他渠道入手。记者对处在事件周围的人进行采访通常能得到一些线索，同时也可以验证事件当事人所说的信息。多种求证过程相结合是一般采访中常用的方法，只有记者想方设法地进行调查，不轻言放弃，才能最终揭露事件的真相。

（三）展现调查过程

调查性特稿最具魅力的地方就是能揭露事件的真相，揭示被掩饰的事实。特稿的写作要达到这一目的，可以在文本中展现记者的调查过程。记者的调查过程对受众具有巨大的吸引力，记者像侦探一样拨开层层迷雾，和采访对象斗智斗勇，一步步接近事件真相，这一过程会强烈地吸引受众的眼球。通过真实地展现记者的调查、采访和求证的过程，事件的本质和真相也就自然浮出水面。

因此，在进行结构安排的时候，记者可以根据选题的需要，以自己的调查采访过程为线索来安排结构，使稿件合理顺畅，方便受众理解和接受。一般而言，展示调查过程通常有两种方法：一种是直接展示出记者调查采访的详细过程，以此为主线串联新闻素材；另一种是运用调查得来的采访对象的语言和背景材料来反映调查过程，不断把调查引向深入。

特稿《一块煤的利益之旅》从北京市海淀区太月园小区出发，调查了小区供暖锅炉里燃烧的煤炭来自哪里，并最终到达了山西大同市后所沟前进煤矿所在的黄色山坡上。两地之间仅仅相距380公里，但在能源链条的两端，却充满了利益矛盾。特稿就以这样的回溯过程为线索，按照时间顺序，将调查的过程呈现在读者面前。全文可以分为四个部分：

案例精选

《一块煤的利益之旅》写作分析

1. 煤场像个超市，有暴利，有贫穷

2月26日，太月园、国昊桑达煤场

位于北京昌平的国昊桑达煤场，就是这个社区的供应商之一。

每当隆冬来临，大雪封住了八达岭的山路，国昊桑达煤场的利润就找上门来。昌平南口地区的煤场一家连着一家，顺着被煤粉染成黑色的泥土路，急需燃煤的供暖公司和工厂就能找到它们。对于物流环节来说，它们是公路交通必不可少的转运站；对于流通环节来说，它们又是中间商。国昊桑达煤场在2004年销售了12万吨来自鄂尔多斯和大同的普通煤炭，价格通常在每吨330元到340元左右，这中间的利润相当不错，可是煤场老板张选还是叹息大不如前。

2. 短短旅程，煤价暴涨一倍还多

2月28日，北京市昌平区国昊桑达煤场、大同市天镇县同顺饭店

2月28日和3月1日，连续两天，我们看到了也许超过1万辆的大型煤车在北京通往大同的各段公路上络绎往来。在八达岭路段，清一色的煤车川流不息，密集得如同北京的朝阳门立交桥上的车流。在张家口一带，它们甚至造成了蔓延数公里的拥堵。其中的一辆，由连续两天没吃没睡的任江驾驶，在2月28日下午2点钟驶出国昊桑达煤场，也汇入到这充满着冒险、暴利和辛劳的能源之旅中。

我们乘坐的这辆属于山西的奥龙卡车，连带拖车在内共挂着两块内蒙古牌照，因为内蒙古的养路费只要170元／吨，而山西则要190元／吨。它310马力，一主一挂，核定载重37吨，如果加以改装的话可以超过100吨。

任江不时使劲地揉着通红的眼睛，但是还撑得住，这也正是老板愿意付给他每月2 800元薪水的原因。他的搭档张艳是老板的亲戚，负责一路上的现金收支，每月只能赚到700元。

虽然只有短短的380公里路途，但是经过这些重型卡车的载运之后，煤炭的价格暴涨了一倍还多。返回山西之前，张艳在煤场结完了账。这一趟他们为老板赚到了2 000元。这次他们拉的是质量较差的“赖煤”，热值在5 000大卡上下，坑口价格只有130元/吨，但到了北京就高达295元，上扬了130%。在这过程中，卡车车主赚到的利润固然可观，但加价的主要原因则要归于高昂的成本。

3. 骡子拉着的小煤矿

3月2日、3月3日：前进煤矿

前进煤矿的矿主叫张凤岗，他自称，前进煤矿是后所沟里“最小”的煤矿，2004年产煤只有2.4万吨。但是据工人估算，这一数字应在18万吨左右。不过，张凤岗承认，煤价上涨带来了好处，他的煤矿正在赚钱。这个矿主给人以刻意“低调”的印象，说出的各个数字最多只有他的矿工们说出的1/3。

在井下，前进煤矿采取的是炮采的老方法，即在煤层中打眼，塞进雷管，放炮，崩塌后用人力搬运到矿车上，再用绞车拉出地面。在煤层和矿车轨道之间有800米的距离，就要使用骡子。在这个矿的山坡上停放着几个骡拉煤车，即在一辆普通小车上面安装一个用于盛煤的黑胶皮“碗”。这种骡拉煤车有两种“型号”，一种可以装500公斤煤，另一种就只能装300公斤。徐清华（化名）去年牵着他的骡子到了这里，在下井矿工中算赚得比较少的。他的骡子买得早，只花费了他1 300多元，但是体力不好，只能拉300公斤的小车。他证实，这里的每个下井矿工都自己掏钱买了骡子，如果干得好的话，一个月能挣3 000元，正好是现在买一只骡子的价钱。在这里，下井的大都是肯吃苦的四川工人。他们的收入多少与采煤技术的关系不大，甚至与干劲儿的关系也不大，主要取决于他们买到什么样的骡子。

4. 严厉的安全手段下，依然潜伏着危险

3月2日、3月3日：国有大矿四台矿

四台矿最近两年没有出现过死人的事故，但是受伤事件还是常有。

3月2日下午，在四台矿地下140米深的巷道里，综采四队的工人们趟过地下水造成的30厘米深的黑色溪流，穿过仅容一人通过的狭窄通道，到达了采煤工作面。综合采煤系统正在吼叫着。

一年多以来，国有煤矿频繁发生的重大事故给这家高瓦斯煤矿造成了很大的压力。在2004年，四台矿不得不采取较为严厉的手段，处罚了违反安全规定者447人次。这家煤矿的副矿长王存权承认，潜伏的危险常常来自对产量的过分追求。另一方面，在这个煤炭价格上涨的繁荣时期，煤矿工人们确实期望着更多地产煤，以提高自己的收入。

像全国很多煤矿一样，增产是这里的追求之一。2004年，四台矿计划生产375万吨，实际生产了486万吨。同煤集团公司规定，每多生产1万吨，奖励30万元，这些钱奖励给6 300名员工。

一名矿工说，去年年终他领到的奖金是900元。在巷道里，负责看变电所的老矿工白阳涛说，矿工们的收入确实有提高，相对来说，四台矿的井下工作条件也算不错，但是“这个工作还是有危险”。

调查过程与背景材料相结合，读者通过一块煤的旅程，清晰地了解到了煤炭的持续涨价与中国快速增长的经济对能源的需求相关，而矿难频发的主要原因就是对利益的追逐。

当然，在展现调查过程的时候，由于一些事件具有复杂性，所以记者在写作的过程中应该注意详略得当，突出重点和核心信息，简略描写事件的背景或次要信息，要有较强的概括能力。

（四）注意规避危险

调查性特稿常常是针对损害公众利益的行为以及纷繁复杂的社会问题展开的报道，而且这些行为或者问题被有意无意地遮蔽和掩盖，相关利益方有很多不愿被人知道的内幕，所以这一类报道的采写过程比较艰难，会受到很多阻碍和拒绝，费时、费力、花费巨大，有时候记者甚至要面临死亡的威胁。

首先，调查事件的真实面貌是一个漫长艰辛的过程。很多有影响力的调查性特稿都是记者花费了很长时间进行调查报道的结果。记者在采访的阶段也经历了很多挫折和艰辛，才最后完成。这些记者少则几个月多则几年的时间都花费在某一个重大报道上。

在调查采访阶段，记者会遇到很多艰难的问题，而且由于事件的复杂性，很多时候需要一定的时间之后才能慢慢看到事件的影响和最终结果。而且事件越复杂，对记者的挑战越大，记者也需要时间来掌握更多的材料和信息，以逐步还原事实。

其次，调查性特稿的采访过程是充满危险的。这种危险表现在两个方面：一是人身安全受到威胁，如调查记者王克勤因为采写了一系列揭黑报道而受到了相关利益方的憎恨。2001年在他的笔下被送进监狱的黑恶分子就达160多人，其本人经历了许许多多生死劫难，最惊心动魄的是曾有黑社会组织悬赏500万元要他的人头。二是新闻官司逐年增多，因媒体记者的揭露性报道而引发的诉讼案件不在少数。

所以，调查性特稿的记者在采访、调查和写作各环节中，应该注意遵守新闻职业规范和相关法律法规。如果面临危险，记者可以在不影响事实报道的前提下，主动获取有关部门的配合和帮助。另外，记者也会面临很多法律禁区，有时候为了把调查进行下去，记者也必须取得有关部门的配合。此外，记者在调查求证过程中，要注意保留相关证据。记者应在可能的范围内录音、拍照或者拿到其他原始材料。对已经拿到手的证据，记者要做好整理和保管工作；遇到危险时，应以保护自己的人身安全为第一要义。

调查性特稿在20世纪末期的几十年中得以发展，促进了新闻事业的繁荣，成为新闻事业的重要组成部分。

在调查性特稿的采写过程中，记者通过自己独立的调查活动，对多样的和不确切的消息来源进行整合，并结合资料、档案、采访记录等，揭露事件的真相，他们的报道对于公众具有重要意义。对于记者而言，他们在获得独一无二的素材的同时，也面临着危险。

调查性报道并不总是枯燥干巴、充满数据和资料的文本，它可以通过特稿的写作方式及讲故事的方式使报道活泼、易读。

思考与研讨题

1. 什么是社会类新闻特稿？
2. 社会类新闻特稿选择的特点是什么？
3. 社会类新闻特稿的写作要求是什么？
4. 结合具体的特稿，谈谈如何写好调查性报道。

延伸阅读

《朋友圈里挺美好，但有多少人是活在痛苦中》——《南方周末》（2015年5月9日）
《谁在崖边》——《中国青年报》（2015年12月9日）
《一位母亲的迷雾——王朝抢劫案后续》——《凤凰周刊》（2015年总第564期）
《一块煤的利益之旅》——《南方周末》（2005年3月10日）
《北京出租车业垄断黑幕》——《中国经济时报》（2002年12月6日）

参考文献

白贵、彭焕萍：《当代新闻写作》，中国人民大学出版社，2013.
南方报业传媒集团：《南方传媒研究（第42辑）》，南方日报出版社，2013.
〔美〕麦尔文·曼切尔：《新闻报道与写作》，中国广播电视出版社，1981.
张志安：《潜入深海》，南方日报出版社，2010.

黄旦：《新闻专业主义的建构与消解——对西方大众传播者研究历史的解读》，《新闻与传播研究》，2002（2）.

邓科主编：《南方周末：后台（第三辑）》，南方日报出版社，2010.

甘惜分：《新闻学大辞典》，河南人民出版社，1993.

附录：历届美国普利策特稿写作奖获奖作品目录（1979—2015 年）

雷志红　编译

年份	特稿标题	作者	刊载报刊	特稿内容	获奖原因
2015	1.Dream dies in Drought《旱灾扼梦》 2.Drought imperils a dream《干涸的梦》 3.Sinking land and hearts《心随土地一同干裂》 4.Wells full of generosity《慷慨之井》 5.Carrying a town's river《水镇之梦》	Diana Marcum 戴安娜·马库姆	*Los Angeles Times*《洛杉矶时报》	这一系列报道讲述了大旱灾对美国加利福尼亚州中部峡谷地区人民生活造成的巨大影响，共分 5 篇，陆续发表于 2014 年 5 月 30 日至 12 月 18 日的《洛杉矶时报》，是典型的环境灾害系列报道。	作者的文字饱含情感，充满了人道主义精神，细微地刻画了当地人民在遭受干旱之苦的同时，感受到互相帮助的温暖。
2014	奖项空缺				
2013	Snow Fall–The Avalanche at Tunnel Greek《雪崩：特纳尔溪事故》	John Branch 约翰·布兰奇	*The New York Times*《纽约时报》	这篇报道讲述了发生在华盛顿州的一场雪崩和 3 名滑雪者的丧生。	报道附加了视频、图片、3D 地图和图表，给读者创造了一种数字化的、身临其境的读故事体验。
2012	The Bravest Woman in Seattle《西雅图最勇敢的女人》	Eli Sanders 伊莱·桑德斯	*The Stranger*, a Seattle (Wash.) weekly《陌生人》	讲述的是一对女同性恋遭遇持刀男子强暴的过程。	这篇以同性恋遭遇性虐为题材的作品，通过细节描写真实还原了很多暴力血腥的情节，引起了人们对同性恋人群的关注。

续表

年份	特稿标题	作者	刊载报刊	特稿内容	获奖原因
2011	The Wreck of the Lady Mary 《“玛丽”号渔船的毁灭》	Amy Ellis Nutt 艾米·纳特	*The Star-Ledger*, Newark, NJ 《新泽西星栏报》	讲述了一条渔船在大西洋里神秘沉没，并导致6人丧生的事件。	作者将目光锁定在主人公身上，关注他的行为、情绪，让人仿佛置身现场，体会着主人公的痛苦与绝望，具有打动人心、让人身临其境的力量。
2010	Fatal Distraction 《致命之错》	Gene Weingarten 吉恩·韦嘉顿	*The Washington Post* 《华盛顿邮报》	讲述了一对父母的动荡人生。他们因为遗忘了待在车后座的孩子，导致小孩丧生，因此背上的罪责更让他们的人生再难向前。	这篇文章让读者反思，父母的过失行为导致的后果是可怕的，但是这到底是否构成犯罪?
2009	The Girl in the Window 《窗边的女孩》	Lane DeGregory 莱恩·德格雷戈里	*St.Petersburg Times* 《彼得斯堡时报》	讲述了一名极端的家长囚禁幼童案。	文章充满感人和丰富的细节，对被虐待女童生活环境等多处描写，都采用了白描手法，产生小说般的效果。
2008	Pearls Before Breakfast 《早餐前的赏心乐事》	Gene Weingarten 吉恩·韦嘉顿	*The Washington Post* 《华盛顿邮报》	《华盛顿邮报》安排知名小提琴家在地铁车站表演，试探行人的反应和对美的感知能力。	反映了快节奏的现代都市社会中人们的麻木与冷漠，作者试图唤起人们对美的感受。
2007	An Imam in America 《一个穆斯林阿訇在美国》	Andrea Elliott 安德·艾略特	*The New York Times* 《纽约时报》	讲述了一位穆斯林移民在美国如何协调穆斯林传统与美国生活，并努力保护其信仰的故事。	文章清晰地呈现了这位穆斯林在异国他乡的生活状态和心理状态。
2006	Last Salute 《最后的敬礼》	Jim Sheeler 吉姆·席勒	*Rocky Mountain News* 《落基山新闻报》	讲述了一名海军少校帮助在伊拉克战争中阵亡的士兵家庭渡过难关的故事。	文章仔细刻画了少校贝克通知阵亡士兵家属的心理过程。
2005	1. A Wicked Wind Takes Aim 2. Milestone's Gone 3. After the Storm's Fury 《飓风席卷小镇由提卡》	Julia Keller 茱莉亚·凯勒	*Chicago Tribune* 《芝加哥论坛报》	描述了致命性的飓风席卷美国伊利诺斯州小镇由提卡的情景。	文章对仅10秒钟的飓风进行了极其细致和扣人心弦的描写。

续表

年份	特稿标题	作者	刊载报刊	特稿内容	获奖原因
2004	奖项空缺				
2003	Eenrique’s Journey《恩里克的旅程》	Sonia Nazario 索尼娅·纳萨里奥	*Los Angeles Times*《洛杉矶时报》	讲述了一个洪都拉斯男孩偷渡到美国寻找母亲的艰辛历程。	文章对小男孩寻找母亲的艰辛经历进行了详尽的叙述，十分感人。
2002	A Father's Pain，a Judge's Duty，and a Justice Beyond Their Reach《父亲之痛，法官之责——无法实现的公正》	Barry Siegel 巴利·西格尔	*Los Angeles Times*《洛杉矶时报》	因为父亲的疏忽，导致3岁的儿子失踪并死亡。父亲因此受到审判，最终自杀。负责此案的法官也陷入了痛苦的深思。	文章对受审的父亲和审判的法官进行了充满人性化的刻画。
2001	The Boy Behind the Mask《戴面罩的男孩》	Tom Hallman Jr. 汤姆·霍尔曼	*The Oregonian*，Portland《俄勒冈人报》	讲述了一个面部畸形的14岁男孩冒着生命危险接受面部整形手术的故事。	文章对这位男孩进行了深刻的刻画，展现了人们在苦难面前的坚韧，充满了浓浓的人文主义关怀。
2000	Crossing Over《跨越》	J.R. Moehringer J.R. 穆瑞格	*Los Angeles Times*《洛杉矶时报》	阿拉巴马州一块与外界分隔的河边社区，住着奴隶的后裔，重新开通的渡船改变了他们的生活。	文章具体呈现了阿拉巴马州一片孤立的河边社区的景象，以及通往陆地的渡船对这片区域的影响。
1999	Crime Scene《面对枪口》	Angelo B.Henderson 安吉洛·亨德森	*The Wall Street Journal*《华尔街日报》	讲述了一位药剂师遭遇抢劫后自卫，击毙了抢劫者的故事。	文章通过讲述药剂师面对罪行被迫以暴制暴的事件，反映出了暴力犯罪对公众心理的影响。
1998	Angels and Demons《天使与魔鬼》	Thomas French 托马斯·弗伦奇	*St.Petersburg Times*《彼得斯堡时报》	讲述了一位母亲和两个女儿在弗罗里达度假期间被杀，以及关于此案长达3年的调查过程。	文章对整个事件进行了充满同情心的详细的叙述。
1997	The Umpire's Sons《裁判的儿子们》	Lisa Pollak 利萨·波拉克	*The Baltimore Sun*《巴尔的摩太阳报》	讲述了一位棒球裁判在承受丧子之痛的同时，还要面对另外3个孩子也患有同样遗传性疾病的痛苦的故事。	文章对这位坚忍的父亲及整个家庭进行了细致的刻画，但没有按照事件的发展顺序来写，而是将故事分成许多相互连结的短章，从而使文章变得更精彩动人、具有感染力。

续表

年份	特稿标题	作者	刊载报刊	特稿内容	获奖原因
1996	1.Another Battle of New Orleans：Mardi Gras 《新奥尔良的另一场战争：油腻的星期二》 2.Terror in Oklahoma City：At Ground Zero 《俄克拉荷马州的恐怖爆炸》 3.A Killer's Only Confidant 《凶手的唯一知己》 4.All She Has–$150，000–Is Going to a University 《她把所有的 15 万美元都捐给了大学》 5.Where Alabama Inmates Fade Into Old Age 《阿拉巴马州的垂暮囚犯该何去何从》	Rick Bragg 里克·布拉格	*The New York Times* 《纽约时报》	反映了美国当代社会情形的一系列报道：穷人的捐款义举、恐怖爆炸、老年囚犯、少数民族狂欢节等。	这一系列报道深刻地反映了美国当代社会的现状。
1995	Against All Odds 《被排斥的优等生》	Ron Suskind 罗恩·萨斯坎德	*The Wall Street Journal* 《华尔街日报》	记录了一个竭力在恶劣的内地城市高中求得生存的聪明少年詹宁斯进入麻省理工大学预科班，却由于种种原因最终未能进入麻省理工大学的故事。	文章反映了一个在逆境中奋发向上的少年群体，是人物报道中的佳作。
1994	1.First Born，Fast Grown：The Manful Life of Nicholas，10 《穷人的孩子早当家》 2.The Mississipi Reclaims Its True Domain 《密西西比河在收复失地》 3.Cruel Flood：It Tore at Graves，and at Hearts 《洪水无情：撕开了坟墓撕碎了心》	Isabel Wilkerson 伊莎贝拉·威克森	*The New York Times* 《纽约时报》	描述了芝加哥南部贫民窟黑人小孩的艰难生活和 1993 年的密西西比河大洪水。	这 3 篇报道向人们展示了一个独特的视角，让读者看清了人们在日常生活中是如何对付非常环境的，生动地展示了普通人在异常艰苦的条件下毫不气馁、坚韧不拔的精神风貌。

续表

年份	特稿标题	作者	刊载报刊	特稿内容	获奖原因
1993	The Stalking of Kristin《跟踪克里斯汀》	George Lardner Jr. 乔治·拉德纳	*The Washington Post*《华盛顿邮报》	讲述了作者的小女儿无辜地被前男友杀害，而凶手逃脱了法律制裁的故事。	作者把显而易见的强烈的痛苦、屈辱、愤怒等情感置于滴水不漏的自控之下，这种能力感人至深。而且这篇作品的意义远远穿透了事件本身，直指美国司法系统的无能与失效。
1992	Grady's Gift《格雷迪的礼物》	Howell Raines 豪威尔·雷恩斯	*The New York Times*《纽约时报》	讲述了作者与儿时的黑人女佣之间的友谊，展现了白人家庭与一位具有反抗精神、拼命想改变命运的黑人女佣之间的动人的亲密关系。	文章作者以第一人称来表述，用简约、活泼的散文体使报道读起来像一篇随笔，充满了强烈的感情色彩。描述了美国南部一个种族隔离政策最为严厉的城市中，白人、黑人间的关系问题，展现了矛盾与冲突激变时期人们之间的感情。
1991	A Gift Abandoned《弃婴》	Sheryl James 雪莉·詹姆斯	*St.Petersburg*（*FL*）*Times*《彼得斯堡时报》	讲述了一位工厂女工遗弃自己刚出生的孩子的前因后果及其引发的社会影响，反映了20世纪80年代中期南佛罗里达到处都是弃婴的社会现实。	文章采用了回忆手法，同时大量使用对话和可视化情节，完整而深入地剖析了一个弃婴案件的社会背景和相关人物的心理状态，使报道具有震撼人心的文学力量。
1990	Adam & Megan《亚当和梅根》	Dave Curtin 戴夫·科廷	*Colorado Springs Gazette Telegraph*《科罗拉多斯普林斯电讯公报》	讲述了一位爸爸和两个孩子在一次爆炸中被毁容后，接受治疗和重新融入社会的过程。	文章对这个家庭所经历的种种苦难进行了极具吸引力的描写，同时深入而广泛地探讨了一些心理和伦理上的话题，展现了人类在困境和灾难之中的一种新的生命状态和生存意志。

续表

年份	特稿标题	作者	刊载报刊	特稿内容	获奖原因
1989	Being Black in South Africa 《生为南非黑人》	David Zucchino 戴维·祖其诺	*The Philadelphia Inquirer* 《费城问询报》	讲述了南非黑人的悲惨生活状况及他们为之做出的斗争。	作者在政府的限制与监控下，走访了南非黑人居住区，报道了在那里遭到拘禁、侵扰、杀害的南非黑人们，体现了他们热爱生命、善良进取、勇于与苦难和困境抗争的精神。
1988	AIDS in the Heartland 《艾滋病在哈特兰》	Jacqui Banaszynski 杰奎·巴纳金斯基	*St.Paul Pioneer Press Dispatch* 《圣保罗先驱报》	讲述了一对生活在乡村农场的同性恋艾滋病患者与疾病抗争的动人故事。文章不仅描述了主角的病症，而且传递给了读者来自濒死之人的话语。这既是一篇人物特写，也是一篇医药特稿。	稿件采写的背景是在20年前美国艾滋病高峰时期，人们对艾滋病充满恐惧与不解，而且同性恋者也是不被接受的。报道始终贯穿了浓浓的人文主义关怀，消除了误解和敌视，助推了美国社会树立起对艾滋病患者以及同性恋者的理解、尊重和关怀。
1987	How Super are Our Super-carriers？ 《我们的超级航空母舰高超在哪里？》	Steve Twomey 斯蒂夫·图米	*The Philadelphia Inquirer* 《费城问讯报》	全面介绍了美国的超级航空母舰。	文章详细描述了航空母舰上的情形，使用有趣的细节让读者印象深刻，并不断地将中肯的和难以忘却的事实输入报道，让读者体会到这些超级航空母舰的巨大。这篇特稿是如何用大量的事实、数字和细节进行巧妙和引人入胜的报道的范例。
1986	Life on the Land：An American Farm Family 《土地上的生活：一个美国农场家庭》	John Camp 约翰·坎普	*St.Paul Pioneer Press and Dispatch* 《圣保罗先驱报》	讲述了一个美国农场家庭如何面对美国20世纪80年代的农业危机的故事。通过对一家农场主人一年四季的生活、工作的细节描写，农场主人的忧虑、迷茫、不满及无可奈何的复杂心境，一一呈现，栩栩如生。	文章对细节的客观描述，给读者营造了一个平等的视角和思考空间。文章中的细节多与“农场破产”这样一个大背景紧密相关，深度展示了20世纪80年代美国农业的困境问题。

续表

年份	特稿标题	作者	刊载报刊	特稿内容	获奖原因
1985	A Boy of Unusual Vision《视力非凡的男孩》	Alice Steinbach 爱丽丝·斯坦贝克	*The Baltimore Sun*《巴尔的摩太阳报》	讲述了一位盲童在父母、老师、同学的帮助下，战胜天生失明的疾病，学会像正常人一样生活的故事。	这篇特稿篇幅精短而饱含感情，作者精心刻画了一系列高度可视的场景，完整地呈现了一个盲童的世界，增加大众对特殊群体的了解与关注。
1984	Making It Fly《让波音 757 展翅飞翔》	Peter Rinearson 彼得·雷诺生	*The Seattle Times*《西雅图时报》	讲述了美国波音 757 喷气式飞机的研制过程。	整篇文章由一层层的细节糅合而成，读起来犹如短篇小说一般扣人心弦，是让读者理解复杂专业概念的解释性报道的范例之作。
1983	Toxic Shock《中毒性休克》	Nan Robertson 南·罗伯森	*The New York Times*《纽约时报》	讲述了作者本人从中毒性休克中死里逃生的亲身经历。	描写中穿插了许多生动的小故事，让读者真切地体会到作者曾经历过的痛苦、恐惧和困难。文章大量关于中毒性休克综合征的医学性描写，为如何认识和治疗这一疾病提供了宝贵的经验。
1982	The Federal Bureaucracy《联邦政府的官僚机构》	Saul Pett 索尔·佩特	*Associated Press*《美联社》	描述了联邦政府里的一些荒唐现象。	在这篇文章里，作者详细剖析了联邦政府的官僚机构，同时以大量真实有趣的故事来细述民众对官僚体制的不满，展现了作者令人惊叹的用“超然的幽默”进行写作的能力。
1981	Death of A Playmate《玩伴之死》	Teresa Carpenter 特雷莎·卡彭特	*The Village Voice*，New York，NY《乡村之音》	讲述了一位女模特被谋杀的案件。	报道女模特枪杀案时，作者不局限于明星或枪杀事件本身，而是仔细剖析女模特和她身边 3 个男性之间的关系，将惨案再现于读者面前，向美国上流社会的价值观发起了挑战。

续表

年份	特稿标题	作者	刊载报刊	特稿内容	获奖原因
1980	Zepp's Last Stand 《策普的最后一站》	Madeleine Blais 玛德琳·布莱斯	*The Miami Herald* 《迈阿密先驱报》	讲述了一位一战老兵用将近60年时间与美国国防部不屈不挠的漫长抗争，最终让政府承认自己当年拒服兵役并非由于懦弱，而是基于道德原因的故事。	作者通过细节描写，让老人性格中珍惜生命、执著，甚至是倔强、让人有些厌烦等个性特征跃然纸上。同时，采用迂回叙述手法，主人公的过去和现在交叠再现，精确的日期和时间也让陈旧的60年变得鲜活。叙述与描写交叠使用，大胆而创造性地展开了一个立体多维的故事空间。
1979	Mrs.Kelly's Monster 《凯利太太的妖怪》	Jon D.Franklin 乔恩·富兰克林	*The Baltimore Evening Sun* 《巴尔的摩太阳晚报》	描述了一位资深脑外科专家为长期给一位脑肿瘤患者——凯利太太进行脑科手术的过程，但最终手术失败，凯利太太死去。	作者详细描述了一次错综复杂的脑科手术，将其敏锐的观察力与扎实的报道、近乎诗一般的语言完美地结合在一起，巧妙地运用了时间和患者稳定的心跳来营造文章的节奏感和紧张的气氛。

后　记

新闻特稿并不是我国新闻写作中固有的传统新闻文体，而是20世纪90年代后随着媒体竞争的加剧和深度报道的繁荣而出现的。2000年之后，一些纸质媒体主动进行了“中国式特稿”的写作探索，特稿中催人泪下的故事、令人难忘的细节、跌宕起伏的命运吸引了大批读者，新闻特稿的写作理念在实践中逐渐形成，结合美国普利策特稿写作奖对特稿的解读，特稿超越了“新闻是易碎品”的理念，被认为是一种具有较强的故事性、文学性和人情味的报道，是有深度、有温度的报道。

在这样的理念指引下，特稿作为一种新兴文体得到了较快的发展。时政新闻类报刊纷纷开设特稿专版；一些新锐的财经类媒体也强调以“讲故事”的特稿形式报道财经新闻；另外，在广播和电视媒体上，一些新闻深度报道栏目开始注重新闻的故事性和人情味，关注人、关注人的命运、关注人的生存状态和精神世界。

特稿在中国的现实中扎根甚深，对于当下中国的复杂现实和各种利益群体之间错综复杂的矛盾有极强的表现力，因而具备深刻的社会意义和探讨价值。进入新媒体时代，传统的传播方式被改变，在这个“人人都是自媒体”的时代，大量重复、琐碎甚至真假难辨的信息发布在新媒体上，如洪流般汹涌。但是，除碎片化的阅读之外，读者还希望看到有深度、有内容、有价值的新闻报道，这些要求契合了特稿的内涵，这也正是当前特稿生存的空间所在。正因如此，很多特稿经过时间的冲刷依然具有文本价值，依然可给人提供阅读的快感。

作为新兴的新闻文体，特稿在新闻实践中呈现出多样性，研究者对其内涵的认识不尽相同，因此，对于特稿的概念，目前并没有一个统一的、权威的界定。对于特稿写作，国内也尚未有专门的教材或者著作对其写作方法、规律和原理进行系统研究。因此，作为第一个吃螃蟹的人，在此书的撰写过程中，著者惴惴不安，唯恐学界研究追赶不上业界实践的步伐。

但是，面对大量优秀的新闻特稿范本，著者深感有必要让新闻特稿的实践成果进入新闻学专业的课堂，让21世纪的新闻学子了解、学习并爱上新闻特稿写作，认识到新闻特稿写作的价值和魅力。

当然，新闻特稿的写作对记者的要求非常高，一篇优秀的新闻特稿背后，记者需要具备较强的新闻敏感性、新闻判断能力、信息搜集能力、思维和写作能力。同时，我们也深知“文无定法”，我们所能做的，一方面是总结、梳理国内外学者和从业者从不同的角度对特稿写作所做的研究和探索，另一方面是在此基础上做出自己的解读和分析。

此书根据在中国传媒大学授课的部分教案和著者的思考、分析结合而成。杨凤娇结合课程教案提出全书的提纲，曹晚红负责书稿的撰写与统筹，沈成菊、别君华、任怡婷参与了部分撰稿工作。

感谢同仁们为《新闻特稿写作》一书付出的心血，书稿不妥之处，期待社会各界的批评指正。

曹晚红

2015 年 12 月

图书在版编目(CIP)数据

新闻特稿写作/曹晚红,杨凤娇著.--北京:中国传媒大学出版社,2017.3(2023.8 重印)
(广播电视新闻专业"十二五"规划教材)
ISBN 978-7-5657-1716-1

Ⅰ.①新… Ⅱ.①曹… ②杨… Ⅲ.①新闻特写—新闻写作—高等学校—教材
Ⅳ.①G212.2

中国版本图书馆 CIP 数据核字(2016)第 108980 号

广播电视新闻专业"十二五"规划教材
新闻特稿写作
XINWEN TEGAO XIEZUO

著　　　者	曹晚红　杨凤娇
责 任 编 辑	司马兰
特 约 编 辑	刘　英
装帧设计指导	吴学夫　杨　蕾　郭开鹤　吴　颖
设 计 总 监	杨　蕾
装 帧 设 计	刘鑫等平面设计创作团队
责 任 印 制	李志鹏

出版发行	中国传媒大学出版社		
社　　址	北京市朝阳区定福庄东街 1 号	**邮　　编**	100024
电　　话	86-10-65450528　65450532	**传　　真**	65779405
网　　址	http://cucp.cuc.edu.cn		
经　　销	全国新华书店		
印　　刷	唐山玺诚印务有限公司		
开　　本	787mm×1092mm　1/16		
印　　张	14.25		
字　　数	304 千字		
版　　次	2017 年 3 月第 1 版		
印　　次	2023 年 8 月第 4 次印刷		
书　　号	ISBN 978-7-5657-1716-1/G・1716	**定　　价**	49.00 元

本社法律顾问：北京嘉润律师事务所　郭建平

致力专业核心教材建设　提升学科与学校影响力

中国传媒大学出版社陆续推出

我校 15 个专业“十二五”规划教材约 160 种

播音与主持艺术专业（10 种）
广播电视编导专业（电视编辑方向）（11 种）
广播电视编导专业（文艺编导方向）（10 种）
广播电视新闻专业（11 种）
广播电视工程专业（9 种）
广告学专业（12 种）
摄影专业（11 种）
录音艺术专业（12 种）
动画专业（10 种）
数字媒体艺术专业（12 种）
数字游戏设计专业（10 种）
网络与新媒体专业（12 种）
网络工程专业（11 种）
信息安全专业（10 种）
文化产业管理专业（10 种）

本书更多相关资源可从中国传媒大学出版社网站下载
网址：http://cucp.cuc.edu.cn
责任编辑：姜颖昳　司马兰　　意见反馈及投稿邮箱：jyingyi@126.com
联系电话：010-65783601